中华姓氏大探源

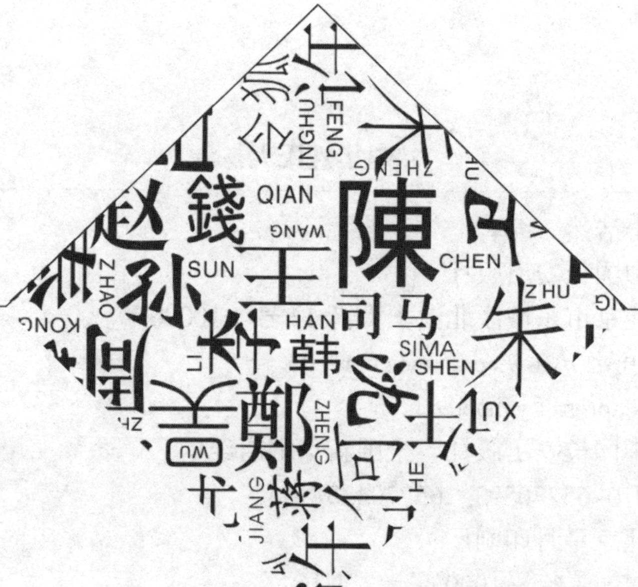

李浩然/编著

中国长安出版社

图书在版编目（CIP）数据

中华姓氏大探源 / 李浩然编著. —北京：中国长安出版社，2006.5
ISBN 978-7-80175-483-7

Ⅰ. 中…　Ⅱ. 李…　Ⅲ. 姓氏—研究—中国
Ⅳ. K810.2

中国版本图书馆 CIP 数据核字（2006）第 056025 号

中华姓氏大探源

著者： 李浩然　编著
出版： 中国长安出版社
社址： 北京市东城区北池子大街 14 号（100006）
网址： http：//www.ccapress.com
邮箱： ccapress@yahoo.com.cn
发行： 中国长安出版社　全国新华书店经销
电话： 010-65270593　65270433
印刷： 北京星月印刷厂
开本： 710 毫米 ×1000 毫米　1/16
印张： 19.5
字数： 200 千字
版本： 2006 年 6 月第 1 版　2021 年 9 月第 2 次印刷
印数： 1-5000 册

书号： ISBN 978-7-80175-483-7
定价： 48.00 元

前言
PREFACE

通过对姓氏的探源，你不但可以了解自身姓氏的文化渊源，还可以增加同他人交往的实力。可以这样说，姓氏及其蕴藏的文化内涵就是一张通行各地的名片，是可以轻易打开沟通交流的媒介。为了满足广大读者朋友对于姓氏文化的这种迫切需求，我们通过对大量资料的搜集和研究，在借鉴参考同类优秀图书以及网络资源的基础上，进行了严谨的布局，详细地对各种姓氏进行了一次大探源，最终推出了本书。

本书不同于同类书籍的地方在于侧重姓氏探源，兼及姓氏的繁衍之迹和各姓代表名人。对于姓氏的探源，我们力求做到详实、科学、全面，使读者能有一个明确而清晰的理解；对于姓氏的繁衍，则是勾勒出一条主线，再对其分支加以适当的描写，力求给读者一份简明的姓氏繁衍图，使读者看清楚各个姓氏从古至今的繁衍轨迹。而在对姓氏代表名人的选取上，则主要以古代为主，这主要是因为其已有定论，且资料比较丰富的缘故。总之，本书集丰富有力的资料性、充满趣味的娱乐性、论证严密的学术性和文采斐然的文学性于一炉，给读者朋友们烹制出了一份美味无比的姓氏大餐，能让你在入口之后，犹入时空隧道，遨游于华夏五千年文明的历史长河之中，身临其境地感受姓氏文化的深刻内涵，进行一次趣味非常的寻根之旅。

此外，在姓氏的选取上，本书侧重于现实性，并未依据《百家姓》等古代姓氏书籍的排名，而是依据当今各个姓氏在全国汉族人口的占有率来排名，相信能让绝大部分读者满意，当然由于各种原因，最终只能选取排名前100位的大姓和常见的复姓。这难免会疏漏一些别的姓氏，希望读者朋友能够体谅。

由于编者水平所限，书中的不足和漏洞在所难免，恳请广大读者不吝批评指正。

目录
CONTENTS

1．李——“木子”救命成李姓 001
2．王——王姓多风流之士 005
3．张——黄帝后裔，历史悠久 009
4．刘——源流复杂，多为帝尧之后 012
5．陈——舜帝后代，以国为姓 017
6．杨——出自姬姓，为文王后裔 020
7．赵——以邑为姓，《百家姓》中排第一 023
8．黄——陆终后裔，以国为姓 026
9．周——周文王直系后裔 029
10．吴——泰伯封于吴，子孙以国为姓 033
11．徐——贤士伯益后代 036
12．孙——渊流辉煌，名人辈出 039
13．胡——胡、陈同源 042
14．朱——朱、曹同祖，以国为姓 046
15．高——姜子牙后人 049
16．林——比干后裔，武王赐姓 051
17．何——皇帝后裔，自韩姓分出 054
18．郭——郭姓源于“虢” 056
19．马——名将赵奢后裔 059

20. 罗——火神祝融后代，子孙以国为姓 061
21. 梁——来源不一，支流较多 063
22. 宋——微子启封宋国，子孙以国为姓 066
23. 郑——文王后代，以国为姓 069
24. 谢——以国为姓，名士辈出 073
25. 韩——韩国被灭，子孙以“韩”为姓 076
26. 唐——黄帝玄孙帝尧之后 079
27. 冯——文王之后，以邑为姓 082
28. 于——以邑为姓，源有两支 085
29. 董——董父后裔，亦有以国为姓者 088
30. 萧——因国得名，土著转汉 091
31. 程——源自风姓，姓祖为伯符 094
32. 曹——天下曹姓皆源于黄帝 096
33. 袁——大禹后裔，一姓六字 099
34. 邓——渊流各异 101
35. 许——许由后裔，子孙以国为姓 104
36. 傅——“傅”、“付”同流，源自姒姓 107
37. 沈——以“审”姓为主，黄帝后裔 109
38. 曾——“去邑当曾”，以国为姓 112
39. 彭——彭祖后裔，“以地命氏” 115
40. 吕——吕侯大岳后裔 117
41. 苏——以地为姓，广播华夏 121
42. 卢——源流共有五种说法 124
43. 蒋——周公后裔，以封地为姓 126
44. 蔡——以国为姓 128
45. 贾——源自古代“贾”地 131
46. 丁——家族阵容庞大，组成分子众多 135
47. 魏——黄帝后裔，以国为姓 138
48. 薛——亡国之后，子孙以“薛”为姓 141
49. 叶——源自楚国贵族、叶调国和王姓 144
50. 阎——源有三支 146

51．余——铁木真后裔 148
52．潘——始于春秋 151
53．杜——出自陕西 154
54．戴——以谥号为姓或以国为姓 157
55．夏——夏姓源自姒姓、妫姓、以邑为姓 159
56．钟——以邑为姓，与“钟离”同宗 162
57．汪——防风氏后裔，历史悠久 165
58．田——舜帝后裔，子孙以邑为姓 167
59．任——历史悠久，源流纷纭复杂 170
60．姜——姜子牙后裔 172
61．范——尧帝之后，子孙以邑为氏 175
62．方——黄帝、炎帝后裔 177
63．石——卫大夫石石昔之后 180
64．姚——姚姓出自妫姓、子姓、外族改姓 183
65．谭——圣君夏禹姒姓后裔，子孙以国为姓 186
66．廖——源起有三，出自己姓、姬姓、偃姓 188
67．邹——“邹”、“朱”皆为颛顼帝后裔 190
68．熊——以国为姓，源自芈姓 193
69．金——源流皆与金子有关 196
70．陆——源自虞舜，组成分子庞杂 198
71．郝——出自商未地名 201
72．孔——黄帝后裔，源流清楚 203
73．白——盛于春秋时楚国 207
74．崔——以邑为氏 209
75．康——以国为姓，混有外来血统 211
76．毛——文王后人，以国、邑为姓 213
77．邱——源自丘姓，为避讳而改为邱 216
78．秦——北方源自颛顼帝嬴姓，南方源自黄帝姬姓 219
79．江——颛顼帝后裔，子孙以国为姓 222
80．史——以官职为姓 224
81．顾——以国为姓、以邑为姓 227

82. 侯——源流不一 230
83. 邵——出自姬姓，以邑为姓 232
84. 孟——文王后裔，天下孟氏皆为一家 235
85. 龙——来源复杂，形成不一 238
86. 万——以“名”为姓，黄帝姬姓后裔 240
87. 段——形成并非单一 242
88. 雷——雷姓来源不一 245
89. 钱——由“钱”成姓 248
90. 汤——成汤之后，历史悠久 251
91. 尹——源出有二：以官为姓，以邑为姓 254
92. 黎——九黎后裔、黎国后裔、帝尧后尧、少数民族改姓 256
93. 易——出自姜姓，以易为氏 259
94. 常——常姓来源有四支 262
95. 武——武姓起源 265
96. 乔——出自姬姓、匈奴贵姓、鲜卑之后 268
97. 贺——由庆氏改姓而来 270
98. 赖——出自姬姓，以国为姓 273
99. 龚——共工氏后裔，“龚”“洪”同家 276
100. 文——文姓出自姬姓、姜姓、妫姓、改姓而来 279
附录 282

1. 李——“木子”救命成李姓

李姓是当今中国姓氏排行第一位的大姓，拥有人口一亿多，约占全国汉族人口的7.9%。

李姓大探源

根据《姓纂》的记载，李姓是上古时代颛顼帝高阳氏的直系后裔。颛顼生了大业。大业生了女华。到了女华的儿子咎繇，当了尧帝的理官。理官是一种相当于现代法官的官职，专掌狱讼推断之事。当时，社会上盛行着以官为姓的风气，于是，咎繇也不能免俗地以“理”为姓。

当这个姓氏传到了殷代暴君纣王的时候，他们的族长理征因事得罪了纣王，使整个家族面临灭顶之灾。理征有一个儿子叫做利贞的，就逃到一处废墟避难，但废墟中无以为食，最后才找到一种长在树上的名叫“木子”果类充饥，从而保住了性命。所以，当利贞脱难后，就变姓为“李”，一方面逃避暴君的追缉，一方面也是对曾经救了自己性命的“木子”表示感谢之意。

到了北魏和唐朝时期，李姓的组成分子就变得越来越复杂，不但有外族加入，连许多其他的姓氏，也因功被李唐政权赐姓而改姓了李。于是，现如今李姓在血缘上已不再单纯。

繁衍之迹

李姓最初发祥于河南省鹿邑一带。先秦之时已有李姓族人迁居山西、四川等地。到三国时，李姓族人向东北已迁居到今辽宁一带，向西北已迁至今宁夏一带，向东南已迁居至今江苏、江西一带，向南已迁入今湖北，向西南已迁至今云南。魏晋南北朝时，李姓已是全国的大姓。至唐代，统治中国达三百年之久的李氏作为国姓很是显贵。李姓大举南迁也始于唐代，当时李姓基本上遍布大江南北。从明末开始，福建、广东一带李氏陆续有人移居台湾。南迁的结果，使李姓族人开始遍及江南大部分地区，而且远播海外。明清之际，李姓族人已广布全国各地，真可谓泱泱大族，枝繁叶茂。李姓在北方诸省中所占比例较高，可逾18%，而南方诸省中所占比例则不足8%。

李姓名人

1. 道家创始人老子

老子是春秋时期著名的思想家，哲学家，道家学派的创始人，道教奉其为教主或教祖，尊为“道德天尊”，列三清尊神之一。

老子，姓李，名耳，字伯阳，谥曰聃，楚国苦县（今鹿邑县）人，约生活于公元前571年至公元前471年之间，曾做过周朝的守藏史。老子幼年牧牛耕读，聪颖勤快。晚年在故里陈国居住，后出关赴秦讲学，死于扶风。

老子遗留下来的著作，仅有《五千文》即《道德经》，也叫《老子》。它是老子用韵文写成的一部哲理诗。它是道家的主要经典著作，也是研究老子哲学思想的直接材料。《老子》被日、前苏联、德、英等国视为古代哲学奇葩，多次翻译出版。美国《纽约时报》将老子列为世界十大古代作家之首。

老子是我国人民熟知的一位古代伟大思想家，他所撰述的《老子》开创了我国古代哲学思想的先河。他的哲学思想和由他创立的道家学派，不但对我国古代思想文化的发展作出了重要贡献，而且对我国两千多年来思想文化的发展，产生了深远的影响。

2. 名君楷模李世民

在中国所有伟大的皇帝中，唐太宗李世民在位的时间并不长，只有短短二十三年时间，但他的功绩及名声丝毫不逊于中国历史上的任何创业之主。用范文澜在《中国通史简编》里的一句话来说，就是只有等到“唐太宗登帝位，唐朝才开始盛大起来”的。而且，他还是著名的军事家、书法家，他开创的历史上著名的“贞观之治”，将中国封建社会推向了鼎盛时期。

李世民早年随父起兵反隋，战功赫赫，先后镇压和收服窦建德、刘黑闼、薛仁杲、王世充等割据势力。李渊称帝后，封李世民为“秦王”。太子李建成很忌妒他，联合另一个弟弟李元吉设计陷害他。

公元626年农历六月初四，李世民在他门客的建议下，先发制人，于长安城宫城北门玄武门发动政变，兄弟兵刃相见，最终，李世民一举消灭了建成、元吉的势力，成为唐王朝的唯一继承人。

是年八月初九，他强迫他父亲李渊让位，自己即位为帝，是为唐太宗。次年改年号为“贞观”。自此开始了他二十三年的统治。

3.“诗仙”李白

李白（公元701～762年），唐代诗人，被人们称之为“诗仙”；字太白，号青莲居士，绵州彰明县（今四川省江油市）青莲乡人；祖籍陇西成纪（今甘肃省秦安），隋末其先人流居中亚的碎叶城（唐代属安西都护府，在今吉尔吉斯共和国北部托克马克附近），后举家迁返。

年轻时候的李白即显露了超人的才华，吟诗作赋，博学广览。他20岁时到成都，写过一些描绘锦城的诗，25岁时决定离蜀东游，开创一番事业；由于长期漫游各地，对社会生活多有体验，其间因吴筠等推荐，天宝初（公元742年）供奉翰林；但政治上不被重视，使其对当时统治集团的腐朽有了较深认识；天宝三年（公元744年）在洛阳与杜甫结交；安史之乱中，怀着平乱之志任永王李璘幕僚，后由于受到李璘谋反之事的牵累，流放夜郎，中途遇赦东还；晚年漂泊困苦，卒于安徽当涂。

李白一生绝大部分时间是在玄宗统治的盛唐即开元、天宝年间度过的。在李白流传下来的九百多篇诗中，大部分鲜明的表现了他对封建权贵的轻蔑，对腐朽政治的揭露和对人民疾苦的同情，对祖国壮丽山川的赞美。同时也由于封建统治思想的严重影响，李白的不少作品往往流露道家人生如梦、及时行乐和儒家“穷则独善其身”的消极情绪。

李白是我国唐代与杜甫并称的伟大诗人，其诗作诗风雄奇豪放，想象丰富，语言流转自然，音律和谐多变，善于从民歌、神话中吸取营养和素材，构成其特有的瑰玮绚烂的色彩，是屈原以来积极浪漫主义诗歌的新高峰。他的诗歌各种体裁俱佳，而其中又以七言诗最为擅长。

4. 闯王李自成

李自成，本名鸿基，陕西米脂县人，明末著名农民起义军领袖。

李自成出生于一个贫苦的农民家庭，6岁时曾入私塾读书，后因生活所迫替地主牧羊，不堪其虐待，参加高迎祥的起义军，因作战勇猛，被称为“闯将”。

高迎祥战死后，李自成被推为闯王。公元1640年，李自成根据部将李岩的策略，针对中原灾荒严重、河南耕地大半被明朝宗室贵族占有、广大农民不得温饱的状况，提出了“均田免粮”的口号，获得广大农民的热烈欢迎，民众纷纷揭竿而起投奔起义军，部队迅速发展到上百万人。第二年，起义军攻破洛阳，杀福王，以王府和富户的钱粮救济饥民，百姓唱着“迎闯王，不纳粮”的歌谣夹道欢迎李自成的军队。

公元1644年，李自成攻入北京城，明崇祯帝自缢于煤山（今北京景山）。但起义军领袖犯了贪于淫乐的错误，大将刘宗敏霸占了吴三桂的宠妾陈圆圆，吴三桂盛怒之下，引清兵入关，后有“冲冠一怒为红颜”之说。起义军在清军和吴三桂军队的联合进攻下，节节败退，李自成在湖北通县九宫山兵败被杀，也有传闻说是出家为僧。

2. 王——王姓多风流之士

王姓是当今中国姓氏排行第二位的大姓，拥有人口近一亿，约占全国汉族人口的7.4%。

王姓大探源

在历史上，王氏之所以成为声名显赫的大家族，始于晋朝的名相王导。他辅佐晋元帝渡江，在建业（今南京）建立了东晋王朝，并且接连做了元帝、明帝、成帝三代的丞相。他的子孙，也世居高官，于是，他们这一家族，自然门第越来越高，最后演变成“合望族者，辄推王、谢”了。

但也许正是因为名望太高的缘故，历来对于王氏的姓源，有许许多多的说法，令人有莫衷一是的感觉。

据史料记载，王姓并不是从一个源流传下来的，以汉族来说，有的王姓是周文王的后代，有的王姓则是虞舜的子孙，还有的王姓则是殷商丞相比干的后代。这种情形，已经是够复杂的了，再加上后来许多外族不约而同地改姓了这个汉姓，而且还有一些人也被赐姓为王，来自西域胡支氏的王世充也冒姓王。这样一来，姓王的人想要从姓氏上去追溯自己的血统，无疑是难上加难。

虽然王氏的姓源如此之多，但是数来仍以出自周文王的那一支，名气最大。根据考据，使王氏成为望族的晋朝中兴名臣王导，就是这一支在山东繁衍的子孙。

繁衍之迹

王姓在秦汉时期基本生活在今山西芮城、夏县、蒲县、平陆，河南开封、虞城、淮县，陕西咸阳，山东淄博等地。魏晋南北朝时期，五胡乱华，少数民族改王姓入主中原，而琅琊王姓的后裔王导和王敦兄弟辅佐司马睿建立东晋，时称“王与（司）马共天下”。隋灭陈时，原仕于南朝的琅琊王姓被分别迁于关中、河北、河东等地。唐末时，琅琊王姓的后裔王潮和王审知兄弟南迁福建，建立闽国，故此，王审知被誉为“开闽第一人”。明朝初年，明太祖朱元璋强令山西人外迁，在洪洞大槐树集结的山西人被分别迁往河南、河北、山东、江苏、浙江、甘肃等地。于是太原王姓和三槐王姓等在中原地区有了更为广泛的分布。另外，福建王姓漂洋过海，扬帆南洋。王姓南北分布不平衡，长江以北地区，约占北方汉族人口的8.8%，为第一大姓，而南方地区，仅占4.5%，为第四大姓，在全国汉族中，以内蒙古王姓的比例最高，广东最低。

王姓名人

1. “书圣”王羲之

王羲之，字逸少，山东临沂人，是东晋名相王导的侄子，我国历史上最著名的大书法家，人们尊称他为“书圣”。

王羲之很小的时候就开始学习书法，不论寒暑，练字从不间断。他每天写完字，就到门前的池塘去洗笔砚。久而久之，池塘的水都因此而被染黑，人们便称之为“墨池”。

公元353年，王羲之与谢安等41人聚宴于兰亭，面对满目春色，王羲之落笔如神，写出名传千古《兰亭集序》一文，文中“之”字甚多，且文体各异。后来，王羲之又多次重写，但都不如在兰亭所作。后来，“兰亭之会”成了高朋聚首的代名词。

王羲之在中国书法史上最大的贡献就是开辟了草、楷书结合的行书体。他的代表作品《兰亭集序》有“天下第一行书”之称。

2. “初唐四杰”之一王勃

王勃（公元650～676年），字子安，绛州龙门（今山西河津）人；少年时即有“神童”之称，博学多才；15岁举幽素科，授朝散郎；后为沛王府侍读，因戏作斗英王鸡檄文，触怒高宗，斥逐出府；遂南游巴蜀，漂泊西南；返长安后，补虢州参军，因事免官，其父亦受累贬交趾（今越南河内）令。王勃赴交趾省亲，渡海坠水，受惊而死。他善为文，与杨炯、卢照邻、骆宾王齐名，时称“四杰”。后人评其诗，亦列初唐四杰之首。所作诗清新流畅，质朴自然，是新旧诗风过渡的标志。

3. 中国古代最著名的改革家王安石

王安石，字介甫，号半山，江西临川人，是北宋著名的政治家、文学家和思想家。

王安石幼年时已饱读诗书。据说他曾三次到大学者周敦颐的门下求学，周敦颐听说他心高气傲，有意想使他多碰钉子，便三次都闭门不见，王安石愤怒地说：“你有什么了不起，你的学问出自六经，难道我不能也从六经悟出些玩意儿吗？”自此再也不去拜见。后来，王安石任提点江东刑狱，此时周敦颐仕途不顺，还是他的下级。两人相见后，各言所学。过后，王安石仔细琢磨周敦颐的话，学问上大有长进。

王安石入朝为官时，最初与北宋重臣司马光相交甚厚，后来因双方在政治立场上一个保守而另一个力主革新，于是逐渐疏远。在神宗任用王安石为相、实施著名的“王安石变法”之际，司马光以朋友之间应互相督促行善的道理，数次写信给王安石，要他放弃新法，王安石很不高兴。新法实施以后，司马光上书，历数新法的害处，不久，名臣韩琦也上书规劝神宗停止实施青苗法，神宗似有所感，打算同意韩琦的意见。然而在革新派的大力鼓动下，新法最终还是推行了。

王安石不仅在政治上影响深远，在文学上也有很大成就，位列“唐宋八大家”之一便是明证。

4. 国学大师王国维

王国维（1877～1927年），字静安，号观堂，浙江海宁人，是我国近代享有国际盛誉的著名学者；1903年起，任通州、苏州等地师范学堂教习，讲授哲学、心理学、逻辑学，着有《静安文集》。

1907年起，王国维任清政府学部图书局编辑，从事中国戏曲史和词曲的研究，著有《曲录》、《宋元戏曲考》、《人间词话》等，重视小说戏曲在文学上的地位，开创了研究戏曲史的风气，对当时文艺界颇有影响，辛亥革命后以清室遗老自居。至死，王国维都没有剪掉作为旧时代象征的辫子。

1923年春，当时溥仪小朝廷要选海内博学之士，王国维经推荐，到北京充任逊帝溥仪的南书房行走（五品）。

次年冬天，冯玉祥“逼宫”事件发生，王国维结束了“南书房行走”的工作。其后胡适、顾颉刚等人请他出任新成立的清华大学国学研究院院长，王国维坚辞不就，仅任教授。王国维以其精深的学识、笃实的学风、科学的治学方法和朴素的生活影响了清华学人，培养和造就了一批文字学、历史学、考古学方面的专家学者。他与梁启超、陈寅恪、赵元任并称清华四大导师。

1927年在北京颐和园投水自尽，给中国知识界留下了深深的战栗和遗憾，也给后人留下了难解之谜。

当时的一些清朝遗老把王国维比作屈原。《清史稿》还为他立了个“忠义传”。一向苛以誉人的鲁迅先生认为“他才可以算一个研究国学的人物”（《热风·不懂的音译》）。郭沫若称他为新史学的开山。

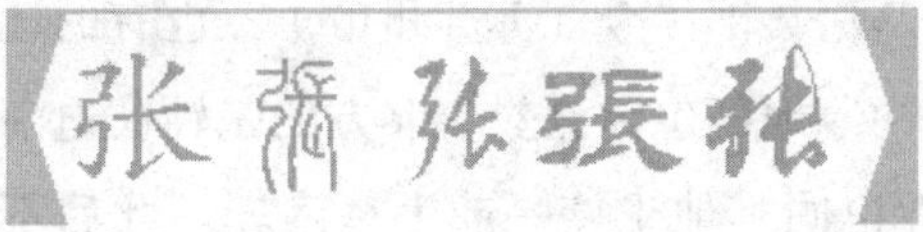

3. 张——黄帝后裔，历史悠久

张姓是当今中国姓氏排行第三位的大姓。人口近亿，约占全国汉族人口的7.08%。

张姓大探源

张，是一个十分荣耀的大姓，历史悠久，族大支繁，人才辈出。姓张的人要是数起“家珍”来，恐怕很少有人能比得过他们。

张姓的祖先，可以直接追溯到五千年前中华民族的共同始祖黄帝，是黄帝的孙子挥的直系后裔。

挥是古代的重要武器弓矢的发明者。使用弓矢以前，必须先用力气把它张开，所以挥的后代有的姓弓，有的姓张。现在姓张的人介绍自己的姓氏时，每每使用“弓长张”的说法，实在非常有道理，也足见中国文字的无比巧妙。

春秋战国时，又出现了另一支张姓。晋国有一个大夫姓鲜名张，骁勇善战，因为战功赫赫，受到晋国君主的嘉奖，将其封为张侯。从此，他的子孙也就改姓张。

繁衍之迹

古代传说张姓始祖挥，生活在青阳，即今天的河北、山西、河南等地。到春秋时，晋国成为张姓聚集之地。汉代以前，张姓由河南以北地区繁衍到黄河流域大部分地区，由此，张姓一族遍布陕西、河南、山东、河北等地。同时期有张姓人入蜀郡为太守。汉代，张姓族人有的落籍吴郡（今江苏苏州市），也有的迁往东北及西北等地。汉末的董卓之乱，使中原地区生灵涂炭，北方的张姓被迫南迁。西晋末年，因“永嘉之乱”迫使张姓也同其他士族一起大举南迁。此后不久，吴郡张姓首先崛起，成为我国张姓在东南沿海地区的繁衍中心。隋唐以后，张姓在中国大陆分布更为广泛，甚至连台湾、海南等沿海岛屿也遍布张姓的足迹。

张姓名人

1. 兴汉四百年的张良

张良，字子房，颍川城父（今安徽亳县东南）人。他的祖父、父亲都在韩国做过宰相。公元前230年，韩国被灭，张良对此怀恨在心，决定要刺杀秦始皇。公元前218年的一天，张良与一名大力士在博浪沙（今河南原阳东南）狙击秦始皇。结果，大力士抛出了一个60公斤重的铁锤，却误中了副车，行刺未能成功。

张良逃走后，躲到了下邳，下邳城北有一条沂水。有一天，张良从沂水桥上经过，这时，一位老人故意把鞋扔到桥下，然后命令张良把鞋捡起来。张良强忍怒火，把鞋捡了上来。老人又命其为之穿鞋，张良又依言而做，老人赞了一声“孺子可教”，让张良过五天再来。一连三次，张良来得一次比一次早。最后，张良得到了一部珍贵的《太公兵法》，老人告诉精通此书即可为“帝王师”。于是张良苦读这本书，得以精通兵法。后来，他协助刘邦打下天下，因功被封为留侯。

2. 古代著名科学家张衡

张衡，字平子，河南南阳人。他是东汉著名的科学家、文学家。他博学多才，文学作品有《二京赋》、《四愁诗》、《归田赋》等，天文学著作有《灵宪》。在天文学方面，他创制了世界上第一台用水力转动的浑天仪，他又用青铜制造出世界上第一台地动仪。地动仪的形状就像一个大酒樽，直径八尺。仪器的周围镶着八条龙，龙头分别朝向东、南、西、北、东北、东南、西北、西南八个方向。每个龙嘴里都含着一颗铜球，每个龙头下方又铸了一个蛤蟆，张着嘴巴对准龙嘴。哪个方向发生地震，哪个方向的龙嘴就会把铜球吐出，落到蛤蟆的嘴里。公元138年的一天，西面龙嘴里的铜球落入蛤蟆口中，表示西边发生了地震。因为洛阳毫无震动之感，所以大家议论纷纷，对此不大相信。几天后，甘肃来了报告，说那里的确发生了地震。

3. 明代政治家、改革家张居正

张居正，字叔大，号太岳，湖广江陵（今属湖北）人，又称张江陵；明代政治家，改革家。

张居正于明嘉靖二十六年（1547年）进士及第，后由编修官至侍讲学士令翰林事；隆庆元年（1567年）任吏部左侍郎兼东阁大学士，后与高拱并为宰辅，任吏部尚书、建极殿大学士；万历初年，与宦官冯保合谋逐高拱，代为首辅。当时神宗年幼，一切军政大事均由居正主持裁决，前后主政10年，实行了一系列改革措施，收到一定成效。他清查地主隐瞒的田地，推行一条鞭法，改变赋税制度，使明朝政府的财政状况有所改善；用名将戚继光、李成梁等练兵，加强沿海边防，整饬边镇防务。万历十年（1582年）卒，赠上柱国，谥文忠。死后不久即被宦官张诚及守旧官僚所攻讦，抄其家；至天启时方恢复名誉。著有《张太岳集》、《书经直解》等。

4. “中兴四杰”之一张之洞

张之洞，字孝达，号香涛，直隶南皮（今属河北）人。他是晚清洋务派的后期首领。1863年，他考中进士。此后，他在官场上步步高升，声名鹊起。1884年，中法战争爆发，张之洞升任两广总督。对于法军的进攻，他坚决主张抵抗，并在两广积极加强备战。开战之初，清军在中越边境连吃败仗，形势危急。张之洞于是奏请朝廷起用已经告老还乡的老将冯子材，开赴镇南关。1885年2月，在张之洞的大力支持下，冯子材取得了威震中外的镇南关大捷，一举扭转了中法战争的局势。

1889年，张之洞调任湖广总督。他在湖北大力兴办洋务，成就卓著。1891年，经过张之洞的不懈努力，亚洲第一家大型钢铁联合企业——汉阳炼铁厂破土动工。1898年，他发表了《劝学篇》，力主“中学为体，西学为用”。

纵观张之洞的一生，在许多方面都做出了贡献，不愧为一代中兴名臣。

1. 刘——源流复杂，多为帝尧之后

刘姓是当今中国姓氏排行第四位的大姓，人口众多，约占全国汉族人口的5.38%。

刘姓大探源

刘姓家族，源流较为复杂。据考证，他们的来源有以下五种：尧帝的后裔、王季（周文王之父）的后裔、由娄氏改姓而来、由项氏改姓而来及由匈奴姓氏改姓而来。

另外，在黄帝的其他子孙之中，根据《名贤氏族言行类稿》的记载，还有一支以刘为姓的。该书指出：“周大夫食采于刘亦为刘氏，康公、献公，其后也”，而这项文献中所谓的“周大夫”，经过历来许多学者的考证，已知为周文王之父周太王的后裔，在周成王的时候，被封于刘邑，也就是现在河南省偃师县西南的地方，其后代即以其封邑为姓。

繁衍之迹

河北唐县是刘姓的祖居之地，而刘姓的发源之地从探源来看亦当在今河南省境内。战国时期，有陕西刘氏播迁到河南及江苏地区，到了刘邦建立西汉王朝后，大封同姓诸侯，刘姓显贵无比。纵观刘姓繁衍情况，可划分为三大时期：第一时期为汉代，江苏刘姓族人刘邦建立西汉，随着“同姓封侯”，刘姓人遍布彭城、沛国、弘农、中山、南阳、东平、天水等地，成为当时全国第一大姓氏。汉末群雄争霸之际，中原刘姓为避战祸四方迁徙，从此分散全国各地。第二时期为魏晋南北朝时期，除刘姓人大举南迁外，许多少数民族在汉化的过程中，取刘姓代替自己原有姓氏。与此同时，刘裕代晋称帝，建立宋，其族在江南最为显赫，被封王侯的刘姓遍布江南。第三时期为唐至五代。这一时期，刘姓支脉遍布大江南北。宋元至明清时期，刘姓族人已遍布全国各地。

刘姓名人

1. 西汉开国皇帝刘邦

刘邦（公元前256～前195年）是西汉王朝的开国皇帝，字季，秦朝泗水郡沛县（今江苏沛县）人，谥号高皇帝。刘邦出身农家，早年当过亭长，为人豁达大度，但却不事生产；秦时因释放刑徒而被流放到亡芒、砀山中；秦二世元年（公元前209）九月，刘邦在沛县聚众响应陈胜、吴广起义，称沛公，不久投奔项梁；公元前206年十月进抵霸上。秦王子婴投降，秦灭亡。刘邦废秦苛法，与关中父老约法三章："杀人者死，伤人及盗抵罪。"因此受到人民的欢迎。项羽击溃秦军主力后，也引兵入关。

听说刘邦已定关中，项羽大怒，进驻鸿门，欲攻刘邦。刘邦因兵力不敌，听从张良的意见，亲至鸿门，卑辞言好。项羽封刘邦为汉王，统治巴蜀地及汉中一带。刘邦不甘心亡秦的胜利果实被项羽独占，率军东出，发动了长达四年的楚汉战争。战争前期，刘邦处于劣势，屡屡败北。但他知人善任，注意纳谏，能充分发挥部下的才能，又注意联合各地反对项羽的力量，终于反败为胜。汉王五年冬，刘邦命韩信、彭越等人率军合围楚军于垓下。项羽率部突围，至乌江自刎。当年二月（按西汉前期以十月为岁首，同年二月在十月之后），刘邦即帝位，初建都洛阳，不久迁至长安，史称西汉。

2. 汉武帝刘彻

汉武帝时期的西汉帝国，是当时世界上最强大的国家，在中国历史上，也是比较强盛的时期。

在历代王朝的历史上，有"汉唐盛世"之说。这里的"汉"，主要是指汉武帝时期。人们又常常把汉武帝和秦始皇相提并论，因为我国封建专制主义中央集权制国家，是秦始皇创立，由汉武帝巩固下来的。他在位54年，实行了许多新的措施，使西汉王朝出现了空前未有的繁荣景象。

刘彻是汉景帝的儿子，汉高祖的曾孙，公元前156年生于猗立殿，他7岁时被立为太子，16岁时即皇帝位。

尽管汉武帝即位时还很年轻，可是他很有一套治国的办法。他即位不久，就下了一道诏书，让丞相、御史、郡守、诸侯王等人推荐贤良方正。诏令一下，各地推举了不少读书人，有100多人被选送到中央政府。汉武帝亲自询问他们的治国安邦之道。其中有一个叫董仲舒的，提出“诸不在六艺之科孔子之术者，皆绝其道，勿使并进。”这种主张恰好符合汉武帝统一天下的愿望，因此，汉武帝大为称赞。丞相卫绾也向汉武帝上了一个奏章，指出各地派来的贤良方正，有的是法家一派的，有的是纵横家一派的，还有其他各派的，这些人不但不能治理好国家，而且各立一说，会把朝廷扰乱，应当一律不用。汉武帝接受了董仲舒和卫绾的建议，只把公孙弘等几个儒家学派的留下，其余的人一律不加任用。这就是历史上有名的“罢黜百家，独尊儒术”。从此，儒家作为封建社会的统治思想，对整个封建社会产生了极其深远的影响。

汉武帝在解决整个社会问题上，也很敏锐和果断。他懂得要实现自己的政治抱负，首先要发展生产，增强经济能力。他一方面稳定个体小农经济，宣布“重本轻末”的政策；另一方面则对地主的兼并和不法行为加以限制。同时他还注意兴修水利，先后修了引渭入河、引汾入河、引斜入渭等渠道，这样既可通航，又可灌溉田地。在他即位后的20年里，又实施了新财政政策与新经济政策；整理币制，将货币的铸造和发行，直接控制起来；废销各种杂劣铜钱，统一推行“五铢钱”；实行盐铁官营，设立盐官和铁官；控制与经济命脉有关的大手工业和大商业。这些政策的实行，充裕了汉王朝的财政。

由于中央集权大大加强，国家的经济实力空前雄厚，为了维护北方边境地区的生产和人民的生活，汉武帝决定改变汉初以来对匈奴的和新政策，进行一场反击匈奴的战争，并于公元前127年、121年、119年对匈奴发动了3次大规模的战役。这3次战役都取得了决定性的胜利，给匈奴贵族以致命的打击，基本上解决了匈奴的威胁，保障了边境地区人民的安居生产。但这些战争消耗了国家的财富，使广大人民增加了徭役之苦，付出了很大的代价。他为了联合西域，共抗匈奴，两次派张骞出使西域，沟通了同西域的联系，开辟了“丝绸之路”，开创了中原和西域各地文化、物产交流的新纪元。不但促进了亚洲各地经济和生产的发展，也促进了欧亚之间的联系。

公元前88年，汉武帝70岁时，开始考虑自己的后事。他叫画公画了一张“周公背成王朝诸侯图”送给霍光，意思是让霍光辅佐他的小儿子刘弗陵做皇帝。为了防止太后专权，汉武帝又杀死了刘弗陵的母亲钩弋夫人。汉武帝安排好后事以后，不久就死去了。

3. 一代诗豪刘禹锡

刘禹锡，字梦得，生于公元772年，卒于公元842年。他是匈奴人的后裔。其家庭是一个世代以儒学相传的书香门第。刘禹锡耳闻目染，加上天资聪颖，敏而好学，从小就才学过人，气度非凡。他19岁游学长安，21岁时与柳宗元同榜考中进士，同年又考中了博学宏词科，后来被贬为朗州司马。但他没有自甘沉沦，而是以积极乐观的精神进行创作，他向民歌学习，创作了《采菱行》等仿民歌体诗歌。一度奉诏还京后，刘禹锡又因诗句“玄都观里桃千树，尽是刘郎去后载”触怒权贵被贬为连州刺史。后被任命为江州刺史，在那里创作了大量的《竹枝词》。名句很多，广为传诵。

后来，刘禹锡被派往苏州担任刺史。当时苏州发生水灾，哀鸿遍野。他上任以后开仓赈饥，免赋减役，很快使人民从灾害中走出，过上了安居乐业的生活。苏州人民爱戴他，感激他，就把曾在苏州担任过刺史的韦应物、白居易和他合称为“三杰”，建立了三贤堂。皇帝也对他的政绩予以褒奖，赐给他紫金鱼袋。

刘禹锡晚年回到洛阳，任太子宾客，与朋友交游赋诗，生活闲适。死后被追赠为户部尚书。

4. 明朝开国元勋刘伯温

刘伯温（1311～1375年），名刘基，字伯温。刘伯温自幼聪颖异常，天赋极高。在家庭的熏陶下，他从小就好学深思，喜欢读书，对儒家经典、诸子百家之书，都非常熟悉。尤其对天文、地理、兵法、术数之类更是潜心研究，颇有心得。他的记忆力非常好，读书一目十行，过目成诵，而且文笔精彩，所写文章非同凡俗。他14岁时入处州郡学读《春秋》，17岁师从处州名士郑复初学习理学，同时积极准备科举考试。天生的禀赋和后天的努力，使年轻的刘伯温很快脱颖而出，成为江浙一带的大才子、大名士，开始受到世人的瞩目。他的老师郑复初就曾对刘伯温祖父说：“他日这个孩子必定会光大你家门楣，振兴刘氏家族！”西蜀名士赵天泽在品评江左人物时，将刘伯温列为第一，将他与诸葛孔明相比，说刘伯温他日一定会成为济时大器。

1360年，义军统帅朱元璋两次向隐居青田的刘伯温发出邀请，刘伯温经过深思熟虑之后，终于决定出山辅助朱元璋，希望通过助朱氏打江山来实现自己治国平天下的宏伟大志。与当年诸葛亮“隆中对”相似，刘伯温初次与朱氏相见，就提出了“时务十八策”。朱元璋一见刘伯温之后，更是大喜不已，从此将刘伯温视为自己的心腹和军师。

刘伯温出山之后，忠心耿耿地为朱氏政权效力，积极为朱元璋出谋划策。他为朱氏制订了“先灭陈友谅，再灭张士诚，然后北向中原，一统天下”的战略方针。而朱元璋得到刘伯温的辅助，正是如虎添翼。他基本上按照刘伯温为他定下的战略、战术行事，先用诱敌之计大败陈友谅，挫其锐气，再于1363年在鄱阳湖与陈氏决战，将其彻底消灭。第二年，又依计将张士诚的势力消灭。然后，朱元璋派部队北上攻打元朝首都北京，同时准备在南方称帝。

1368年，朱元璋在南京登基称帝，正式建立大明皇朝，改元“洪武”。为朱氏最后平定天下、开创朱明皇朝立下了汗马功劳的刘伯温，作为开国元勋之一，被任命为御史中丞兼太史令。为了表彰刘伯温的特殊贡献和巨大功勋，朱元璋还下诏免加刘伯温家乡青田县的租税，这是处州地区唯一不加税的一个县。

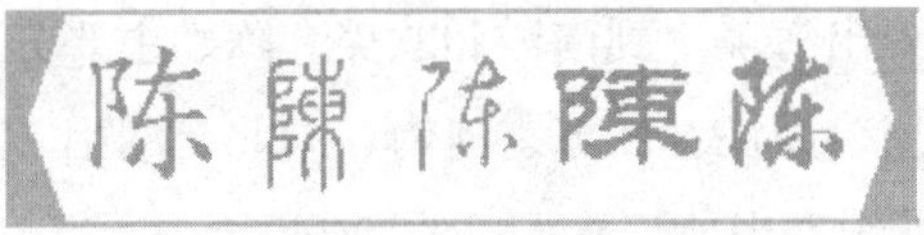

5. 陈——舜帝后代，以国为姓

陈姓是当今中国姓氏排行第五位的大姓，人口众多，约占全国汉族人口的4.5%。

陈姓大探源

据史料记载，陈姓最早出自为妫姓，也就是舜帝的后代。陈，最初是一个地方，本来是太昊之墟（画八卦之所）。周武王的时候，把这个地方封给了舜的后裔妫满，还把女儿太姬嫁给他，称为胡公。后来，他的十世孙妫完，因故奔齐，才开始以国为氏，创造了“陈”这个姓氏。

陈姓除了源于国名，还有从其他姓氏改变而来的，其中有一支是由少数民族改姓而成。据《魏书·官氏志》记载，北魏时期鲜卑贵族侯莫陈氏随北魏孝文帝迁都洛阳后，将侯莫姓改为单姓陈。

繁衍之迹

淮阳是陈姓的发源地，至今淮阳还有“老陈户”之说。陈姓由发源地向南迁移，始于西晋太尉陈伯眕，他举家南迁到今江苏丹阳县。后来，他的孙子陈世达做了长城（今浙江长兴）县令，于是陈姓人又迁居到了浙江。陈霸先建立南朝陈，使陈氏家族显赫一时，遍布长江和粤江之间的广大地区。唐高宗时候，陈姓人进入福建和广东等地。五代十国以后，中原地区长期战乱，又有大批陈姓人南迁，甚至向海外发，从而进一步壮大了江南陈姓人的队伍。明初朱元璋曾派陈姓水手去日本琉球；明清以后，闽粤陈姓有人出海谋生到南洋和欧美。陈姓主要分布在我国南方地区，尤以广东、福建、四川、浙江、江苏、河南、湖北、湖南、山东等省多此姓，在台湾和广东两省，陈姓约占当地汉族人口的10%以上。

陈姓名人

1. 秦末农民起义领袖陈胜

陈胜，字涉，阳城人。陈胜年轻时靠给别人当长工为生，一次跟伙伴们在田间休息，他对伙伴们说："如果我们之中有的人将来富贵了，可不要忘了老朋友啊！"大伙听了好笑，说："你给人家卖力气种地，哪里来的富贵呢？"陈胜叹口气，自言自语地说："唉，燕雀怎么能懂得鸿鹄的志向！"

公元前209年，陈胜、吴广等人被征去屯戍渔阳。当他们走到大泽乡的时候，连降暴雨使他们耽误了行程，按照秦朝的法律应该处斩。陈胜、吴广决定起义。他们利用人们的迷信心理，在一块白绸上写上"陈胜王"三个字，把它塞在别人家捉的鱼的肚子里。兵士们买了鱼回来，发现了这块白绸上面的字，十分惊奇。到了半夜，吴广又悄悄跑到营房附近的一座破庙里，点起篝火，先装作狐狸叫，接着喊道："大楚兴，陈胜王。"全营的兵士听了，更加又惊又怕。

陈胜、吴广见起义时机成熟了，于是杀掉带领他们的两个军官，揭竿而起，在大泽乡发动了声势浩大的农民起义。起义队伍发展迅速，并在陈县建立了张楚政权，陈胜自立为王。接着陈胜派兵攻打赵、魏等地，并派主力进攻关中地区，但由于秦军优势兵力的反扑，陈胜兵败被杀。

2. 汉初名相陈平

陈平（？～公元前178年）西汉王朝的开国功臣，阳武（今河南原阳）人。秦二世元年（公元前209年）陈胜、吴广起义后，六国贵族也纷纷起兵，陈平为魏王效力。不久为谗言所害而归项羽，随其入关破秦。刘邦平定三秦时，陈平降汉。先后参加楚汉战争和平定异姓王侯叛乱，成为西汉统治者的重要谋士。刘邦困守荥阳时，陈平建议捐金数万斤，离间项羽群臣，使项羽的重要谋士范增忧愤病死。

高祖六年（公元前201年）陈平又建议刘邦伪游云梦，逮捕韩信。次年，刘邦为匈奴困于平城（今山西大同北部）七天七夜，后采纳陈平计策，重贿冒顿单于的爱妾，得以解围。汉高祖死后，吕后以陈平为郎中令，辅助惠帝。惠帝六年（公元前189年）与王陵并为左、右丞相。王陵免相后陈平为右丞相，但因吕后大封诸吕为王，陈平被削夺实权。吕后死，陈平与太尉周勃合谋平定诸吕之乱，迎立代王刘恒，是为文帝。文帝初，陈平让位周勃，转任左丞相。不久周勃罢相，陈平独揽相权。文帝二年（公元前178年）卒。

3. 陈姓皇帝第一人陈霸先

陈霸先，南朝陈国的创建者。字兴国，小字法生。先祖在西晋永嘉时南迁吴兴长城（今浙江长兴东）。陈霸先家世寒微，出身小吏，却喜读兵书，长于军事。起初随萧映至广州任刺史，后为中直兵参军。曾镇压土著与少数民族起义，累官至西江督护、高要太守、督七郡诸军事。太清二年（公元548年）侯景叛梁，攻陷建康。次年七月陈霸先消灭与侯景勾结的广州刺史元景仲，十一月在始兴（今广东韶关）起兵勤王讨伐侯景。大宝元年（公元550年）出大庾岭，沿赣江而下，军至南康（今江西赣州），受湘东王萧绎节制。至湓城（今江西九江）与王僧辩会师，率甲士3万、强弩5000张、舟船2000乘，东进破建康，剿灭侯景之乱。进位司空，领扬州刺史，镇京口。承圣三年（公元554年）十一月，西魏攻陷江陵，杀梁元帝。陈霸先与王僧辩迎立晋安郡王江州刺史萧方智为帝，从此开始专权朝政。四年后，王僧辩又纳北齐扶植的萧渊明至建康为帝。陈霸先从京口起兵袭杀王僧辩，废萧渊明，拥萧方智为帝（梁敬帝），并击败北齐军。敬帝太平二年（公元557年）霸先加九锡，晋爵为王，十月代梁即皇帝位，国号陈，改元永定。

杨 楊 楊 楊 杨

6. 杨——出自姬姓，为文王后裔

杨姓是当今中国姓氏排行第六位的大姓，人口众多，约占全国汉族人口的3.1%。

杨姓大探源

杨姓也是一个荣耀而古老的姓氏。不过，关于杨姓的来源，历来众说纷纭，有说是因官得姓的，有说是以地命氏的，很不容易找到头绪。然而，有一个被公认的事实——杨姓出自姬姓，是周文王的子孙，更是黄帝的后裔。

据史料记载：周宣王的小儿子尚文，周幽王时被封为杨侯，后来杨国被晋国灭掉，杨国的人逃亡后以国为姓。

杨姓汉人于1000多年以前在长江以北繁衍。当时，杨氏就是一个出人头地的显赫家族，出了不少在历史上知名的人物，像战国时以主张“拔一毛以利天下，不为也”，而跟主张兼爱的墨子大唱对台戏的杨朱；隋朝的开国皇帝杨坚等等，都是大家所熟知的人物。

繁衍之迹

起源于山西境内的杨姓，其国为晋所灭后，便开始向西迁移，首先入陕西冯翊（今陕西大荔），后又有迁至今山西霍州，尔后繁衍至今河南境内。在春秋战国之时已有杨姓人迁江汉地区（今湖北潜江一带），后因楚国势力不断加强，迫使他们向东南迁至今江西一带；与此同时，又有自山西迁往江苏、安徽的杨姓，这样杨姓便散布于长江中下游地区。秦汉之际，已有杨姓人迁居四川，尚书仆射杨璇，迁居浙江会稽。魏晋南北朝时期，除著名的弘农杨姓世居陕西华阴，氐族杨姓世居甘肃仇池外，已有不少杨姓人因社会动荡之故而向江南播迁，也有不少入主中原的少数民族改姓杨。唐朝玄宗时为避安史之乱而引发中原杨姓再次大批南迁，这一时期，杨姓有迁至朝鲜半岛者。宋时，有杨无敌杨业居山西太原，杨贵迁居贵州播州。由此可见，到宋代时，杨姓已分布于江南广大地区，并以福建为中心。元朝末年以后，以广东、福建、浙江沿海为移民海外的原居地，杨姓人便开始了较大规模的海外移民，迁居地也主要集中在东南亚各国。明朝永乐年间，浙江绍兴人杨云川曾随军渡海至北婆罗洲（今马来西亚河巴州），并与当地酋长的女儿结婚，公主后因杨云川遇难而投海殉节。清代乾隆年间，福建沿海人杨阿秋去印度经商，并修建了一座中国城。近代以后，又有杨姓去欧美或澳大利亚定居。如今，杨姓在我国分布极广，尤其在长江流域的省份分布最多，杨姓的分布规律，历史上最初由黄河中游、华山脚下向四周播迁，以及由北方向南方播迁，海外则以东南亚为主。

杨姓名人

1. 亡国暴君杨广

隋炀帝杨广（公元569～618年），为隋文帝次子。杨广仪表堂堂，智勇兼备。

杨广人虽聪明，但却极为诡诈，深谙权谋之道。为了达到早日登位的目的，他不惜弑父杀兄。公元604年，杨广登基，即隋炀帝。

隋炀帝残暴不仁、荒淫无道，但却也称得上风雅，他好学多才，写得一手好文章。同时，他生性嫉妒，见薛道衡的“空梁落燕泥”名句传遍天下，非常恼火，就借故将其杀掉。

隋炀帝一生荒淫，不离娥眉粉黛，好色如狂，甚至敢在文帝的病榻前调戏父皇的宠妃宣华夫人。他又好大喜功，为逞一代帝王之威，北巡西行，续筑长城，开掘运河，还发动了三次征伐高丽的战争。

东征高丽使得国家元气大伤，再加上隋炀帝荒废朝政，统治腐败。百姓相继揭竿反隋。公元618年三月，隋炀帝的宠臣司马德勘和宇文化及等人，在江都发动兵变，缢死了隋炀帝。

2. 四大美女之一杨玉环

杨贵妃，名玉环，杨玄谈之女，本为唐寿王（唐玄宗子李瑁）妃，天宝四年被封为贵妃，备受唐玄宗宠爱，正所谓“三千宠爱在一身”。杨贵妃是我国历史上著名的四大美女之一，史书上称赞她“姿质丰艳”、“殊艳尤态”。不仅如此，杨贵妃还通晓音律，擅长歌舞，一曲《霓裳羽衣曲》舞得让人痴迷。她聪慧过人，又善于献媚，把玄宗这个风流天子弄得神魂颠倒。

杨贵妃在生活上非常奢侈，别的不说，单是宫苑内专为她织造锦绣的工匠就达700多人。据说，杨贵妃爱吃新鲜荔枝，为取悦她，玄宗便每年夏天兴师动众，派人从四川涪州将荔枝运往相隔千里的长安。由于当时运输条件差，为保证荔枝色香味不变，先得将快要成熟的荔枝树整棵连根带土挖出来，培植在大缸里，使其继续生长，再用船快速运往长安，然后按其成熟程度算好天数，摘下荔枝，派人快马加鞭，送到杨贵妃手中。其事有杜牧诗为证：一骑红尘妃子笑，无人知是荔枝来。

杨贵妃虽然美艳千古，可惜红颜薄命，在马嵬坡事变中成了政权更替牺牲品，一代红颜香消玉殒。

3. 大宋忠烈杨业

杨业，今山西太原人。他的父亲杨培是五代十国时后汉麟州刺史。杨业自幼随父征战，骁勇非常，特别喜欢狩猎，曾对人说：“将来我用兵，就要像使用鹰犬追逐野兔那样。”公元958年，他就任建雄军节度使，用兵如神，屡立奇功，时人称他为“无敌”。宋太宗赵匡胤征讨太原时，闻杨业的威名，将其招揽。北汉灭亡后，宋太宗任命杨业为右领军卫大将军，镇守代州。当时正赶上辽军入侵，杨业率兵大败辽军于雁门关。从此，辽军只要望见杨业旗号就自动退去。

杨业虽大字不识几个，但极富智谋，能与士卒同甘共苦，对部下有情有义，士卒甘愿为其效命。朔州兵败时，他打算疏散剩下的100多名将士，将士们都哭着不肯离去，结果全部战死在沙场。杨业被俘后，绝食三日而死。

7. 赵——以邑为姓，《百家姓》中排第一

赵姓是当今中国姓氏排行第七位的大姓，人口众多，约占全国汉族人口的2.3%。

赵姓大探源

翻开百家姓，首先映入我们眼帘的就是赵钱孙李这四大姓，《百家姓》为什么会拿“赵”姓来开头呢？

据说，这是由于《百家姓》是在宋朝所编，而宋朝的皇帝姓赵，当时正是赵家的天下，为了表示对皇帝的尊敬，顺理成章地就拿“赵”来作为众姓之首了。

据史料记载，最初以赵为姓的人是颛顼帝的子孙造父，他以善于驾驭闻名，周穆王的时候，得到了赵城这个地方为封地，就以封地的名称作为自己家族之姓，而世代相传下来。当时的赵城，现在的位置大致是在山西省赵城县西南。

赵姓从一开始便十分显赫，在春秋时代，自从赵衰辅佐晋文公完成霸业，赵氏子孙就世代为晋国的大夫，权倾当朝。

到了春秋末期，也就是周威烈王的时候，赵家的权势更大，进一步与同为大夫的韩家和魏家瓜分了晋国，而分别自立为一个诸侯，这就是历史上所谓的“三家分晋”。

后来，赵国的国势越来越强，成为战国七雄之一，其都城设在晋阳，也就是现在山西省太原县的北面。由此可见，现在所有姓赵的人，最早都是山西人，后来才逐渐移居他处，“五百年前是一家”，以姓赵的人来说，如果像这样认真的推溯，又岂止是500年？

繁衍之迹

西周时，造父的第七代子孙叔带率部分宗族由周投晋，并开始繁衍壮大，在三家分晋时建立赵国，史称“去周如晋，赵姓始昌”。到赵国灭亡时，赵姓已分布于山西、河北、河南、山东等地。秦始皇灭赵后，把赵王之后迁往甘肃天水，赵王迁被流放到今湖北房县。秦朝末年，真定（今河北正定）人赵佗建立南赵国，又把赵姓活动范围扩大至今两广和越南北部。西汉末年，赵飞燕姐妹被害，其族人被迫迁徙至辽西郡，也是赵姓人在东北活动的开始。东汉末年为避董卓之乱，洛阳人赵达迁居江东，真定人赵子龙入蜀为将。北魏时，天水赵姓一支迁居洛阳，其后裔孙赵贵镇守并迁至武川（今内蒙古）。唐初，有赵姓将士在平“蛮獠啸乱”中开赴福建并定居。五代时，有赵姓随刘龚南汉政权在广州定居。南宋初，康王赵构南迁杭州定都，有赵姓移居江南，有的移居江苏常熟、有的移居江西上饶。南宋被灭，南宋宗室散逃至澎湖、潮阳等地，后在闽粤一带繁衍。自宋代以后，赵姓遍布全国各地。值得指出的是海外赵姓的播迁。明末，有赵姓不惜冒险远渡重洋到海外，其民族构成多种多样，聚居地为东南亚和美国。如瑶族中的赵姓在缅甸、老挝、越南和美国、法国、加拿大等国都有分布；壮族中的赵姓散布于越南、老挝、泰国等地。

赵姓名人

1. 推行“胡服骑射”的赵武灵王

赵武灵王（约公元前340～前295年），名雍，三家分晋后赵国的第六代国君，著名的政治家和军事家。在长期与当时称为“三胡”的北方游牧民族作战中，他发现窄袖短衣的胡人服装及其骑射技术对军事作战极为有利，于是亲身示范，力除众议，全面推行了“胡服骑射”的军事改革政策，建立起中国历史上第一支骑兵，进而取得“平三胡”、“灭中山”的胜利。

赵武灵王所处的时代，兼并剧烈、战争频繁。新兴封建力量正在崛起。赵武灵王提出“利民为本”的政治主张，即判断一个国家政令的好坏，要以是否“利民厚国”为标准；判断一个大臣的功过，要以是否“补民益主”为准则，“补民益主”是做大臣的本分。赵武灵王认为“胡服骑射”的政策“利国”“补民”“益主”，从而积极统一认识使胡服令得以贯彻下去。

赵武灵王的社会政治思想，反映了地主阶级上升时期积极有为、改革进取的时代要求，对于发展生产和巩固政权，都起着不可忽视的推进作用。

2. “一身是胆”的猛将赵云

赵云（？～公元229年）三国时蜀国将领，字子龙，常山真定（今河北正定）人，以勇敢善战著称，初从公孙瓒，后来归顺刘备。公元208年，曹操取荆州，刘备败于当阳长坂，弃妻子南逃。赵云身抱刘备弱子刘禅，奋力救出甘夫人，这时他已是伤痕累累，但却奋力杀出重围，见到刘备时，刘备把婴儿扔在地上，说“为一孺子，险折我一员大将！”刘备念其功，封为牙门将军。不久，他又随刘备夺取成都，平定益州，历任翊军将军、中护军、征南将军，封为博昌亭侯。建兴五年（公元227年），随诸葛亮驻汉中。第二年，随军取关中，分兵拒曹真主力，寡不敌众，退回汉中，一年后病死。他曾以数十骑拒曹操大军，被誉为“一身是胆”的将军。

3. 北宋开国之君赵匡胤

宋太祖赵匡胤是北宋王朝的创立者。他祖籍河北涿州，属涿郡赵氏后裔，是一位文韬武略兼而有之的有道明君。

北宋建立后，在一次宴会结束后，赵匡胤特地留下掌握禁兵的石守信和一些实力派将领。对他们说：“身为天子在众人眼中是何等风光，有多少人日夜惦记着这个宝座，朕一念及此，食不甘味，睡不安寝啊！”石守信等心领神会，连忙跪下请罪。太祖又说：“你们为何不解除兵权？回乡多买些土地，为子孙留下万世的基业。”石守信等清楚赵匡胤害怕他们篡权，假若不把兵权交出，自己一定不会有好下场。因此第二天，众将领个个都借故称病，请求辞官。赵匡胤通过“杯酒释兵权”的方法，强化了中央集权。

8. 黄——陆终后裔，以国为姓

黄姓是中国常见的姓氏之一，在《百家姓》中排名第80位，在现今中国姓氏排行第八位。

黄姓大探源

关于黄氏的得姓渊源，历来的考证十分详尽。

据史料记载，上古时有位叫陆终的名人，其子孙在三千年前周武王取得天下之时，曾被封于黄国，也就是现在河南省潢川县之西的地方，列为当时周天子的诸侯之一。后来，黄国被野心勃勃的强国吞并，于是子孙四散，开始以国为氏。黄姓，正是这样来的。

另外，黄姓还有一个来源，就是由他姓改来的，如金、陆等都有改姓黄的。

繁衍之迹

发源于古时江夏的黄氏，是在唐代之时开始逐渐向全国各地播迁的，关于他们的繁衍之迹，《黄姓族谱》有极为详尽的记载：

其先四十三世南陆，居河南光州固始。六十八世珂郎仕晋，徙江西广信府。七十三世志，由和平迁福建邵武。七十七世祖剑，子二，分居晋江。七十九世礼恭，子二，分居莆田。八十八世肃，子四，分居福州，江西，南剑。峭（宋祥符元年进士），妻三，子嫡七，分居宜黄，九江，莆田，邵武，晋江；庶三，分居建宁，汀州。九十五世久昌，子五，长居邵武；次居南海，支分东莞，崇安；三居剑州，支分龙岩，宁洋；四居清流，支分武平，宁都，抚州；五居建宁，支分福州。同世久茂，子五，长分兴化，仙游；次分惠安、安溪；三分晋江、同安；四居永福，支分惠来，揭阳、澄海。同世久盛，居汀州，子三，长移宁化、邵武，支分潮之大埔、饶平；次居永定，支分饶平、平和。同世久美，子四，长居龙溪，浦城；次居太田，支分潮之澄海、揭阳、惠来、霞浦；三居长泰，支分潮之普宁；四居平和支分饶平、诏安、秀岭。同世久书，长居大埔县，次居梅州，支分镇平、平远、兴宁，河源、龙川、长乐，惠来、潮阳、广南。同世久安、久兴，支分嘉应、陆丰。

黄姓名人

1．农民起义领袖黄巢

黄巢（？～公元884年），唐末农民战争将领，曾建立大齐政权。

黄巢出身盐商家庭，进士不第。公元875年，黄巢在冤句（今山东菏泽市西南）起义，响应王仙芝。

黄巢转战各地，最初在山东、河南，后渡江南下。公元877年，王仙芝兵败被杀，黄巢遂自称冲天大将军。公元879年，起义军攻克广州，控制岭南，10月又北上，公元880年渡过淮河，攻下洛阳；公元881年，起义军进入长安，建立了大齐政权，年号金统。

两年后，逃往四川的唐僖宗反攻，黄巢部下大将朱温叛变降唐，沙陀族李克用又率援军助唐，黄巢撤出长安，转战山东。公元884年6月，黄巢在狼虎谷（今山东莱芜）兵败自刎。

2．江西诗派之祖黄庭坚

黄庭坚（1045—1105年），字鲁直，号山谷道人，晚号涪翁，洪州分宁（今江西修水）人；北宋著名的诗人、书法家。

黄庭坚于北宋治平年间得中进士。宋神宗元祐初，召为校书郎、主持编写《神宗实录》，升为起居舍人，后被新党指为修史“多诬”，贬涪州别驾，黔州安置，移戎州。徽宗即位后，他领太平州事，九天即被罢免，随后流放至宜州

（今广西宜山）卒。

黄庭坚与张耒、晁补之、秦观并称苏门四学士，诗名尤盛，与苏轼并称苏黄，为江西诗派之祖。

3. 女纺织家黄道婆

黄道婆，松江乌泥泾（今上海华泾镇）人，生活在宋末元初；生年无记录，有说为1245年。黄道婆出身贫苦，十来岁时便被卖为童养媳，婚后不堪家庭虐待，随黄浦江海船逃到海南岛崖州。在崖州随黎族人学纺织。约1295年，回到松江乌泥泾，从事纺织，教当地妇女棉纺织技术，并且发明纺织机械，改进纺织工艺。从此，松江的纺织业发达起来。

9. 周——周文王直系后裔

周姓是当今中国姓氏排行第九位的大姓，人口众多，约占全国汉族人口的2.1%。

周姓大探源

据史料记载，周文王是周姓的鼻祖，周姓汉人的血缘，可以追溯到远古的黄帝轩辕氏。

源自周室王族，当然不比寻常。“文王之治”，是传统上的一个政治崇高境界，所以周文王不但被公认为周姓汉族的始祖，更是5000年中华文化的代表人物。他对历史的影响之大，真可以说是无与伦比，这正是数千年来每一位周姓人的共同荣耀。

繁衍之迹

周姓的最初发源地在今陕西渭河平原一带。秦汉时期，周姓主要以河南、陕西为中心地带繁衍生息，后逐渐成为当地的名门望族。秦时，有河南临汝的周姓人迁往江苏沛县。西汉时，有河南叶县周姓人迁往河南平舆县。汉末，此支中又有迁往安徽庐江的，河南人周燕在汉时迁往山东任太守。可见，这一时期，周姓已活动于陕西、河南、山东、安徽等省，且以河南为主要支流。魏晋南北朝时期，战乱频繁，社会动荡，大规模的南迁使得周姓人也卷入其中，于是湖北、江西、江苏等地有了周姓人活动的足迹。如晋代，有周访任江西浔阳梁州刺史。南朝宋有周毅在江西临川郡任太守之职。

隋唐时，周姓有了大范围的分布与发展。唐初，随着陈元光入闽开基福建漳州，周姓族人亦有加入者，此为周姓最初入闽者。唐僖宗时，又有周姓人随王潮、王审之入闽而后移居广东者。这一时期，周姓更广泛地分布于南方地区。宋元时期，周姓人最为显著的特点仍是南迁，以致于此期周姓名人多出于南方，如哲学家周敦颐、词人周邦彦、音韵学家周德清等。明清时期，是周姓发展中一个比较兴盛的时期，台湾、云南、四川、贵州等地也有了周姓人居住。据记载，明初周正行五兄弟从江西迁到贵州麻阳。清初有福建人周延郡入台，广东人周朝德居于台湾。此时，周姓可谓遍布祖国大地。今日周姓在长江流域的省、市中所占比例相对高于其他地区。

周姓名人

1. 风流词人周邦彦

北宋著名词人周邦彦精通音律，曾自创不少词调。其作品格律严谨、典丽清雅。“水面清圆，一一风荷举”一句极得词学大师王国维赞赏。

周邦彦任开封府监税时，一次去汴京名妓李师师家，恰逢徽宗至，急藏床下，后写成《少年游》一词，记夜间所闻。徽宗听李师师唱起，问知是周邦彦所作，大怒，责蔡京惩治周邦彦不课税之罪。查问之下，周缴税却是最多的，但“上意如此”，他还是以职事废弛罪被逐。

几日后徽宗又至李师师处，却得知她去送别周帮彦，归后又垂泪锁眉。徽宗怒问周邦彦是否有新作，师师唱起《兰陵王・柳》，徽宗大喜，复召周邦彦为大晟乐正（音乐职司）。

2. 火烧赤壁的三国名将周瑜

周瑜（公元175～210年），字公瑾，东吴四英将第一位，庐江舒城人。幼年与孙策相识，结为生死之交。后孙策脱离袁术自立，周瑜主动投奔孙策，在孙策平定江东的战争中起到了谋士和武将的双重作用，用计谋收服了太史慈。孙策平定江东后，周瑜任水军都督。公元200年，孙策早逝，临死前对孙权说“外事不决问周瑜”。孙权继位后，也十分信任周瑜。公元203年，孙权西征黄祖，周瑜立下了大功。公元207年，曹操南下，目标直指江东，孙权战和未定。周瑜及时从鄱阳湖赶回，正确分析了曹操远来的种种弊端，使孙权决定与曹操一战。周瑜身为水军大都督，用火攻之计大破曹操，这就是有名的赤壁之战。

赤壁之战后，周瑜攻打南郡时中毒箭，无奈之下只得退往柴桑郡养伤。在养病期间，周瑜提醒孙权要提防刘备。公元210年，周瑜领兵攻打西川，行至巴丘城时箭伤发作，英年早逝，年仅36岁。孙权闻讯后，立即素服迎接周瑜灵柩回柴桑。

历史上的周瑜雄姿英发，心胸广阔。东吴老将程普，早年跟随孙坚，自以功高，瞧不起年轻的周瑜。但周瑜并不与程普计较，最后使程普折服，程普说道：“与周公瑾交，如饮醇醪，不觉自醉。”到宋代时，世人还是很喜欢周瑜，这一点从苏轼的《念奴娇》一词中就可以看出。但到了元代以后，基于对汉室的维护，人们逐渐对周瑜进行丑化，至《三国演义》成书时，周瑜就完全成了另一个人了。

3. 中华民族的灵魂鲁迅

鲁迅，著名的文学家，思想家，革命家；原名周树人，号豫才；浙江绍兴人。他7岁开始读书，12岁从寿镜吾老先生就读于三味书屋。13岁那年家里发生一场很大的变故，经济状况渐入困顿，接着父亲一病不起，使他饱尝了冷眼和侮蔑的滋味，“看见世人的真面目”。

1898年，他离开故乡考进南京江南水师学堂，后又转入江南陆师学堂附设的矿路学堂；1902年初毕业后被选派赴日留学，先是学医，后为改变国民精神，弃医从文；1909年8月回国。

辛亥革命后，鲁迅应蔡元培之邀去南京临时政府教育部供职，后又迁住北平。1918年，他在《新青年》上发表新文学的第一篇白话小说《狂人日记》，正式开始了辉煌的创作生涯，至1926年，又相继出版短篇小说集《呐喊》和《彷徨》等。

“四·一二”反革命政变使其思想产生了飞跃，转向以马克思主义的阶级论思想为主导。1930年3月“左联”成立时，鲁迅被推荐为常委，成为中国共产党领导下的左翼文化运动的主将。

鲁迅后十年的杂文，更加深刻、犀利，如匕首、投枪，充满了唯物辩证的精神。这些作品收在《而已集》、《三闲集》、《二心集》、《南腔北调集》、《伪自由书》、《准风月谈》、《花边文学》、《且介亭杂文》等专集中。1936年10月19日鲁迅病逝于上海。

毛泽东认为：鲁迅是“文化新军的最伟大和最英勇的旗手”，是“最热忱的空前的民族英雄”，“他不但是伟大的文学家，而且是伟大的思想家和伟大的革命家”；“鲁迅的方向，就是中华民族新文化的方向”。

10. 吴——泰伯封于吴，子孙以国为姓

吴姓是当今中国姓氏排行第十位的大姓，人口众多，约占全国汉族人口的2%。

吴姓大探源

据史料记载，春秋末期的吴国是吴姓人的发源地。

古代的吴国，位置是在现今江苏省无锡县一带。周初，属于泰伯的封地，传到十九世孙寿梦的时候才开始称王，国势也日益壮大，国境一直伸延到浙江省嘉湖一带。由此可见，吴姓汉族的始祖，是周代的泰伯。

繁衍之迹

吴姓发源于我国南方，秦汉时期是得姓以后第一个发展时期。吴亡国后，吴姓后人流亡到江西婺源、安徽歙县一带，并有北迁至山东、山西等地者。在秦末汉初，吴姓族人参加起义，因功多被封王，出现多个名门望族，如南阳吴氏、陈留吴氏、河南吴氏等，荣极一时，为吴姓发展史上一个重要时期。到魏晋南北朝时期，吴姓族人得以进一步发展，由于吴姓有女在汉末嫁于吴国君主，成为皇族，生孙权、孙策等人，并在吴亡后，人仕于两晋，屡出名人，知名于世。到了宋元时期，吴姓族人由于各种原因，出现了北方吴姓大量南迁并在南方大发展的情况，因此北方吴姓渐衰，南方渐旺，并且在此时期，“延陵季子”的后人，咸阳吴姓、绍兴吴姓等一大批族人，逐渐显贵，历代为官，家族不断扩大兴旺，并在以后逐渐分出安徽宁国，浙江嘉兴等望族。到明清及近现代时期，吴姓名人大量涌现，家族分布进一步广泛，人口增多，还出现了除大陆以外，向东南亚及海外广泛迁徙的现象。吴姓分布极广，现以江南一带为多，华东各省吴姓人口比率均占各省人口2%以上，尤以福建省为高，约占全省人口的5%。

吴姓名人

1. 画圣吴道子

吴道子（约公元685～785年），河南禹县人；唐代画家；少时孤贫。他初学书后转习绘画，20岁才崭露头角，曾做过兖州瑕丘（今山东兖州）县尉。浪迹洛阳时，玄宗李隆基闻其名，任以内教博士，改名道玄。他擅画道释人物，亦擅画鸟兽、草木、台阁，笔迹落落，气势雄峻。他曾作壁画三百余幅，“奇迹异状，无一同者”。他画佛像圆光、屋宇柱梁、弯弓挺刃、皆一笔挥就。后人把他与张僧繇并称“疏体”。苏轼认为“画至吴道子，古今之变，天下之能事毕矣。”

吴道子被后世奉为“画圣”；民间画工尊之为“祖师”。他的代表作有《明皇受箓图》、《十指钟馗图》、《孔雀明王像》、《托塔天王图》、《大护法神像》等。传世作品有《天王送子图》，又名《释迦降生图》卷，为净饭王之子释迦出生故事，现藏日本大阪市立美术馆；《释迦图》藏日本京都东福寺；皆为后人托名摹本。

2. 《西游记》作者吴承恩

吴承恩，明代小说家，字汝忠，号射阳山人，怀安山阳（江苏淮安）人。他生于一个由学官沦落为商人的家族，家境清贫。吴承恩自幼聪明过人，但他科考不利，至中年才补上“岁贡生”，后流寓南京，长期靠卖文补贴家用。他晚年因家贫出任长兴县丞，由于看不惯官场的黑暗，不久愤而辞官，贫老以终。

吴承恩自幼喜欢读野言稗史，熟悉古代神话和民间传说。科场的失意，生活的困顿，使他加深了对封建科举制度、黑暗社会现实的认识，促使他运用志怪小说的形式来表达内心的不满和愤懑。

吴承恩杰出的长篇神魔小说《西游记》，以唐代玄奘和尚赴西天取经的经历为蓝本，在《大唐西域记》、《大唐慈恩寺三藏法师传》等作品的基础上，经过整理、构思最终写定。

《西游记》的出现，开辟了神魔长篇章回小说的新门类，书中将善意的嘲笑、辛辣的讽刺与严肃的批判巧妙地结合在一起的特点直接影响了后世讽刺小说的发展。《西游记》是古代浪漫主义长篇小说的高峰，在世界文学史上，它也是浪漫主义的杰作。《美国大百科全书》认为它是“一部具有丰富内容和光辉思想的神话小说”；《法国大百科全书》说：“全书故事的描写充满幽默和风趣，给读者以浓厚的兴味。”从19世纪开始，它被翻译为日、英、法、德、俄、等十来种文字流行于世。

11. 徐——贤士伯益后代

徐姓是当今中国姓氏排行第十一位的大姓，人口众多，约占全国汉族人口的1.66%。

徐姓大探源

徐姓的始祖，相传是东夷族部落首领伯益。

舜禅让帝位给夏禹，到了晚年，夏禹曾经要继承过去帝位禅让的优良传统，有意让位于素负贤名的伯益，可是伯益却不肯接受，并且跑到箕山去躲了起来。于是，夏禹后继无人，加上其子启又很有贤名，受到诸侯的爱戴，最后，只好传位于启，从而开创了帝位世代相袭的“家天下”局面。

伯益的贤德让夏禹感动不已，再加上其又有治水之功，禹便封他的儿子若木到徐这个地方建立徐国，西周时若木的第三十二代孙徐偃王很有作为，因此后世徐姓子弟多视其为徐的鼻祖、以至于唐宋有“徐氏十望，其九皆本于偃王”的说法。

公元512年，徐国为吴国所灭。亡国的徐人为纪念故国，便以国名为姓，徐姓开始正式出现。

繁衍之迹

徐姓人最早繁衍于今江苏徐州、安徽泗县，后扩至凤阳。秦时有山东人徐福去东海为秦始皇寻求长生不老之药，带三千童男童女，这六千多人消失在烟波浩渺之中，而徐福也被视作日本的开基始祖。除山东外，在靠近徐国的江苏、安徽、江西、浙江一带，在秦汉时亦有徐姓人在活动。

徐姓大举南迁始于魏晋之际。南北朝五胡乱华，北方徐姓避居江南，到隋唐时期，在我国南方又有了进一步的繁衍。明清时，徐姓已广布于我国的大江南北。总之，徐姓在秦汉时期，主要分布在我国北方的黄河下游地区，尤以山东徐姓繁衍得最为旺盛。徐姓的向南播迁，自唐代以后，几乎是络绎不绝，后广布江南各地，这正是南方各地徐姓众多的原因。如今，徐姓以江苏、广东、浙江、四川、山东、江西、安徽人数最多，上述七省的徐姓约占全国汉族徐姓人口的65%。

徐姓名人

1. “游圣”徐霞客

徐霞客（1586～1641年），名弘祖，字振之，号霞客，江苏江阴人；明地理学家、旅行家和文学家。他经30年考察撰成的60万字《徐霞客游记》，开辟了地理学上系统观察自然、描述自然的新方向；该书既是系统考察祖国地貌地质的地理名著，又是描绘华厦风景资源的旅游巨篇，还是文字优美的文学佳作，在国内外具有深远的影响。

徐霞客的足迹遍及现今19个省、市、自治区。他不畏艰险，曾三次遇盗，数次绝粮，仍勇往直前，严谨地记下了观察的结果。他进入云南丽江时，因足疾无法行走时，仍坚持编写《游记》和《山志》，基本完成了60万字的《徐霞客游记》。在徐霞客55岁（1640年）时，云南地方官用车船送他回江阴，次年病逝于家中。

2. 艺坛怪才徐文长

徐渭，初字文清，后改字文长，号天池山人、青藤居士，或署田水月，山阴（今浙江省绍兴）人。

徐渭天资聪颖，20岁考取山阴秀才，然而后来连应八次乡试都名落孙山，终身不得志于功名。由于仕途屡遭磨难，徐渭深受刺激，一度发狂，精神失常，蓄意自杀，竟然先后九次自杀，自杀方式令人毛骨悚然：用利斧击破头颅，“血流被面，头骨皆折，揉之有声”，又曾“以利锥锥入两耳，深入寸许，竟不得死”。他还怀疑其继室张氏不贞，居然杀死张氏，因之下狱，度过七年牢狱生活，后为好友张元忭营救出狱。他出狱后已53岁，这时才真正抛开仕途，四处游历，开始著书立说。

徐渭的艺术才华极高，他曾自称“我书法第一，其次是诗，再次是文章，最后才是画”，但他的水墨写意画却为近代大画家张大千敬佩不已，甘愿自名为“青藤门下一走狗”，由此可见其才情之高。

3. 古代数学名家徐光启

徐光启（1562～1633年），字子先，号玄扈，明代上海人，青年时代以教书为生。他曾任礼部左侍郎、尚书、文渊阁大学士等官职，1600年在南京与意大利耶稣会士利玛窦相识，开始接触和学习欧洲科学知识。

徐光启是在数学、天文学和农学等方面做出重要贡献的科学家，也是介绍和吸收欧洲科学技术知识的先驱者和积极推动者。

1607年起，他与利玛窦合作先后翻译了《几何原本》前6卷、《测量法义》、《简平仪说》、《泰西水法》。他还撰写了《测量异同》、《勾股义》和《定法平方算术》等数学书籍，介绍西方数学。1613年后，他转向农学，编纂了《农政全书》，书中把中国历代农书的精华、劳动人民的生产经验，欧洲的先进科学知识以及自己的研究成果融为一体，这是一部至今仍有参考价值的重要农学著作。

翻译《几何原本》是他在中国引进西方数学的创举，也是他在数学方面的最突出贡献。在没有成规可循的情况下，他创造了许多数学专用的汉文术语，如几何、点、线、面、平行线、钝角、锐角、三角形、四边形等，非常贴切，沿用至今。

在天文学方面，他融汇中西历算，与李之藻、李天经以及外国传教士龙华民、邓玉函、汤若望、罗雅谷等主持了明代唯一的重大历法改革，并在1629年—1632年间完成了137卷的巨著《崇祯历书》。他不仅引进了西方的历法，而且还继承了中国历法的传统。

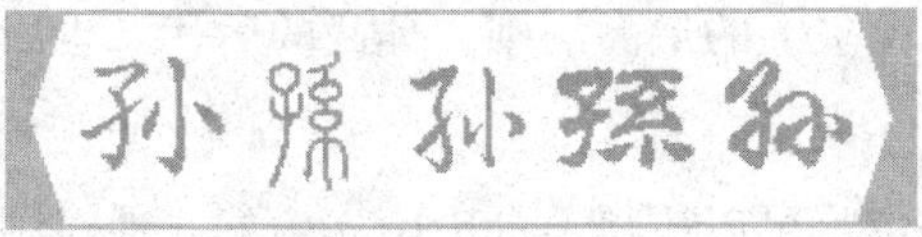

12. 孙——渊流辉煌，名人辈出

孙姓是当今中国姓氏排行第十二位的大姓，人口众多，约占全国汉族人口的1.5%。

孙姓大探源

孙姓的渊源主要有三个

一种说法是源于周文王的后代惠孙，其孙为纪念惠孙而取其名中的“孙”字为姓；另一种说法是说孙姓源于孙敖后人；第三种说法也是最重要的说法，就是孙姓源自田完后裔。田完由陈国逃到齐国，由于他品德高尚，齐桓公欲立他为卿，但他不慕高位，只是请求当个管理百工的小官吏。田完的后代在齐国屡立战功，齐景公赐姓孙氏。以上三个孙姓起源，以齐景公赐田完后代“孙”姓一说影响最大。

历来对于孙氏姓源的考据，既然是如此的众说纷纭，现在孙姓之人想要追溯血缘上的正确出处，也就较为费事了。

在历史上不计其数的孙姓名人中，孙阳可能要算是最早在史书上出现的一位。孙阳这个名称，大家也许比较陌生，但是如果提起“伯乐”，大家一定熟悉万分了。孙阳是春秋秦穆公时的人，伯乐是他的字，以善于相马闻名，后世也就以“伯乐”两个字来表示一个人的知人之明了。

其次，便是鼎鼎大名，被全世界军事学家奉为军学泰斗的孙武了，他所著的

《兵法十三篇》，一直到今天，都被奉为军事上的最高法则。孙武的后代，也出了一位以兵法见长的著名人物——孙膑。

孙姓名人虽然辈出于各代，却没有一位是可以比得上孙中山先生的，他对国家民族的贡献，每一个中国人都深铭五内。孙姓人的杰出与卓越，在他的身上是登峰造极了。

繁衍之迹

孙姓的发源地主要有两支，一为河南濮阳，二为山东博兴。春秋战国时期，河南濮阳孙姓后裔孙嘉迁到汲郡（今河南卫辉市西南），使得汲郡也成为孙姓繁衍的一个重要支源。这一时期，山东孙姓播迁频繁，齐国内乱，致使孙武子孙迁至江苏、浙江一带居住。

三国两晋南北朝时期，政局动荡，导致孙姓大举南迁，加上富春孙姓建立了孙吴政权，使得孙姓在南方分布渐广，河南、河北、山东、山西、浙江、江苏、湖南、福建、陕西及东北等地遍布孙姓。隋唐时期，孙姓的迁徙仍以南方为主，唐代固始人陈政、陈元光父子入闽开漳及唐僖宗时王潮、王审知入闽都有孙姓族人参加。宋元时期由于金人南侵及蒙古军队的南下，使孙姓族人进一步涌入福建、广东等地居住。明清时期，有福建孙姓迁入广东紫金县者，伟大的民主革命先行者孙中山先生即为此支后裔，这一时期，孙姓人已是遍布全国，且以东部和江南地区较为集中。今日孙姓以山东、河南、安徽、黑龙江、河北和吉林等省分布最多，上述几省的孙姓人数约占全国孙姓总人数的58%。

孙姓名人

1. “兵家之祖”孙武

孙武，字长卿，春秋末期齐国乐安人（即今惠民县人），是齐国名将孙书（即田书）的孙子。他自幼好学，尤工兵法，因避齐乱而奔吴为将，帮助吴王阖闾西破强楚，北压齐晋，屡立战功。

鲁昭公二十九年、吴王阖闾三年（公元前512年），伍子胥把孙武推荐给吴王。吴王读了孙武著的兵法，和孙武谈论了当时的政治形势和军事问题，非常赞赏，并当面试验了孙武练兵、作战的才能，知道他确实善于用兵，于是用孙武以客卿身份为将。孙武与伍子胥一同协助吴王阖闾伐楚，五战五捷，攻占楚国，又攻破越国。

孙武曾总结历代战争胜负的经验教训及各方面的因素，着“兵法”多篇。流传至今的《孙子兵法十三篇》，被誉为“兵学圣典”，在世界上亦具有很大影响。因之，后世人尊之为“兵家之祖”。

2. 忍辱偷生报大仇的孙膑

孙膑，战国时期齐国人，孙武后裔，是著名的军事理论家、军事指挥家，著有《孙膑兵法》。

孙膑曾拜古代著名的兵家大师鬼谷子为师，与魏国大将庞涓为同窗好友。但庞涓妒贤嫉能，将他诳骗到魏国并施以膑刑，欲使孙膑不能领兵打仗。后来，孙膑千方百计逃到齐国，做了田忌的门客。他运用博弈原理帮助田忌在贵族赛马中获胜，其才能令田忌佩服不已。田忌将孙膑举荐给齐威王，被拜为军师。后来，孙膑两次采用“围魏救赵”的战法使庞涓所带领的魏军元气大伤。在马陵之战之时，孙膑假装撤退，添兵减灶，待齐军退到道路狭窄、地势险隘的马陵时，孙膑挑选万名弓箭手埋伏于此。孙膑计算魏军行程，判断魏军日落后就到，就在路边一棵大树上写了“庞涓死于此树之下”八个大字。日暮时分，庞涓果然率军追到这里，看了八个大字后才发现中计，但已来不及撤退。很快魏军溃败，庞涓中箭，最后羞愧自尽。孙膑在马陵之战大获全胜，也报了膑刑之仇。

经过马陵之战，孙膑名扬天下。

3. “药王”孙思邈

孙思邈，京兆东原人（今陕西省耀县孙家塬）人，出生于隋开皇元年，卒于唐永淳元年，活了102岁（也有说他活了141岁）。他是我国乃至世界历史上著名的医学家和药物学家。历史上，被人们尊其为“药王”。

孙思邈是古今医德医术堪称一流的名家，尤其对医德的强调，为后世的习医、业医者传为佳话。他在名著《千金方》中，把“大医精诚”的医德规范放在了极其重要的位置上来专门立题，重点讨论。而他本人，也是以德养性、以德养身、德艺双馨的代表人物之一，成为历代医家和百姓尊崇备至的伟大人物。

13. 胡——胡、陈同源

胡姓是当今中国姓氏排行第十三位的大姓，人口众多，约占全国汉族人口的1.3%。

胡姓大探源

胡姓的最早来源，根据史料记载，是这样的：舜的后裔胡公被封于一个叫陈的地方，其子孙于是以封邑为姓。也就是说，胡姓也跟陈姓一样，是上古圣君虞舜的妫姓后裔，他们的始祖，都可以追溯到3100年前被周武王封为陈侯的胡公满，血脉完全相同，只是一个以封邑的地名为氏，一个以老祖宗的谥号为姓罢了。

在早期历史上，胡姓的表现似乎比不上他们谊属兄弟的陈、田等姓，除了春秋时期有过一位以大义化解蒲邑之危的名士胡衍之外，名登史册的胡姓人物，并不多见。

秦汉天下一统之后，情况就完全不一样了，胡姓“后来居上”，名人辈出，就以汉朝的胡安和胡烈来说，他们的事迹，便足以光耀后人。胡安是一位了不起的教育家，曾经在白鹿山聚徒授经，司马相如便是他的得意门生之一；胡烈，则是一位出了名的好官，他在担任襄阳守的时候，筑堤灌园，曾被老百姓歌颂为“譬春之阳，如冬之日。”

以“光芒毕露”四个字来形容胡氏在宋朝300多年间的杰出表现，应该是最为恰当不过的了。这段时间，胡氏的才华横溢，满门书香，胡安国、胡瑗、胡三省等人，无一不是功在传统文化，名垂千秋万世的著名学者。熟悉历史的人都知道，宋朝在王安石施行新法的时候，曾经废弃先秦时期最为精辟的智慧结晶《春秋三传》，将之摒诸学习的大门之外。其后，要不是有胡安国的矢志“抢救”，则今日呈现在后人面前的传统文化的内容，就很可能两样了。胡安国“抢救”了《春秋三传》，对于整个中华文化而言，真可以说是功高五岳，难怪他死后会被祀于孔子庙，千秋万世供人瞻仰。

繁衍之迹

胡姓最初的发源地主要有两个：一个是今河南淮阳，另一个是今安徽阜阳。这两支胡姓经过不断的繁衍与融合形成了当今胡姓遍布于天下的盛况。从先秦至两汉时期，胡姓族人历经迁移，向西进入陕西、甘肃两省，向北进入山西，向东进入山东，向南迁入湖北、江西，使胡姓得以发展繁衍。其中，迁入甘肃境内的胡姓一族，在后汉时期已成为望族。三国时期，胡姓族人高官不断，家族逐渐兴旺。其后裔胡奋由曹魏入晋，使胡姓由功勋之家演变为外戚之家，并有其分支相继在今河南新蔡繁衍，亦成为当地望族。两晋南北朝时期，胡姓原居于陈（今河南淮阳），后因“永嘉之乱”，中原士族大举南迁，与其余七姓族人共同入闽，成为“入闽八姓”之一。唐宋年间，胡姓族人胡竦迁入晋安郡（包括今福建漳、泉二州），被奉为闽中胡姓的始祖。其五子分迁于安徽、福建、江西等省境内，使胡姓族人再一次远播分散于各地，并得到巨大发展。而另一支在五代南唐时，由安徽阜阳迁入吉州（江西吉安）、金陵（今江苏南京），也使江西逐渐成为胡姓繁衍中心。至元明清时期，居于今河南淮阳一带的部分胡姓因避战乱入迁福建、广东等地，再次远播其他各省，从而使胡姓成为一个遍布全国且远播海外的大姓。胡姓在我国分布很广，尤以四川居多，约占全国胡姓人口的13%，湖北、江西、安徽、浙江、山东、湖南等省亦多此姓，上述七省胡姓约占全国汉族胡姓人口的65%。

胡姓名人

1. 红顶商人胡雪岩

胡光墉（1823～1885年），幼名顺官，字雪岩，湖里村人。他幼时家贫，帮人放牛为生，稍长，由人荐往杭州于姓钱肆当学徒，得肆主赏识，擢为跑街。

胡雪岩因帮助穷困潦倒的冗吏王有龄捐官，以致自身失业，王有龄感其恩，遂与之结为生死之交。后胡雪岩利用王有龄在官场上的发达，开设钱庄，在官府势力、漕帮首领和外商买办之间，层层投靠，左右逢源，以精细的连环计算，收买民心、网罗赌棍、拉拢富商，混迹于勾栏赌场，竭力经营丝茶生意，大做军火勾当。其间，收姬纳妾，邀友狎妓，不惜重金为妓女赎身，又转手奉送于高官。由于胡雪岩精于谋划，手段灵活，因此，很快得以暴富，终至在上海、杭州立足，由市井布衣，跻于江浙大贾之列。

2. 近代史上的风云人物胡适

胡适（1891～1962年），原名胡嗣穈，字适之，近代史上名副其实的风云人物，中国新诗的开山鼻祖，他自己戏称为“新诗老祖宗”。作为中国第一个用白话写诗出集的诗人，胡适的诗清新、流畅，颇具大家风范。

胡适世居安徽绩溪，出自安徽阜阳胡姓。胡适1891年出生于上海，20岁赴美留学，后来获得哥伦比亚大学博士学位。“民国”六年返国，任北京大学教授。抗战期间，曾出任驻美大使，胜利之后为北京大学校长。

旅美期间，他先后任教于哈佛大学、哥伦比亚大学、加州大学、普林斯顿大学，1962年逝世，享年71岁。

对于中国新文学运动，胡适是最重要的启蒙人。早在1917年1月，他即发表《文学改良刍议》，提出当时文学的八个主张，也就是后来的“八不”主义：

（1）不做言之无物的文字；

（2）不做无病呻吟的文字；

（3）不用典；

（4）不用套语滥调；

（5）不重对偶，文须废骈，诗须废律；

（6）不做不合文法的文字；

（7）不模仿古人；

（8）不避俗话俗字。

胡适主张使用“白话”作为文学语言改革的基础，对于白话，他的看法是：

（1）白话的“白”是戏台上“说白”的白，是俗语“土白”的白，故白话即是俗话。

（2）白话的“白”是“清白”的白，是“明白”的白，白话但须要“明白如话”，不妨夹几个文言的字眼。

（3）白话的“白”是“黑白”的白，白话便是干干净净没有堆砌涂饰的话，也不妨夹入几个明白易晓的文言字眼。

14. 朱——朱、曹同祖，以国为姓

朱姓是当今中国姓氏排行第十四位的大姓，人口众多，约占全国汉族人口的1.25%。

朱姓大探源

根据史料记载，朱姓是颛顼帝的后代，朱姓的最早始祖是颛顼帝后代曹挟，在3000年前周武王的时候被封于“邾”这个地方。最初，附庸于鲁国，春秋时进为子爵之国，亦称“邾娄”。

邾国后来被楚国所灭，曹挟的子孙就把“邾”字中的“邑”旁去掉单单留下左边的朱字，以朱为姓，以记住亡国之辱。

在历史上，朱姓的杰出人物，最早见诸《史记》的朱亥。朱亥是战国时的魏国人，据说，他力大无穷，勇气过人，曾经凭着一只40斤重的铁锥，挽救了情势危急的赵国。

到了六百年前的元末，一名靠乞讨为生的穷和尚朱元璋，赶走蒙古人，建立明朝，把朱姓带上巅峰。

繁衍之迹

朱姓发源于今山东境内。先秦时期，朱姓族人主要生活在北方的中原地区，但发展缓慢，人少势微。到了秦汉时期，由于地域的统一，朱姓得以较快发展，名人不断涌现，先后出现了朱氏三大家族。到西汉中期至东汉末年，终于形成了朱姓历史上影响深远的四大望族，即吴郡朱氏、沛国朱氏、南阳朱氏、平陵朱氏。

到了魏晋南北朝时期，政治动荡，外族入侵，朱姓族人纷纷由原来的河南、山东等北方繁衍地迁徙南方。同时出现与少数民族融合情况，令朱姓更加得以繁衍，先后出现了河南朱姓望族，江南朱姓望族等等，使魏晋南北朝时期成为朱姓发展的一个重要时期。宋元时期，居于江南的朱姓在历史的发展上又出现了一个新高潮，并使浙江、河南、河北、安徽朱姓得以繁衍。到了明清时期，朱姓发展进入顶峰，朱姓在明时成为皇姓，族大势盛，在各地均出现名门望族。到清时，由于农民起义，外族入关，朱姓进入低谷，但因避难外迁反而广布于全国各地。朱姓在今日以江苏、浙江、广东、河南等省分布最多，上述四省朱姓约占全国汉族朱姓人口的44%。

朱姓名人

1．比肩孔孟的贤哲朱熹

朱熹（1130～1200年），字符晦，号晦庵，又号称晦翁，祖籍徽州婺源（今属江西），出生于南剑州尤溪（今福建尤溪县）。他是宋代理学的集大成者，诗人、哲学家。

宋高宗绍兴十八年（1148年）朱熹中进士。但其人平生不喜为官，至于理学，著书立说。他一生主要的时间（约四十年）在福建武夷山，庐山白鹿洞书院讲学；晚年卷入当时的政治斗争，被夺职罢祠，其学被定为“伪学”，其人也被定为“伪学首魁”，直到去世之时“罪名”尚未解除。但朱熹死后不久，“党禁”解除，朱熹的地位日渐上升，最终成为配享孔庙的“孔门十哲”之一。其思想学说从元代开始成为中国的官方哲学，不仅深刻地影响了中国的传统思想文化，而且还远播海外，产生相当大的影响。

2．大明开国皇帝朱元璋

明太祖朱元璋，幼名重八，又名兴宗，字国瑞，濠州钟离（今安徽凤阳东）人。出身贫苦，曾为游方僧。

后来，朱元璋加入郭子兴义军，郭子兴死后掌兵权，次年攻克集庆路（今南京），改名应天府。他采纳儒生朱升“高筑墙、广积粮、缓称王”的策略，迅速壮大实力，先后消灭陈友谅、张士诚、方国珍等割据势力。朱元璋1368年即皇帝位，年号洪武，建都南京，定国号明；同年出师北上，攻克元大都，逐步统一全国。他在位时，废秦汉以来的丞相制，极力加强皇权；设五军都督府，创卫所制度；制订《大明律》，编撰《大诰》三篇，抑制豪强、整顿吏治；经济上取消元代部分苛政，减轻农民及工匠的人身依附关系；大规模兴修水利，鼓励垦荒，推行屯田，促进了明初社会经济的发展；但大兴文字狱，有滥杀现象。

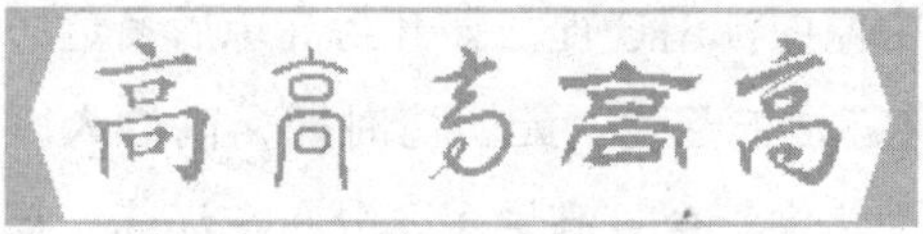

15. 高——姜子牙后人

高姓是当今中国姓氏排行第十五位的大姓，人口众多，约占全国汉族人口的1.21%。

高姓大探源

高，是发源于山东的一个古老姓氏。

周朝建国后，姜尚在自己的封地上建立齐国，被称为齐太公。他的子孙中有一个公子被封在高邑做首领，人们称其为公子高。而公子高的孙子名叫姜溪，因曾协助齐恒公称霸有功，而被齐桓公赐姓为“高”，此后姜溪的子孙就世代以高为姓，发展至今。

繁衍之迹

高姓发源于今河南省境内，春秋以后以齐鲁之地高姓居多。据史料所载，战国到秦汉时期，高姓已可能迁入河北、辽宁境内。秦汉三国时期，随着政局的几度分合，人口频繁迁徙，高姓人氏逐渐活动于海河流域，黄河上、下游，淮河流域，长江上、下游地区。两晋南北朝时，战乱频繁，高姓人氏大举南迁，“广陵”郡望便是在这一时期所形成的。隋唐时，有书记载，河南有陈氏父子率军开辟漳郡，其中有高氏参加，另河南高姓族人高钢入迁闽地（今福建）。五代时期，有陕州硖石（今河南三门峡市）人在江陵府（今湖北荆州市）建南平国。有太原（今山西太原）人高彦俦到四川后蜀政权为官。在此期间，江南江北都有高姓人活动。两宋时期，高姓人为避战乱由中原向江南迁徙。如开封高琼后裔定居于海宁、临安、温州、山阴，合肥人高彻定居于晋陵。元明清时期，高姓人多集聚于东南地区，尤以江苏、浙江地区最为集中。今日高姓主要分布在江苏、福建、广东、江西、云南等地。

高姓名人

1. 高姓皇帝高洋

高洋是南北朝时期北齐的开国皇帝，字子进，渤海蓨县（今河北景县东）人。东魏武定七年（公元549年），其兄大将军高澄图谋取代东魏，未及实现而死。高洋继掌朝政，次年五月，禅代称帝，国号齐，史称北齐。

北齐一代出现对魏孝文帝以来汉化政策的反动，鲜卑化占优势，这与高洋很有关系。但他虽昏虐却尚能任用汉人士族，如命杨愔为宰辅，“维持匡救，实有赖焉”。所以时有“主昏于上，政清于下”的说法，北齐政权得以苟延残喘下去。

2. 著名的边塞诗人高适

高适（约公元702～765年），唐代诗人，字达夫；居宋中（今河南商丘一带）；少孤贫，爱交游，有游侠之风，以建功立业自期。

高适的诗题材广泛，内容丰富，现实性较强，边塞诗成就最高，代表作如《燕歌行》、《蓟门行五首》、《塞上》、《蓟中作》、《九曲词三首》等，歌颂了战士立功报国的豪情，表现了他们从军生活的艰苦和对和平的向往，揭露了边将的骄奢淫逸和朝廷的安边无策。其反映民生疾苦的诗较深刻地揭露了统治者和人民之间的矛盾；其讽制时事的诗，指斥弊政，对政局流露出忧虑和愤慨；咏怀诗数量最多，思想内容较复杂。此外还有一些咏史之作和一些描写旅途景色的诗，也颇有佳句。

16. 林——比干后裔，武王赐姓

林姓是当今中国姓氏排行第十六位的大姓。人口众多，约占全国汉族人口的1.71%。

林姓大探源

三千一百多年前殷商的暴君纣王，在其宠妃妲己的蛊惑之下，曾经把忠心耿耿、进谏三日而不离去的叔父比干加以惨不忍睹的剖心之刑，这一来，纣王不但失去了一位最忠诚的大臣，而且他杀死自己长辈的罔顾人伦暴行，引起天人共愤，终于加速了殷商的覆亡。而根据后世学者的考证，这位被纣王剖心而死的千秋忠义之臣比干，正是后来千千万万林姓人的始祖。

比干是商帝太丁的儿子，与纣王之父太乙为兄弟，论起辈分应该是纣王的叔父。纣王嗜杀成性，荒淫无道，比干冒死劝其改过，三天三夜不离宫廷，纣王怒而杀之，并挖出了他的心。噩耗传到家中后，他的儿子就逃难到长林之山，不久以后周武王灭纣，就赐他姓林。

繁衍之迹

林姓最初发祥于河南省境内。自周武王赐名林坚，林坚食邑博陵（今河北安平）后，子孙世袭其爵。春秋时期，林姓由于官职调迁与避乱隐居，散居于周（今陕西、河南一带）、鲁、齐、卫等地。战国时期，赵宰相林皋，始居九门（今河北藁城县西北），生有九子，分别为文、成、宣、化、德、修、明、勉、昭，父子均十分贤德，被称之为“九龙之父”，“十德之门”。后来因为赵王妒其才能欲加害，所以迫使林姓举家迁至西河（即榆林河，流经陕西榆林，注入永定河）避难。汉朝时，林姓子孙历任少府、太子太傅等官职，从而在济南地区使林姓成为名门望族。后由于再次遭受政治迫害，中原林姓在东汉末、三国时期大批南迁，迁入江浙一带。至西晋末年，中原林姓开始进入福建。林坚八十一代孙林颖之长子林懋曾任下邳太守，分出了下邳林姓；次子林禄曾任晋安（今属福建）太守、晋安郡王，死后葬于惠安县涂岭九龙岗，成为海内林姓拜谒圣地，为林姓在福建开基始祖。其苗裔散居侯官、福唐、长乐、惠安、龙溪、漳浦等地，称“闽林晋安世系”，成为林姓最大、最著名一支。晋安林姓又派生许多支派，最盛的有两支：一为侯官世系（今福建福州），民族英雄林则徐即属此支后裔；一为莆田世系，此支自林禄之孙林缀始，林缀的十三世孙林披生九子，俱官刺史，号“九牧林家”。晋安世系分支较著名的还有琼州世系与睢阳世系，分别在唐朝与南宋时迁入海南，并且部分由于战争在明朝时散居于河南、甘肃等地。林姓在唐朝时最早入台，在明清之际，闽粤沿海地区的林姓开始移居台湾，繁衍发展。林姓在福建、广东、台湾三省分布较多、约占全国林姓60%，为我国典型的南方姓氏，如今已遍布全国各地，而且还远播到港澳与国外。

林姓名人

1．民族英雄林则徐

林则徐是鸦片战争时期主张严禁鸦片、抵抗侵略的爱国政治家。史学界称他为近代中国“开眼看世界的第一人”。

林则徐为官廉正，极有远见，提倡经世之学，主张对现实政治进行改革。道光年间，英美等国的鸦片贸易越来越猖獗，清廷白银大量外流，吸食者骨瘦如柴，给社会带来了很大的危害。林则徐上书朝廷，力陈鸦片之害，坚决主张禁烟。道光皇帝于是封林则徐为钦差大臣，前往广东查禁鸦片。林则徐到广东后，与总督邓廷桢、水师提督关天培制定了严厉的禁烟法令，并命英美烟贩限期交出鸦片。英国在华商务监督义律用重金贿赂林则徐，被林严词拒绝。此次禁烟共收缴鸦片168万余公斤，在虎门海滩当众销毁。虎门销烟沉重地打击了可耻的英国鸦片贸易，标志着中国人民反殖民统治、反侵略斗争的开始。虎门销烟过后，英国武装侵略东南沿海，挑起了第一次鸦片战争。软弱的清廷面对英国的武装挑衅，将林则徐罢官充军，可怜这位禁烟的民族英雄面对外辱内患，却只能是报国无门。

2. 文化名人林语堂

林语堂（1895～1976年）福建龙溪人。原名和乐，后改玉堂，又改语堂。1912年入上海圣约翰大学，毕业后在清华大学任教。1919年秋，他赴美哈佛大学文学系学习，1922年获文学硕士学位；同年转赴德国入莱比锡大学，专攻语言学；1923年获博士学位后回国，任北京大学教授、北京女子师范大学教务长和英文系主任；1924年后为《语丝》主要撰稿人之一；1926年到厦门大学任文学院长；1927年任外交部秘书；1932年主编《论语》半月刊；1934年创办《人间世》；1935年创办《宇宙风》，提倡“以自我为中心，以闲适为格调”的小品文；1935年后，在美国用英文写《吾国吾民》、《京华烟云》、《风声鹤唳》等文化著作和长篇小说。

1944年，林语堂曾一度回国到重庆讲学；1945年赴新加坡筹建南洋大学，任校长；1952年在美国与人创办《天风》杂志；1966年定居台湾；1967年受聘为香港中文大学研究教授；1975年被推举为国际笔会副会长；1976年在香港逝世。

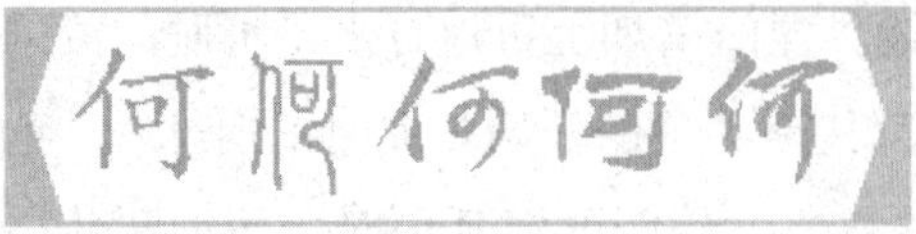

17. 何——皇帝后裔，自韩姓分出

何姓是当今中国姓氏排行第十七位的大姓，人口众多，约占全国汉族人口的1.2%。

何姓大探源

何姓，是在秦始皇统一天下以后才出现的，距离现在大约已经有了2200多年。

何氏的得姓充满了偶然性，其本来是被周成王封在韩国的唐叔虞的后代，传到韩安的时候，韩国被秦国所灭，于是子孙纷纷离开河南的老家而分散于各地，跑到长江和淮河流域一带的人，由于当地“韩”和“何”的发音十分接近，大家怀着亡国之痛也就将错就错，以何为姓。

所以说，何姓应该是自韩姓分出来的，其祖先可以追溯到3000年前的周文王，是黄帝的后裔。

繁衍之迹

何姓发源应当在江淮流域的江苏、安徽两地，而这两个地方及邻省山东、河南境内何姓人家也的确很多。其后，在山东的东海，安徽的庐江、合肥，河南的淮阳及四川的郫县，何姓均为当地望族。何姓在早期主要分布于江淮流域及江淮流域以北地区。在两汉至魏晋南北朝时期，何姓由江淮迁入山东、河南、河北、山西、陕西、四川等地，从而形成以我国北方为主要繁衍地带的局面。在这一时期，何姓逐渐繁衍壮大，且形成了庐江、陈郡、东海三大郡望，在政治上与文化上出现大量高官与名人，终使何姓成为名门望族，从而为他们以后的发展打下了坚实基础。后由于“永嘉之乱”，何姓在晋代开始南迁，成为“入闽八姓”之一。在隋唐时期，何姓在我国南北地区均得以巨大发展。尤其以南方各地繁衍为盛，在此时期，何姓族人在各个领域均出现了十分突出的人物，同时也显示出其聪明才智。同时，何姓在唐朝中期再次大举入迁福建，使何姓得以继续发展。宋元时期，何姓由于身处南方且南方经济持续发展，从而也使其成为当时更大的望族，此间人才辈出，进士及第者不可胜数，忠义之士也屡屡出现，忠义爱国成为何姓当时的历史特色。但到了元朝，何姓有成就的文人逐渐增多，从而文名盖过了政名，出现了何姓人一辈子不求闻达于世的现象。明清时代，何姓的发展自北向南大规模快速推进，且出现不少钟鸣鼎食之家和世代为官之族，出现了何姓文化兴盛，专门人才众多，涉及领域广泛之现象，家族逐渐壮大，从而遍布于全国各地。如今，何姓在南方省区中，一般均占各省人口的1%以上，而在北方省区中仅为0.5%左右，人口最集中的当属四川、广东、湖南三省，约占全国汉族何姓人口的44%。

何姓名人

魏晋玄学的创始人何晏

何晏，三国时著名玄学家，字平叔，南阳宛（今河南南阳）人。何晏是汉大将军何进之孙，曹操为司空时纳其母，并收养晏。晏少时聪慧过人，曹操宠爱他像儿子一般。

何晏娶金乡公主为妻，赐爵为列侯。官拜散骑侍郎、侍中、吏部尚书，后为司马懿所杀。何晏主张儒道合同，引老以释儒。他在《道论》中说：“有之为有，恃‘无’以生；事而为事，由无以成。”“无”是他对《老子》和《论语》中“道”的理解。他认为天地万物都是“有所有”，而“道”则是“无所有”，是“不可体”的，所以无语、无名、无形、无声是“道之全”。何晏与王弼齐名，是魏晋玄学贵无派创始人。

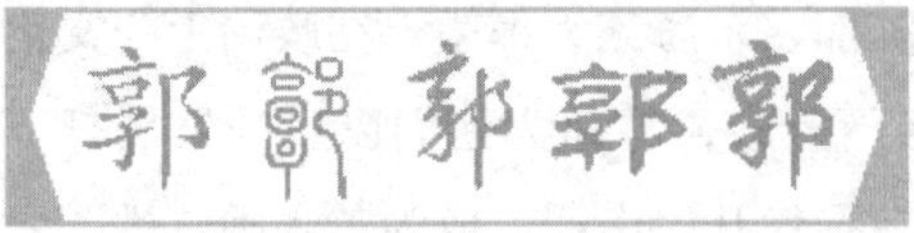

18. 郭——郭姓源于“虢”

郭姓是当今中国姓氏排行第十八位的大姓，人口众多，约占全国汉族人口的1.1%。

郭姓大探源

根据历史记载，郭姓出自古代的虢国。在古代，“郭”和“虢”两字相通，郭氏即为虢氏。

郭氏是周王朝宗室虢公的支派，自然也就是黄帝的后代。后来虢姓宗室相继被封到地理位置十分重要的地方。虢仲受封于西虢，在今天的陕西境内，后来东迁到上阳，称南虢；留在原地的称小虢。还有北虢也是虢仲的后裔。虢叔受封于东虢，在今天的河南境内。

史书上把“东、西、南、北、小”这五个虢国并记。这几个虢国虽然相继被秦国、郑国和晋国所灭，但他们的子孙都以国为姓，而“虢”与“郭”音很相似，所以他们子孙便以郭为姓。

另外，根据史籍记载，有一支郭氏是以古郭国的封地聊城为中心的，亦是黄帝的支脉。少数民族和其他姓氏改郭姓，也是郭姓的一个重要来源。古郭国灭亡后，其子孙便以国为姓。

繁衍之迹

郭姓族人最初的发源地当是今天的河南、山西、陕西等地。先秦两汉时期，郭姓族人繁衍之地仍以山西、陕西、河南为主，“太原”郡望在这一时期形成，并成为后来郭姓人聚积之地。魏晋南北朝时期，郭姓人随着为避战祸的大批南下迁徙者，开始在浙江、江苏等地散居，南迁者尤以太原郭姓为多；隋唐时期，山西、山东以郭姓为第一大姓。这一时期，除战乱使得郭姓人居浙江、江苏、湖北等地外，还形成以华阴郭子仪为始祖的汾阳（今山西省静乐一带）望族。后汾阳郭姓后裔入闽成为福建郭姓始祖；从五代到宋元时期，随着金兵的入主中原及蒙古军队南下，迫使郭姓人再度南迁，由此，郭姓人遍布大江南北；明清时期，郭姓人已是散布全国各地。如今，郭姓以河南、河北、山东、湖北、四川等省最多，上述五省郭姓约占全国汉族郭姓人口的46%。

郭姓名人

1. 功盖天下的名将郭子仪

郭子仪是功高盖世的唐朝名将。他戎马一生，为唐王朝立下了赫赫战功。安史之乱爆发的时候，郭子仪担任节度使。他率军讨伐叛军，收复了东都洛阳、西都长安，功劳最大。安史之乱平定后，郭子仪又负责抵抗回纥的侵袭。面对吐蕃的频频侵扰，他指挥若定，屡平吐蕃。

郭子仪一人身系国家安危、社稷存亡长达30年之久。

郭子仪有胆有谋，他曾单骑趋回纥，以信服人，使回纥与唐朝化干戈为玉帛，传为佳话。郭子仪手握重兵，但他忠于朝廷，只要一有诏书，他便日夜兼程，踏上归途，从不给任何人留下把柄。他虽然德高望重，功高盖世，但却从不矜夸自己，而且治家严谨。唐朝皇帝也对他恩宠有加。

2. 天文学家郭守敬

郭守敬，字若思，元代著名的天文学家、仪器制造家、数学家和水利专家。

元至元十六年（1279年），郭守敬奉命主持天文台的工作。元大都司天文台规模宏大，人员众多，组织严密，设备齐全，是当时世界上最完善的天文台之一，也是中国历史上功能最好的天文台之一。元大都司天文台更为世人瞩目的是它拥有当时非常先进的天文观测仪器。其中，郭守敬所创制的简仪是世界上首次采用滚柱轴承的机械，也是世界上第一台集测赤道坐标和地平坐标于一体的多功能综合测量仪，开创了在仪器上同时设置和使用附加设备的先河。还有一种天文仪器叫仰仪，它是中国和世界上首次出现的一种新型仪器，也就是世界上第一架太阳投影的观测仪。

郭守敬一生为后世留下了珍贵的历史文化遗产，他的成就为世界所公认。国际天文学家学会用他的名字命名了月球上的一座环形山和太阳系的一颗小行星。

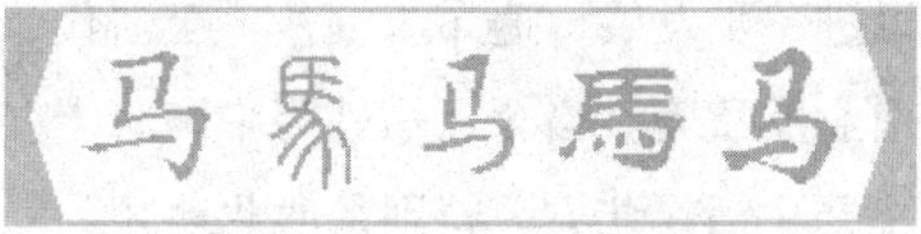

19. 马——名将赵奢后裔

马姓是当今中国姓氏排行第十九位的大姓，人口众多，约占全国汉族人口的1%，是全国回族十三大姓之一。

马姓大探源

马姓在历史上一直是一个出人头地的著名姓氏，尤其是中华民族中回族的大姓。

关于马姓的姓源，史料上是样记载的：马姓原属嬴姓，是上古时代贤者伯益的后代。春秋战国时期，赵王子赵奢被封为马服君，其子孙便以其封号为姓。

由此看来，马氏固然是颛顼之后的嬴姓后裔，而使他们得以“马”为姓的，则是2000多年以前战国时代赵国的王子赵奢，所以，如果以赵奢为后世马氏的始祖，也是理所当然的。

繁衍之迹

马姓最初发祥于河北省邯郸市一带。在战国末期，马姓子孙就已有一些迁居陕西咸阳，在此后的时期内，马姓不断得以发展，并且有许多成为当朝高官。家族逐渐得以兴旺，并且最终使扶风茂陵（今陕西兴平东北）成为马氏的发展繁衍中心。在西汉时，马姓中又增添了由马矢姓改姓马而来的一支，也逐渐得到壮大。两汉至南北朝时期，马姓除在扶风茂陵成为望族外，还分布于今河南、河北、山东、湖北、四川、甘肃、江苏、浙江等省的一些地方，同时汉代时期，马姓宗族大举西迁到西北地区，后来再度东迁到黄淮地区。唐朝末年，王潮、王审知入闽，有河南马姓人随同前住，在福建安家落户，后发展成为大族。闽、粤地区马姓逐渐增多，到了明代，马姓族人得以进一步发展，遍布于福建。至清代，马姓开始有些移居于台湾，进而又远徙东南亚及欧美。当今，马姓为中国第十九位大姓，拥有人口占汉族人口的1%以上，主要生活在北方，特别是西北地区。

马姓名人

1. 伏波将军马援

马援，扶风茂陵（今陕西省光平东北）人，东汉名将；建武十七年（41年）被任为伏波将军，后历任太守，发展了相马法；年六十余仍征战沙场，尝谓宾客曰："丈夫立志，穷当益坚，老当益壮。"又言："男儿要当死于边野，以马革裹尸还葬。"

马援是东汉初年的一个了不起的人。有人曾认为他和东汉光武帝是君臣相交的典范：

马援是西北军事力量派往洛阳的使臣，刘秀是东部集权的领袖。马问，为什么护卫这么少？难道不怕我是刺客（马在个人武技上很有心得，也许得益于常年与羌人的争斗吧）？刘答，你是说客不是刺客。刘问，作为当代纵横家你见过不少的君君臣臣了吧，有什么看法？马答，当世之人不但君择臣，臣也择君。刘说，见到你真让我感到惭愧。马说，看到您使我想起了高祖皇帝。

2. "元曲四大家"之一马致远

马致远，大都（现在北京）人，名不详，字"致远"，取"非宁静无以致远"之意，号曰"东篱"，亦见效法陶渊明之意。

马致远早年曾热衷于功名，但并未得志。他在《金字经》一曲中曾慨叹道："夜来西风里，九天雕鹗飞，困煞中原一布衣。悲！故人知不知，登楼意，恨无上天梯。"他经历二十多年的漂泊，才当上江浙省务提举。元蒙贵族集团推行的民族歧视政策使他对仕途感到绝望。他不满现实，又接受了道教思想的影响，在50岁左右离开官场隐居。

马致远的杂剧和散曲创作都取得了卓越的成就。后人把他和关汉卿、白朴、郑光祖并提，称为"元曲四大家"。

20. 罗——火神祝融后代，子孙以国为姓

罗姓是当今中国姓氏排行第二十位的大姓，人口较多，约占全国汉族人口的0.86%。

罗姓大探源

据史料记载罗氏最早的祖先是火神祝融氏，祝融氏名黎，是颛顼帝的儿子。祝融的后裔，到了周朝的时候，被封于宜城，称为罗国，当时的宜城，就是现在在湖北省的襄阳，在汉代曾被置为宜城郡。

始封于周朝初年的罗国，究竟是从什么时候开始，子孙才“以国为氏”的?根据史书的记载，罗国始封于宜城，是在周武王得天下后大行封建之时，到了距今约2200年前的春秋末期，宜城为当时的强楚所并，子孙失国南迁，才开始以罗为姓的。

繁衍之迹

罗姓最早起源于中原地区，春秋战国时期，罗国为楚所灭，罗姓人便由原聚集地逐渐向南迁移，周代末时迁至湖南长沙，产生湖南罗姓。秦汉时期，罗姓发展缓慢，但出现了罗姓当时最著名的人物罗珠，历任高官，甚至被称为罗姓人鼻祖。三国两晋南北朝时期，罗姓居住地战事频繁，争战不断，加之两晋时期“永嘉之乱”，罗姓族人又大举南迁，由原聚居地湖南，迁至江西、广东、福建等省，从此罗姓遍布于我国南方各省，成为南方一大姓氏，并且形成了八个著名的罗姓郡望。唐宋时期，社会稳定，经济发展，各姓族人得以繁衍壮大、播迁，罗姓名人相继涌现，在各个地区的人口比例也不断上升，从而罗姓发展进入一个鼎盛阶段。元朝后期，明清时代，外族入侵中原，为避战乱罗姓族人又一次迁徙，并与外族进行融合，促使罗姓得到进一步发展壮大，不但后来成为汉族大姓，而且在一些少数民族中也成为名列前茅的姓氏。如罗姓在元明时期融入土家族，在清朝时融入彝族成为大姓，后又融入苗、布依、瑶、侗等族，并逐渐发展成为各族中的大姓。罗姓如今在我国分布广泛，但主要分布在四川、广东、湖南、江西、贵州和湖北等省，上述六省罗姓人口约占全国罗姓总人数的70%。

罗姓名人

《三国演义》作者罗贯中

罗贯中（1330～1400年），名本，字贯中，号湖海散人，元末明初著名小说家、戏曲家，是中国章回小说的鼻祖。

罗贯中生于元末明初的封建王朝时代，作为与“倡优”、“妓艺”为伍的戏曲平话作家，当时被视为勾栏瓦舍的下九流，正史不可能为他写经作传，唯一可看到的是一位明代无名氏编著的一本小册子《录鬼簿续编》，上写：“罗贯中，太原人，号湖海散人。与人寡合，乐府隐语，极为清新。与余为忘年交，遭时多故，天各一方。至正甲辰复会，别来又六十余年，竟不知其所终。”

但从罗贯中的传世之作《三国演义》中，体现出罗贯中的博大精深之才，经天纬地之气。他精通军事学、心理学、智谋学、公关学、人才学……如果没有超人的智能，丰富的实践，执著的追求，何以能成为这般全才？他主张国家统一，热爱中华民族，弘扬民族传统美德，痛恨奸诈邪恶，称得上是一个顶天立地的奇男子。

21. 梁——来源不一，支流较多

梁姓是当今中国姓氏排行第二十一位的大姓。人口较多，约占全国汉族人口的0.84%。

梁姓大探源

据史料记载，梁氏是伯益的后人。如果再追溯上去，梁姓的老祖宗是黄帝族的“嬴”姓，这个姓氏已经有将近五千年的历史。

黄帝的后裔颛顼帝，别号高阳氏。他的后人伯益擅长畜牧狩猎，后来帮助禹治水有功，舜帝封他为侯爵，他在“嬴”这个地方居住，所以赐封“嬴”姓。

大约在公元前820年周宣王的时候，伯益的后人秦仲大夫征讨西戎有功，周平王即位（公元前770年）时，赐秦仲的第二儿子康（名庆）为忠孝伯爵的官衔，封地在夏阳梁山（今陕西韩城南部），他就在梁山建立了“梁国”。

到了春秋战国，梁国被秦国所灭，梁国国君的后代，沿用原来的国名“梁”作为为姓氏，梁姓由此诞生。

不过，梁姓还有另一个来源，春秋时代的晋国有个地方叫“解梁城”（今山西临猗西南）。晋惠公用5个城贿赂秦国，解梁城就是其中之一。解梁城被秦国并吞后，解梁城居民的后人就以“梁”为姓。

此外，也有一些少数民族融合到梁姓来的，那是在公元前400多年，中国古代的少数民族当中，有个叫“拔列兰”民族，这个民族到了北魏时，就改为单姓

“梁”。尽管梁氏有3个来源，但大多数的梁氏族人都是伯益的后人。

繁衍之迹

梁姓源流较多，但据史料所载，其最早发源地当是今陕西一带。晋代以前，梁姓多集中于北方居住，且以西北为主要分布点。秦汉时期，梁姓散居于山西，据载，汉景帝时，有梁林任太原太守。汉末，山西梁姓迁往陕西耀县、富平一带。汉平帝时，梁姓集中于安定（今甘肃东部及宁夏大部分地区）、扶风（今陕西关中西部一带）地区。其中安定梁姓最为旺盛，成为当地一支望族。此时，天水一带也有梁姓郡望，为少数民族改姓发展而来。魏晋南北朝时期，社会动荡，战乱频繁，为避战祸而南迁者络绎不绝，梁姓自然也不外其列。据载，西晋“永嘉之乱”时，有梁芳率家族随晋南迁于浙江杭州与广东河浦之间。又有梁遐开基福州，被视为闽、粤梁姓始祖。此时，梁姓遍布南方的四川、安徽、江西、湖北、浙江、广东、福建一带。隋唐时期，梁姓在南方又有了大的发展。宋元时期，由于金兵及蒙古军队的入侵，致使梁姓又一次大举南迁，进一步推动了梁姓在南方的繁衍发展。明清时期，梁姓已遍布全国，且以广东、福建、浙江为主要聚居地。今日梁姓以广东为多，约占全省人口的4.7%，占全国梁姓人口的35%。

梁姓名人

1. 古代杰出的女军事家梁红玉

相传宋朝有一位巾帼英雄梁红玉，她是一个性情爽朗、精通兵法、不喜女红，善于武术的美丽女孩，她的击鼓绝技更令她闻名遐迩，每当她的鼓声响起时，不但能令人集中注意力，连精神跟斗志都为之一振。在一次击鼓表演时，慕名而来的南宋韩世忠被梁红玉的英气深深吸引住，梁红玉也被韩世忠的抱负以及爱国情操所感动，便嫁给了他，一心一意的跟随着他东征西讨，她的智能与胆识也赢得所有的人的敬佩。

当时，宋朝北边的金人时常南侵，连徽宗和钦宗皇帝都被俘虏，韩世忠听说金人的兀术太子被岳飞击败，率领着败兵正要经过，于是便和梁红玉商讨应敌对策。第二天，金人面对宋军自知无法对抗，便兵分两路，一部分假装对阵，另一部分保护着兀术太子准备逃离，在隆隆的鼓声中，宋军的士兵精神抖擞，以各种战术从不同的方向围剿准备逃逸的金人，兀术惊慌失措的逃到长江的死港，被困了48天，虽然后来被其施以“金蝉脱壳”之计逃脱，但是金朝再也不敢轻估宋朝的国力，因为他们曾经被一个女人击溃，梁红玉的“临阵击鼓”事迹也因此流传千古。

2. 近代伟大思想家梁启超

梁启超（1873～1929年），字卓如，号任公；笔名主要有过哀时客、饮冰子、饮冰室主人、新民子、中国之新民、自由斋主人、曼殊室主人、少年中国之少年等；广东新会人。他是中国近代资产阶级改良派的著名政治活动家、思想家、文学家和学者。他的一生，经历了晚清与民国两个时期；他的业绩，涵盖了政治和学术两个方面。

梁启超出生于一个半耕半读的家庭，自幼聪颖，4岁开始学习四书五经，9岁即能写出上千言的八股文章，12岁中秀才，16岁中举人。1890年，他17岁时拜康有为为师，从康学习四年，受康有为的影响，方开始探索挽救祖国危亡的变法维新之术。

宋 宋 宋 宋 宋

22. 宋——微子启封宋国，子孙以国为姓

宋姓是当今中国姓氏排行第二十二位的大姓，人口较多，约占全国汉族人口的0.8%。

宋姓大探源

宋氏，是中国古老而又辉煌的姓氏之一。起源于三千一百多年前的周代。

周代的开国君主周武王，是一位以仁德著称的圣君。他举兵讨伐嗜酒好色、暴虐无道的商纣王，纣王兵败自焚而死，他就代有天下，开启了周朝八百七十四年的辉煌历史。

周武王在君临天下之后，以仁德为怀，不但没有对前朝的王室“赶尽杀绝”，免贻后患，反而为了奉祀商汤，把一大片土地封给商汤的后裔。商朝纣王的庶兄启，被周武王封于宋，建立宋国，他的子孙以国为名作为姓氏，从此有了宋氏。这就是春秋时代宋国的由来，也是此后中国宋氏的起源。

而微子启是殷商帝乙的长子，商的始祖契，又是帝喾高辛氏之子，帝喾又是黄帝的曾孙，这样追溯下去，宋氏应该是光荣的黄帝直系子孙。

繁衍之迹

河南商丘，是当时宋国的都城，也可以说，是宋姓的最早发源地。伴随着宋的兴盛衰败，宋姓民众逐渐迁移繁衍，在秦汉之前，宋姓人已散居今江苏、河北、陕西关中、湖北等地。西汉初，高祖刘邦采纳娄敬的建议，将关东（今中原

一带）豪强势力迁入关中，宋姓豪强自然也不能例外，此期为京兆宋姓的开基之初，此后不久，京兆宋姓一支西迁入甘肃敦煌，一支东迁入虢州（治今河南卢氏），一支南迁入江夏安陆（今属湖北）。与此同时，定居西河介休（今属山西）的宋姓一支迁往广平（今河北鸡泽），一支迁往弘农（今河南灵宝），其中广平宋姓在十六国和南北朝时期，因历代都有入朝为官的，在当时宋姓各望族中也就成为最为显赫的家族。宋姓入闽，始于唐安史之乱之后。五代时，有辰州蛮国南郧加入宋姓。宋时，有宋哲任丹阳县令而迁广平（今属河北），此系望出扶风，宋哲之后有宋军兄弟七人，此系后裔广布，可谓北及京鲁，南及江浙闽粤。北宋时的宋庠、宋祁兄弟从湖北安陆迁河南开封雍丘（今河南杞县）。总之，唐代以前，宋姓南迁繁衍不太广泛，而宋代以后，宋姓开始遍及大江南北，元明清至今，宋姓可说是随处可见，无处不在了。如今，宋姓分布广泛，在山东省所占比例较高，约占全国汉族宋姓人口的15%，四川、河南、河北等省亦多此姓，上述四省之宋姓约占全国宋姓人口的44%。

宋姓名人

1. 屈原弟子美男子宋玉

宋玉，又名子渊，湖北宜城人（也有称归州人的）；相传他是屈原的学生；生于公元前290年，逝于公元前223年，是继屈原之后的浪漫主义楚辞大家。

宋玉是楚国归州乡下的一介贫士，他儒雅风流，长于词赋，远走京邑，在友人推荐下，好不容易才谋得一个小小的文学侍从位置，后来师从屈原，本以为可以舒展自己的抱负，想不到先是屈原遭到放逐，而后自己又遭人嫉妒，不久失职，并被放逐到他的赐地云梦之田，从此便落魄终生。

宋玉被贬到云梦之田（今临澧一带）时，才30岁左右，因漂泊异乡，生活异常艰辛。但他意志坚定，性洁志廉，写诗述怀，在看花山上写下了长篇抒情诗《九辩》抒发自己"失职而志不平"和"无衣裘以御冬兮"的志向和身世。

2. 中国的"狄德罗"宋应星

宋应星，字长庚。其结合各行实践而创作的《天工开物》一书称得上中国古代的"大百科全书"

《天工开物》全书详细叙述了各种农作物和工业原料的种类、产地、生产技术和工艺装备，以及一些生产组织经验，既有大量确切的数据，又绘制了123幅插图。全书分上、中、下三卷，又细分做18卷。上卷记载了谷物豆麻的栽培和加工方法，蚕丝棉苎的纺织和染色技术，以及制盐、制糖工艺。中卷内容包括砖瓦、陶瓷的制作，车船的建造，金属的铸锻，煤炭、石灰、硫黄、白矾的开采和烧制，以及榨油、造纸方法等。下卷记述金属矿物的开采和冶炼，兵器的制造，颜料、酒曲的生产，以及珠玉的采集加工等。《天工开物》促进了我国古代社会生产的发展和进步。

23. 郑——文王后代，以国为姓

郑姓是当今中国姓氏排行第二十三位的大姓，人口较多，约占全国汉族人口的0.78%。

郑姓大探源

据史料记载，郑之成为姓开始于周厉王最小的儿子友。周宣王即位以后，把幼弟友封在郑地即郑桓公。后来，郑桓公的子孙以国为姓，从此就开始有了“郑”姓。

现在河南还有一个新郑县，根据考据，这也是一个因郑姓而得名的地方。唐书《宰相世系表》说，郑桓公的儿子武公，曾经跟晋文侯辅佐周平王东迁到洛阳，建立了东周，郑武公自己也跟着搬了家，新郑由此而诞生，郑姓更继续繁荣滋长。

这个由周朝王室所分支出来的郑国，虽然在战国时被韩所灭，郑姓子孙流离分散于河南境内各地，但是到了汉唐之后，却大放光芒，为中华文化平添不少光彩。

繁衍之迹

郑氏最早的发源地是今河南省的新郑县。在战国时因为韩国所灭，便散迁到河南东部及山东、安徽等地。秦时，19世孙郑袭迁移到今河南洛阳。27世孙郑其举族迁回荥阳。秦汉以后，郑姓已迁入邻近地区，主要以今山东、安徽、陕西、山西等境为其分布的主要地区。其后29世孙郑宾居山东高密。31世孙郑众之子郑安世迁居咸阳。因汉武帝令“强宗大族，不得聚居”，遂有24世孙南迁至浙江会稽山阴。郑姓大举南迁始于“永嘉之乱”之时。唐初，河南郑氏又有随陈政、陈元光父子移居福建者。唐末，又有河南郑姓随王潮、王审之入闽。明清之际著名民族英雄郑成功的先祖就是此次入闽的。郑氏移居台湾，始于郑成功；播迁至海外，始于清朝，现分布于泰国、菲律宾、印尼、马来西亚、加拿大、美国等国家。

郑姓名人

1. 汉代经学家郑玄

郑玄，字康成，北海高密（今山东高密）人。

郑玄少年时做乡下掌管诉讼和收赋税的小吏，每逢休假回家，总要到学校读书，不乐于做小吏。为此，他的父亲十分恼怒。于是，他到京城入太学，学习《易经》和公羊学，后来师从张恭祖学《古文尚书》、《周礼》、《左传》等典籍，最后才师从马融学习古文经。马融秉性骄傲，只是派遣他的门生来辅导郑玄。郑玄在他的门下，三年也没见到过他，但郑玄日夜攻读，从不懈怠。一天，马融听说郑玄精通算学，便在楼上召见了他。郑玄趁此机会向马融询问许多疑难之处，问完便告别马融回到山东故里。马融很有感触地向学生说道：“郑生现在离我而去，我的学说便会向东传播了。”

郑玄学成归故里后，聚徒讲学，跟随他学习的学生有成百上千人。由于党锢之祸发生，郑玄跟同郡的孙嵩等40多人遭禁锢。于是，他埋头研习经学，潜心著述，遍采今文经学，融合古文经学，成为一代巨儒。

郑玄在整理古代文献上贡献很大，今天通行的《十三经注疏》中《毛诗》、“三礼”注就采用了郑注。他还撰有《文艺论》、《驳五经异义》等。

2. 明代航海家郑和

郑和，本姓马，小字三保，也作三宝。明代伟大的航海家、外交家。郑和最初在燕王朱棣府侍奉燕王，后来因起兵有功，累升为内宫监太监。

明成祖朱棣登基后，命令郑和组织船队下西洋。郑和船队从苏州刘家港启程，先后到达占城、爪哇、旧港、苏门答腊、古里、锡兰等国。返航途中，再经旧港，酋长陈祖义抢掠商旅，郑和想招陈祖义归降，陈祖义诈降，而阴谋抢劫郑和船队。郑和事先得到消息，将计就计，大败陈祖义，将他押至朝廷斩首，郑和因此受到成祖极高规格的嘉奖。

郑和每次出使，都是以明朝使臣身份向各国赠送礼品，并进行贸易往来。吕宋、马来西亚、锡兰等国国王都曾随郑和船队回访过中国。郑和每次都出色地完成出使任务，诸国使者前往中国朝贡络绎不绝，真正实现了成祖“宾服四夷”的愿望。

宣德八年（1433年）三月，一代伟大的航海家郑和在古里病逝。由于其杰出的业绩和深远的影响，迄今为止，在南洋各地都有以郑和（三保）命名的地名、庙宇，依然香火缭绕，很多人顶礼膜拜，以纪念这位杰出的航海家。

3. 民族英雄郑成功

郑成功，名森，字大木，福建南安人。郑成功生于日本，母亲是日本人。郑成功7岁时回到中国。此后他一直接受中国的传统教育，并考中秀才，到21岁时又进入南京国子监学习。

郑成功深得南明皇帝赏识，被赐姓朱，改名成功，部下则称他为“国姓爷”。

清军攻入福建以后，郑成功父亲郑芝龙见大势已去，就投降了清朝。郑成功当时23岁，还是个书生。他坚决反对父亲降清，因哭谏未果，便毅然出走金门，组织了一支抗清义军。在战争中，郑成功深感自己占据的地域太小，十分渴望找一个安全的据点。

早在明天启四年，一伙荷兰殖民者用欺骗的手段侵占了“台湾”，并对台湾实行殖民统治，台湾人民过着苦难的生活。这时郑成功就有了赶走外国侵略者、收复台湾的想法。他给“台湾”的荷兰殖民统治者写了一封信，信中义正词严地指出：“台湾是中华领土，限令你立即撤退，还我神圣领土。”但荷兰殖民者却置若罔闻。

清顺治十八年，郑成功率领大军数万人从厦门出发，经澎湖到达鹿耳门。鹿耳门是台湾的门户，号称天险。郑成功让熟识地形的人带路，在夜间神不知鬼不觉地通过了鹿耳门。天亮后，荷兰人发现海上和陆上到处都是中国军队，大惊失色，怀疑郑军是飞过来的。经过八个月的艰苦战斗，被围困的荷兰殖民者无计可施，只好投降。郑成功收复台湾后，大力开发台湾，实行军屯，发展海外贸易，促进了台湾社会的发展。

收复台湾是中国人民抗击殖民强盗的一次重大胜利。郑成功这位收复台湾的民族英雄，从此也彪炳史册，受到后代人的颂扬。

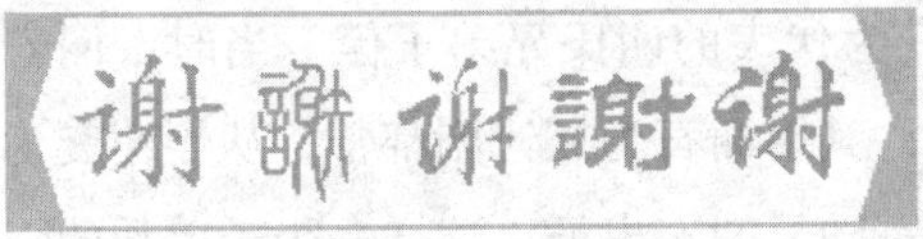

24. 谢——以国为姓，名士辈出

谢姓是当今中国姓氏排行第二十四位的大姓，人口较多，约占全国汉族人口的0.72%。

谢姓大探源

谢姓是一个飞黄腾达于一千五百年以前的姓氏，它的历史悠久而古老，他们是炎帝的嫡系姜姓的后裔，早在两千多年以前的周宣王之时即已得姓。

周宣王的王后姓姜，是一位以贤德著称的王后，申伯就是姜后的兄弟，以国舅的身份被封于谢，后来这一家人在失去爵位之后，子孙也按照当时的习惯，以国为氏而统统姓了谢。

谢姓人士也成名得很早，在汉代就有许多谢姓名士见诸史册。譬如，极力推荐班固的才华，并把这位后来以《汉书》永垂不朽的文豪形容为“社稷之六龟，大汉之栋甍”的深具慧眼的谢夷吾，就是汉代的钜鹿太守。

到了晋室南迁以后，淝水一战，使谢氏的光芒大射，在江左大红大紫，跟王氏同时成为门第最高的世族。

前秦的苻坚在统一北方之后，挥兵南下，以万钧之势直逼江左晋室，当时前秦军势之盛，真可以用“投鞭断流”来形容。因此，晋室人心惶惶，几乎是不知如何是好，连坐镇上游的大将桓冲也自认援救无力，大家都笼罩在一片“人为刀俎，我为鱼肉”的消极气氛中。

而为晋室打开危急局面的，正是谢安为代表的谢氏兄弟子侄。当时，谢安是晋室的征讨大都督，坐镇中枢统摄一切，其弟谢石为征讨副都督，从侄谢玄为建武将军兼前锋都督，其子谢琰为辅国将军随兄谢玄出征。这样一个子弟兵的阵容，后来竟在淝水大败苻坚的号称百万大兵，使晋室转危为安，得以偏安于江左，可以说是不世的奇功，也难怪这个家族要飞黄腾达，权倾当朝使人为之瞩目了。

繁衍之迹

中国的谢姓，发源于河南，谢国被楚国吞灭后，楚把谢姓人一部迁到淮河上、中游一带，后又把其中部分再迁到今湖北武当山东南的荆山，楚国亡后，谢姓一支南迁潇水流域，一支入重庆涪陵。两晋南北朝时期，侨居于江浙三吴，以谢安、谢石、谢玄、谢琰为代表，并且使得原分为南北的谢姓获得了新的交流，同时阳夏还有一支谢姓迁康乐（今江西万载县东），又有谢姓北上西迁至陕西冯翊郡，南迁居四川成都、彭水、云南永昌一带。隋唐五代时期的谢姓在以前的基础上又有了较大发展，其中谢夷吾和谢缵的后代都在东南沿海地区或中原一带进一步繁衍。宋时，有会稽山阴谢夷吾之后迁居福建长乐，以及嵊县、上虞等地。至元明清时，南方各省的谢姓人，发展势头远远超过北方。谢姓入台，始于明末，同时也有谢姓人迁吕宋（菲律宾）等东南亚各地，清同治年间，有广东南海丹山的谢姓迁美国旧金山……至此，谢姓人广布全国各地。如今，谢姓人在全国分布广泛，尤以广东、江西、四川、湖南等省多此姓，四省谢姓人口约占全国汉族谢姓人口的45%。

谢姓名人

1. 名相谢安

谢安（公元320～385年），字安石；东晋著名政治家；陈郡阳夏（今河南太康）人。青年时，就为东晋大臣王导所器重；初隐居会稽（今绍兴），不愿为官，曾与王羲之登冶城，“悠然遐想，有高世之志”；朝廷和地方官府多次征召他出来做官，都被拒绝，直到40多岁，才出任征西大将军桓温的司马，历任侍中、尚书仆射、中护军、骠骑将军等职，直至司徒。后来掌操兵权的桓温，以祭奠简文帝司马昱为由，陈重兵于建康城外的新亭，企图趁机夺取帝位。由于谢安的机智镇定，使桓温的野心未能实现。桓温死后，谢安任丞相领扬州刺史。太元八年（公元383年），谢安为征讨大将军，主持军政大事，坐镇东山别墅。谢石、谢玄率领8万北府兵，打败号称百万大军的前秦苻坚部队，这就是古代战争史上以少胜多的“淝水之战”，这一战保住了东晋政权。

2. 山水诗开山之祖谢灵运

谢灵运，南朝宋代诗人。他幼时被寄养在外人家里，族人名之为“客儿”，世称“谢客”。谢灵运的祖父是东晋名将、康乐公谢玄，母刘氏是书法家王献之的外甥女。谢灵运18岁时袭封康乐公，故又称“谢康乐”。其诗大多描写会稽、永嘉、庐山等地的山水，描摹细致，见解独到，开山水诗之先河。谢灵运曾自夸道：“天下才有一石，曹子建独占八斗，我得一斗，今天下共分一斗。”由此可见他自负之程度。

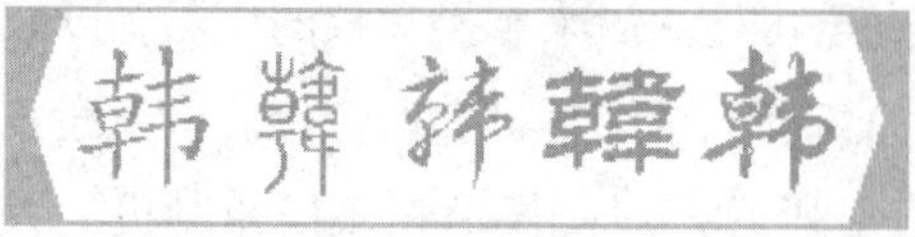

25. 韩——韩国被灭，子孙以“韩”为姓

韩姓是当今中国姓氏排行第二十五位的大姓，人口较多，约占全国汉族人口的0.68%。

韩姓大探源

韩姓的始祖，正是三千年前周室诸侯之一的韩国。当时的位置，就是现在陕西的东部，以及河南的西北部。

据史料记载，韩姓本来是姬姓。春秋时代，周文王有一位住在晋国的后裔，因功被晋献公封于韩原，后来他的子孙也按照当时的习惯，以地为氏，就此姓了韩。当时他们的封地韩原，就是现在陕西省韩城县南边的地方。

韩姓，自始至终就是一个多彩多姿，十分有名望姓氏。最早在历史上享有盛名的，就是“九流十家”中，法家的创始祖韩非，他所著的《韩非子》50余篇，迄今仍为治法者的必攻经典。

繁衍之迹

韩姓最早活动在春秋时的晋国，韩虔建立韩国并建都平阳（今山西临汾），又两次迁都，一阳翟（今河南禹州），一新郑（今河南新郑）。通过两次迁都，使韩姓得以迅速繁衍，也使得韩姓在河南打下坚实基础。秦亡后，韩国宗室韩王信起初被封为颍川王，而后又改封太原，其后裔韩骞为避王莽之乱南迁南阳，这支韩姓在东汉得到很大发展。东汉末年，农民起义，西晋末年，八王之乱；南北朝时，五胡乱华，中原人为避连年战乱，大举南迁。韩姓则有迁往西北、东北、西南、江南者，颍川和南阳的韩姓不少人迁居江南。唐宋时期，著名文学家韩愈曾贬潮州刺史，为韩姓最早入广东者。南宋时，居于北方和中原的韩姓人迁往江、浙、粤、闽一带。元明清时期，韩姓发展的主要特点是江浙一带的韩姓人较大规模的播迁于南方各省，有的迁居台湾，甚至漂泊海外，到菲律宾、马来西亚等国定居。现今韩姓主要分布于我国北方的河南、陕西、山西、甘肃、河北、辽宁等省，南方则以江苏、安徽、浙江、湖北、福建等省为主。

韩姓名人

1. 法家之集大成者韩非子

韩非（约公元前280～前233年），出身于韩国贵族。《史记》记载，韩非精于“刑名法术之学”，与秦相李斯都是儒学大师荀子的学生。韩非不擅言语，但文章出众，连李斯也自叹不如。

韩非目睹战国后期的韩国积贫积弱，多次上书韩王，希望改变当时治国不务法制，养非所用、用非所养的情况，但其主张始终得不到采纳。韩非认为这是“廉直不容于邪枉之臣。”便退而着书，写出了《孤愤》《五蠹》《内外储》《说林》《说难》等著作，洋洋十万余言。

韩非的书流传到秦国，为秦王嬴政所赏识，秦王以派兵攻打韩国相威胁，迫使韩王让韩非到秦国为其效力。韩非在秦国备受重用，引起了师兄李斯的妒忌，李斯在秦王面前诬陷韩非，将其投入监狱，最后逼其自杀。

韩非虽死，但他的思想却在秦王嬴政和李斯手上得到了实施。韩非的著作吸收了儒墨道诸家的一些观点，以法治思想为中心。他总结了前期法家的经验，形成了以法为中心的法、术、势相结合的政治思想体系，被称为法家之集大成者。

2. 一代名将韩信

韩信，汉初军事家，淮阴（今属江苏）人；自幼熟读兵书，怀安邦定国之抱负；但因家境贫寒，常食不果腹；曾受乡间流氓欺凌而受胯下之辱。陈胜、吴广起义后，韩信始投项梁，继随楚霸王项羽，但不受项羽重用，后又投奔汉王刘邦。起初刘邦也看不起貌不惊人，曾受胯下之辱的韩信，经丞相萧何力荐，才始拜韩信为大将。

韩信拜将不久，即率军沿南郑故道东出陈仓，一举拿下了关中地区，使刘邦得以平定三秦；第二年，出函谷关，将兵锋逼至西楚都城彭城。

公元前202年春，楚汉两军在垓下（今安徽灵璧南）展开决战，韩信独当中军，他先令两翼部队对楚军实行侧击，再令中军推进，很快完成了合围。入夜，韩信令汉军四面唱起楚歌，终使楚军丧失斗志，被汉军一举聚歼于垓下。项羽眼见大势已去，自刎于乌江边。楚汉战争以汉王刘邦夺得天下而告终。

刘邦虽用韩信而心存疑忌，故在统一天下后，即夺其兵权，徙为楚王，继又黜为淮阴侯，软禁于自己身边。在这一段落魄的日子里，韩信与张良一起整理了先秦以来的兵书，共得182家，这也是我国历史上第一次大规模兵书整理，为我国军事学术研究奠定了科学的基础。公元前196年，吕后诱韩信至长乐宫的钟室，以谋反罪名杀之。一代名将，死非其所，实堪哀伤。

3. “唐宗八大家”之首韩愈

韩愈（公元768～824年），唐代文学家，字退之，河南河阳（今河南孟县）人；郡望昌黎，世称韩昌黎；晚年任吏部侍郎，又称韩吏部；谥号“文”，又称韩文公。韩愈在政治上力主加强统一，反对藩镇割据；思想上尊儒排佛，以孔孟道统的继承者自居。他反对六朝以来的形式主义的骈偶文风，大力提倡古文，和柳宗元共同领导了中唐古文运动。韩愈是唐代著名散文家，苏轼称他“文起八代之衰”。

韩愈写文章主张“文以载道”，他写文章是为了行道明道。韩愈还主张儒家的“兼济天下”的思想，主张国家统一，重视先拔人才，他还关心社会现实，反对佛道思想。

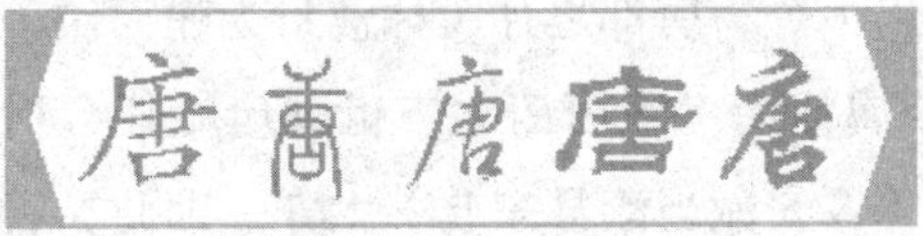

26. 唐——黄帝玄孙帝尧之后

唐姓是当今中国姓氏排行第二十六位的大姓，人口较多，约占全国汉族人口的0.65%。

唐姓大探源

唐姓的家世渊源，史料记载得非常一致，认为其是“唐尧之后”。

帝尧，是帝喾高辛氏的次子，算起来是黄帝轩辕氏的玄孙。他最初被封于陶，后来徙于唐，所以被称为陶唐氏。在公元前2357年，由于其兄帝挚不贤，他就被诸侯拥立为天子，开始以“唐”为国号。

帝尧把天下禅让于虞舜之后，传到夏王孔甲的时候，帝尧的后裔御龙氏封为唐侯，经过殷商一代，到了3000多年前的周武王之时，唐侯起而作乱，而于公元前1106年被武王的儿子成王所灭，把唐国之地改封给其弟唐叔虞。原来帝尧的后裔，则被迁往杜国，并且被降了一级，从侯国变成了伯国。这时候，帝尧的后代也按照当时的习惯，开始以唐为姓。

繁衍之迹

唐姓发源地应该有四处：陕西、山西、豫鲁（今河南、山东间地）、湖北。陕西、山西、豫鲁三地在发展中成为唐姓繁衍的中心地带，也是唐姓主要望族所在地。秦汉时，唐姓分布于江苏、江西、四川、广东、安徽、浙江、山西、陕西、河南、山东、湖北等地。据载，战国时魏国人唐雎之孙唐厉迁于沛国（今属江苏），唐厉四世孙唐都任临邛（今属四川）令，唐都之孙唐林被封为建德侯，唐林之子唐蔚因封地被除，徙居颍川（今属河南），唐蔚之三世孙唐帽任会稽（今属浙江）太守，唐帽之子唐翔任丹阳（今安徽当涂县东北）太守。因此，唐姓在这些地方都得到了繁衍。魏晋南北朝时，社会动荡不安，北方战火连天，唐姓人随着南迁队伍，更广泛地分布于南方各地。此时，唐雎一支唐翔之子唐固，任孙吴政权中的尚书仆射一职，唐固三世裔孙唐彬任晋镇西校尉、上庸襄侯，唐彬之子唐熙因娶凉州（今属甘肃）刺史张轨之女，遂把家安到凉州，唐熙之子唐郓任前凉凌江将军，从凉州迁居晋昌（山西定襄县西北），后发展成为唐姓历史上最大郡望。唐郓之曾孙唐瑶任西凉晋昌太守、永兴侯，唐瑶之孙唐褒任后魏华州刺史、唐纯任后魏太原太守，唐褒之子唐茂任秦州刺史，唐茂之子唐翼任后魏凉州太守。隋唐时期，随着河南固始人陈元光开漳入闽，唐姓人有加入者。唐雎一支有唐瑶的七世孙唐休璟任职宰相。宋元时又有唐姓人迁居南方，由北方发展而来的唐姓已是大量的居于南方了。明清时，又有唐姓人移居台湾，远徙海外的。至此，唐姓足迹遍布中国大地。今日唐姓尤以四川、湖南、贵州、山东、安徽、广西等省区居多，上述六省唐姓约占全国汉族唐姓人口的60%。

唐姓名人

江南第一才子唐伯虎

唐寅（1470～1523年）字伯虎，号桃花庵主，晚年信佛，有六如居士等别号；江苏苏州人，举乡试第一（解元）；后因科场舞弊案受牵连，功名受挫，又遭家难，经历坎坷。

唐伯虎后半生在苏州城西北桃花坞建一“桃花庵”，以卖文鬻画闻名天下，时与徐祯卿，祝允明，文征明，切磋文字，号“吴中四才子”。唐寅“任逸不羁，颇嗜声色”，自署印“江南第一风流才子。”他博学多能，吟诗作曲，能书善画，是我国绘画史上杰出的大画家，擅人物、山水、花鸟。唐寅书法为画名所掩，主要学赵孟頫，更受李北海影响，笔画俊逸挺秀，婉转流畅，笔力稍弱，钩挑绵软，看不出一丝狂态。

唐寅虽然名气很大，但他对文征明相当敬佩。虽然比文征明年长，但他每次都自请在北面居下坐。他曾对文征明说："我这样做并不是表面服您，而是心服。以前项橐7岁就成为孔子的老师，子路比孔子大10岁却是孔子的弟子。要论诗与画，我可与您争衡；至于学问品行，将拜您为师。我比您年长10个月，愿以孔子为榜样，以您为师，来消除那些小人的嫉妒之心，也让年轻人知道钦佩前辈风采，您不能推辞啊！"袁中郎看到信后感叹地说："这是真心真话，谁说子畏是狂生啊！"后来人们把这一故事称为"子畏真心"。

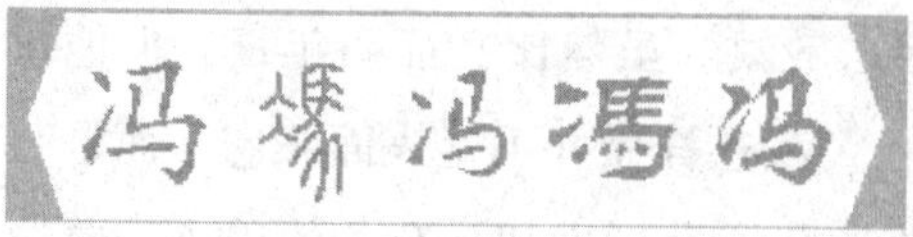

27. 冯——文王之后，以邑为姓

冯姓是当今中国姓氏排行第二十七位的大姓，人口众多，约占全国汉族人口的0.64%。

冯姓大探源

据史料记载，冯姓也是周文王之后，他们的老祖先，可以远远地追溯到周文王的第15个儿子毕公高。毕公高的后代毕万封在魏地，毕万有个孙子被封于冯城，于是，这一支子孙就以城邑的名称为姓，以后统统都姓冯了。

在春秋战国时期，冯姓虽然有好几位深具才华的人见诸史书，但是跟其他同样出自周文王的大姓比较起来，还是多少有点逊色。至少，在当时熙熙攘攘的群雄并立局面中，姓冯的人就似乎未曾扮演过“独当一面”的重要角色。

然而，这个姓氏却繁衍得很快，到了汉唐时期，就从原来发源的陕西，繁衍到了河南、河北、山西、乃至福建等地。冯姓的子孙在迁到这些地方以后，竟然青出于蓝，纷纷有了十分优异的表现，为他们不甚得意的老祖先，大大地扬眉吐气。

历史上知名的冯姓人物中，有一位比较为人熟悉的冯道。他是五代十国的人，曾经接连做了唐、晋、汉、周诸朝的首相，不能不算是显赫万分，然而，他那种不把丧君亡国之耻放在心上的行径，却为后人所鄙视。不过，如果仅从才华上来讲，冯道倒不失为一代能士。

繁衍之迹

冯姓最初发祥于河南省荥阳。冯姓族人自得姓以后，历经繁衍发展而不断壮大，在春秋战国时期，有韩国上党人冯亭，入赵，拒秦而战死，此后其后人分散于上党潞县（今山西潞城东北）和今河北省境内，且多为各国将相，家族也渐兴旺。先秦时期，冯姓已有徙居今山东者。至西汉文帝时，冯姓族人有车骑都尉冯唐徙居安陵（今陕西咸阳东北），其弟冯骞自上党徙京兆杜陵（今陕西西安东南），并且均在当地成为望族。至三国以前，冯姓族人经迁徙、发展，已经分布于今山西潞县，山东淄博，陕西西安，四川射洪、中江、渠县和湖北公安等地，人口众多，逐渐兴旺。同时另一支河南冯姓则广布于河南内黄、宝丰、焦作、南阳、安阳及唐河、湖阳等地，其中湖阳冯姓成为当时著名的大族。进入三国两晋南北朝时期，各国之间互相攻伐，战争不断，各宗族都难以在此时安定发展，大的郡望也难以形成，只能处于不断迁徙的状态之中，冯姓也不例外，由于连年战乱，加上西晋时期的永嘉之乱，冯姓族人也大举南迁，进入江苏、安徽、江西、浙江等地，在当地生息繁衍，不断发展，还形成了一些著名的望族。唐宋时期，经济发展，社会稳定繁荣，冯姓族人也开始了大规模的发展，在经济、政治、文化等领域出现了大批名人与高官，形成很多名门望族，促进了家族势力的扩大与广播，使冯姓在此期间进入一个发展巅峰。同时由于唐末北方战乱，五代十国时期各国之间连年战争，宋时外族多次入侵，冯姓族人在唐宋年间曾进行过两次大规模南迁，使冯姓散居于江南广大地区。在元明清时期，冯姓族人更加发展，也历经迁移，进入广东、福建、台湾等地，有的还远播于海外，从而使冯姓成为遍及我国各个地区的大姓。如今，冯姓在我国分布广泛，主要分布于广东、河南、河北、江苏、山东和云南等地。

冯姓名人

1．古代通俗文学家冯梦龙

冯梦龙（1574～1646年），字犹龙，又字耳犹，号龙子犹，又号墨憨斋主人，长洲（今江苏吴县）人，明朝末年著名的文学家、戏曲家。他文思敏锐，诗文藻丽，一生中除在福建寿宁县任过五年知县外，主要以写作为务。前后由他编写或改写的著作不下数十种，其中最为有名的是“三言”，即《喻世明言》、《警世通言》和《醒世恒言》。

冯梦龙主要活动在明朝行将灭亡的前夕，他目睹了明王朝的腐朽统治，他除着有《甲申纪事》和《中兴伟略》等著作，来阐发自己对时政的看法外，在人口问题上还明确提出了节制生育、控制人口的主张。他认为“人生二男二女”（《太平广记钞·古元之》），势必造成人口大量膨胀，无法养育，因此“不若人生一男一女，永无增减，可以长久。若二男二女，每生加一倍，日增不减，何以养之？”（《太平广记钞·古元之》批语）。这里，冯梦龙虽然认识不到造成当时人民生活困难的主要原因是统治阶级对劳动人民的残酷剥削，但他首先突破了长期以来以“多子多孙为福”的传统思想，看到了人口增长与生活资料增长的关系，提出了每对夫妇最好只生两个孩子的主张，的确具有很强的预见性。

2. 太平天国领导人之一“南王”冯云山

冯云山，又名乙龙，号绍光，广东花县（今属广州市）人；自幼喜读经史、天文、地理，曾参加科举考试，后在村中设馆授徒，以塾师为业。

金田起义时，冯云山任前导副军师，领后军主将。起义后于同年十二月，在永安（今蒙山）被封为南王，七千岁。

咸丰二年五月，冯云山指挥攻占全州时，中炮受伤。当他处在生命垂危之际，仍对杨秀清说：“迅速出兵，休为我一人误了大事。”六月初十，他在蓑衣渡因伤势恶化而牺牲。

28. 于——以邑为姓，源有两支

于姓是当今中国姓氏排行第二十八位的大姓，人口较多，约占全国汉族人口的0.6%。

于姓大探源

我国的于姓，有两个主要的来源，一支源自周文王的姬姓，一支则是传自晋时鲜卑族拓跋氏所建的代国。

源自周文王的姬姓，是出现在大约三千一百年以前，周武王封第三邘叔至邘这个地方。邘叔就成了后世于姓的始祖。他的孙子以封邑为姓，后来又渐渐把“邘”简化成于。

晋朝时出现过另一支外来的于氏，这一支于氏虽然是从鲜卑族的万忸于氏所改，一向也被当做外来的姓氏看待，但在实际上，他们仍然是汉族于姓的后代，只是在汉代之时，有一位名为于公的后代，随着拓跋氏离开了中原，并且为了适应于鲜卑族而改姓为万忸于氏，等到后来鲜卑族的拓跋硅在我国北方建立了北魏，才又“重回娘家”，复姓为于而已。

由此可以这样说，于姓来源虽有两支，但追根究底，源流只有一个，就是黄帝的后裔。

在我国历史上，于氏的崭露头角，是始于汉代的于公。于公是当时东海郯人，以善于决狱而闻名，他所洗雪的“东海孝妇”一案，更是千古美谈，并且为我国民间代代相传的因果报应的道德规范。

繁衍之迹

河南泌阳县北部一带，是古邘国所在地，当然也是于姓的发祥地。在邘国灭亡后较长的一段时间里，于姓基本上都生活在今河南省境内，繁衍基本是以河南境内为主。秦汉时期，于姓人开始以河南为中心缓慢向周边播迁，并形成三大郡望，即河南、东海、河内，由此，东迁入山东的于姓也开始兴旺起来。魏晋南北朝时期，战乱连年，于姓人跟随着逃难大军，大举南迁于东南广大地区，五胡乱华，促进了民族间的交流与融合，而战争又使中原地区成为兵家必争之地，为躲避战乱，处于河南南部的于姓则就近南下湖北，后辗转于四川、湖南。隋唐时期，于姓繁衍较慢。宋代后期，于姓开始由浙入闽，由闽入粤。朱明王朝建立，迁山西人于人口萧条处，由此山西于姓也成为明朝洪洞大槐树迁民姓氏之一，其分别迁山东、河南、河北、陕西、江苏等地。至此于姓人已遍布天下。如今，于姓分布以山东省为多，约占全国汉族于姓人口的25%，其次黑龙江、辽宁、吉林、湖南、陕西等省亦多此姓，上述六省于姓约占全国汉族于姓人口的67%。

于姓名人

1. “留得清白在人间”的于谦

于谦（1398～1457年），字廷益，号节庵，浙江钱塘（今杭州）人，明代中期著名的政治家。于谦少时聪敏，尤其仰慕文天祥，常以国士自许，“慨然有天下己任之志”。于谦21岁时便作《石灰吟》以明心志，其中的名句“粉身碎骨浑不怕，要留清白在人间”就是他一生光明磊落的写照。于谦23岁时考中进士，开始步入仕途。他为官清廉又很有才干，32岁升为侍郎，任山西、河南两省巡抚9年，回京时却身无长物。别人劝他多带些金银特产，他却笑举两袖说：“我只有清风而已。”还赋诗道：两袖清风朝天去，免得闾阎话短长。这便是成语“两袖清风”的由来。

正统十四年（1449年），明英宗亲征瓦剌，在土木堡全军覆没，自己也被俘虏。消息传到北京，一时引起恐慌，众人都束手无策。在这关系国家存亡的时刻，于谦挺身而出，力主抗战保卫京城，并且当机立断拥立景帝，粉碎了瓦剌妄图挟天子以勒索的阴谋。于谦面对强敌时指挥若定，与敌人激战五昼夜后，终于迫使瓦剌退回塞外，使明廷转危为安。于谦保卫京城居功至伟，却一再谢绝封赏。

天顺元年（1457年），被释放回京的英宗发动政变囚杀了于谦，但于谦的英名却永远铭刻在人们的心中。

2. 一代廉吏于成龙

清康熙年间的两江总督于成龙，山西永宁人，康熙皇帝亲赐“天下廉吏第一”。他为官三十年，清正廉洁，刚直不阿，深受百姓拥戴。

于成龙病故于江宁任所，总督衙门为他料理后事时，在他的卧室里，发现他只有一件袍子，一双靴子，几斗米，几碗食盐和豆豉，3两银子，2000文铜钱。这就是一位朝廷命官正二品总督的遗产，竟然和一个贫民的家产一样。可见，于成龙两袖清风，艰苦朴素，能同普通平民共甘苦。后来，凡是他做官的地方——江宁、苏州和黄州等地都为他建立了祠堂，以缅怀这位真正的“青天”。康熙帝还为于成龙亲书“高行清粹”的匾额，并赐谥“清端”，这是康熙帝授予他的最高荣誉。

于成龙严于律己，不徇私情，更不以权牟利，敢于和不法官吏作不断的斗争。虽然他官至总督，但生活简朴，穿着、用具、茶饭等都和普通农民一样，所以时至今日，仍被人们怀念。

29. 董——董父后裔，亦有以国为姓者

董姓是当今中国姓氏排行第二十九位的大姓，人口较多，约占全国汉族人口的0.6%。

董姓大探源

董姓有诸多历史可考，其历史至少有四千多年。董姓的起源，可以追溯到黄帝之裔高阳帝。“董”初指能制绳索的草，高阳帝的后裔惠连氏族是一支擅长制草绳的部落，他们以草为图腾。据传，惠连的孙子董父擅长驯养蛟龙（即鳄鱼）。某年，有人向舜帝敬献了几条蛟龙，需要专人饲养训练，舜帝就指派董父驯养。董父精心驯养这些蛟龙，教它们学会各种舞蹈。舜帝很高兴，便根据这一职业赐他们氏族称豢龙氏，并赐董姓。从此，董父的子孙后代便以董为姓。董的古址在今山西境内，是夏商时代的侯国，后为晋所并。

另据汉代的考证，董姓另一支的起源是以官职为姓，是春秋时期晋国董督晋典的后代。

繁衍之迹

董姓出于同一宗源，均为高阳氏颛顼帝之后裔。据史料所载董姓的发源地在山东定陶北部、山西西南部、山东平原县一带三个地方。秦汉时，董姓在今山西、甘肃、河北、河南较为集中。另外，陕西，山东定陶、高青，广东广州，四川资阳、德阳，浙江余姚、湖北襄阳、枝江，福建福州，河南禹州、伊川、南阳、开封、杞县、信阳、灵宝等地也散居有董姓族人。后在不断的繁衍过程中，甘肃、山东两地董姓发展成当地望族。这一时期，据史书所载的董姓族人繁衍迁徙情况有：出自晋国太史一支的董翳被封为翟王，都高奴（今陕西延安市城东延河东岸），后其子孙又迁居陇西（今甘肃临洮）；西汉董仲舒为广川（今河北枣强东）人，其曾孙由广川迁至陇西，后人又迁往河东（今山西夏县西北）。魏晋南北朝时期，社会动荡，百姓四处流散，大举迁往南方，安徽、江西、江苏、湖北及长江中、下游地区均有董姓迁徙而来者。隋唐时期，是董姓一大繁衍时期，福建、广东又有董姓迁居者。唐代固始（今属河南）人陈元光父子开漳入闽及王潮、王审知入闽时都有董姓加入。宋元时期，金兵入主中原及蒙古军队的南下再度迫使董姓南迁，浙江余杭一带此时出现董姓族人。明清之际，台湾、南洋群岛及欧美一些国家和地区均分布有董姓居住者，董姓这一时期可谓遍布海内外了。今日董姓以河北、山东、山西、云南、辽宁、浙江等省最为集中。

董姓名人

1. 一代名儒董仲舒

董仲舒，西汉哲学家，经学大师。汉武帝时期，武帝颁布诏书，下令各地推举贤良方正、直言敢谏之士。董仲舒三次上书，进献了关于天和人的关系的《天人三策》，其策主张“天人感应”的学说，把封建统治尤其是皇帝的权力予以神化，谁反对政治统治，反对皇帝，就是反对天，就是大逆不道。这种学说适应了统治者愚化民众的统治心理，博得汉武帝的赞赏，委董仲舒以江都相之职。为了实现这种学说，董仲舒进一步提出“罢黜百家，独尊儒术”的主张，以求以思想文化上的统一促进政治上的统一，实现大一统。

据说董仲舒在帐幕中讲读经籍，然后由其门下弟子依次传授后来者，因此竟有弟子未曾见过先生面的。董仲舒日常生活严格遵照礼仪，一丝不苟，专心致志讲学，三年时间竟然没有空观赏室外园林，为弟子们所敬重。成语“目不窥园”就是出自这个典故。

2. 明代著名画家董其昌

董其昌（1555～1636年），字玄宰，号思白、香光居士，上海松江人。董其昌出身贫寒之家，但在仕途上春风得意，青云直上。万历十七年（1589年），34岁的董其昌举进士，开始了他此后几十年的仕途生涯。他当过编修、讲官，后来官至南京礼部尚书，太子太保等职。他对政治异常敏感，一有风波，就坚决辞官归乡，几次反复起用。

董其昌才思敏捷，通禅理、精鉴藏、工诗文、擅书画及理论。他是海内文宗，执艺坛牛耳数十年，是晚明最杰出、影响最大的书画家。董其昌的绘画长于山水，注重师法传统技法，追求平淡天真的格调，讲究笔致墨韵，墨色层次分明，拙中带秀，清隽雅逸。《画史绘要》评价道："董其昌山水树石，烟云流润，神气俱足，而出于儒雅之笔，风流蕴藉，为本朝第一。"董的绘画对明末清初的画坛影响很大，并波及近代画坛。一直以来，董其昌的作品都是海内外大收藏家寻觅的目标。

30. 萧——因国得名，土著转汉

萧姓是当今中国姓氏排行第三十位的大姓，人口众多，约占全国汉族人口的0.6%。

萧姓大探源

萧姓的古老，是世所公认的。根据历来学者的考证，他们的起源，可以远远地追溯到三千七百年以前的殷商时代，汉族萧姓的来源主要有三大支：嬴姓、子姓和外族的改姓。

嬴氏萧姓因国得名，当嬴姓萧国被灭后，嬴姓子孙以国为姓。子氏萧姓也来源于国名。春秋末年，作为宋国附国的萧国被楚灭了以后，子姓萧国子孙改姓为萧，以纪念故国。外族改姓主要源于北宋时，辽国契丹族的拔里氏、乙室已氏族等集体改姓为萧。清朝时满洲八旗舒穆禄氏族的一部分、伊喇氏族的全部改姓为萧。南方也存在着由土著民族转为汉族萧姓的现象。

繁衍之迹

萧姓最早发源于今山东省。秦汉时期，社会动荡，迫使萧姓外迁，进入第一个发展繁衍时期。三国魏晋时期，战乱频繁，加上两晋时期的“永嘉之乱”，士族南迁，萧姓族人也随之而徙，播迁于南方诸省，使家族得以进一步发展壮大，南北朝时期，萧姓显贵于天下，建立了齐、梁两朝，繁衍昌盛、人才辈出，使萧姓发展进入了一个鼎盛时期。唐宋年间，社会相对稳定，经济繁荣，萧姓族人一方面文人墨客遍布于天下，另一方面由于新成分的涌现，即居住在中国北方及东北的契丹族萧氏劲族的加入，从而成为一个显贵、庞大的家族。在此期间，萧姓也有迁入福建、广东定居者。至此，在唐宋以前，萧姓已广布于我国山东、河南、河北、安徽、北京、福建、广东等地区。元明清时期，萧姓徙居于南方四川、湖南、江西、湖北等省份，名人不断使萧姓成为名门，自清康熙末年，萧姓族人开始了多次入迁台湾，有的还远播海外，使萧姓真正遍布于我国南北方各地。今日萧姓在我国分布较广，尤以四川、湖南、江西、湖北、山东、广东等省多此姓，六省萧姓约占全国汉族萧姓人口的69%。

萧姓名人

1. “汉初三杰”之首萧何

萧何，沛县（今属江苏）人，汉高祖刘邦同乡，秦末辅佐刘邦起义。他留守关中时，征发兵卒，运送粮草，为刘邦在楚汉争霸中胜出立下了汗马功劳。楚汉之争开始时，韩信投奔刘邦却未得重用，一气之下便独自逃走。萧何深知韩信是个百年难遇的将才，于是“月下追韩信”，最终韩信在萧何的极力推荐下当上了兵马大元帅，帮助刘邦打败了项羽，建立了刘汉王朝。

韩信虽然是在萧何的举荐下才得到重用的，但汉朝建立后，萧何认识到，要想巩固汉朝的统治，必须铲除那些手握重兵的异姓王，特别是实力最强且又用兵如神的韩信。而韩信也因对刘邦削除他的兵权、一再降低他的爵位心怀不满，决定趁刘邦亲征某次叛乱时在长安造反。

当时情势危急，于是萧何出面谎称刘邦已将平定叛乱并邀请韩信进宫向吕后道喜。韩信对举荐自己的萧何深信不疑，于是进了宫。结果一代名将就这样被吕后诛杀于长乐宫。可以说，韩信的成败与萧何有着直接的关系，即“成也萧何，败也萧何”。

2. 萧姓皇帝萧道成

萧道成（公元427～482年），常州武进人，为汉初丞相萧何的第二十九世孙，南北朝时期梁国的开国皇帝。

萧道成本身是个军人，武功自然相当厉害，但是其文治也相当了得。据史载，萧道成博览群书，熟读经史，写文章下笔如神，而且一手草书、隶书有板有眼，为时人称善。因为从小家境不是很好，所以他当皇帝以后崇尚节俭，一改当时豪门斗富的风俗。据载，萧道成即位以后，对穿着起居很不讲究。有一次，他见衣服中有玉佩扣子，当即叫人打碎；皇宫里的墙壁栏杆，以前都是用铜作为装饰，萧道成下令一律去铜用铁。于是天下为之一振。有一回，萧道成与大臣们聊天，说道："使我治天下十年，当使黄金与土同价。"这句话虽是夸口，但确实也不完全是吹牛皮，可惜天不遂愿，萧道成英年早逝，56岁即去世，在位仅四年。

3. 巾帼英雄萧太后

萧太后是辽景宗的皇后，姓萧，名绰，小字燕燕，通常称为燕燕太后，是辽国著名的有才略、有作为的女政治家、军事家。

辽景帝体弱多病，驾崩时圣宗耶律隆绪才几岁。萧太后面临着母寡子弱、族属雄强、边防未靖的局面。她以超人的胆略，一方面大力提拔有治国之才的契丹官员，一方面重用汉族官吏，特别倚重以汉人宰相韩德让为首的汉官集团，对辽国制度进行了一系列改革，从而扭转了穆宗以后的衰落之势。

萧太后不仅善于驾驭左右大臣，而且精通军事，曾经亲自率领辽国军队进攻宋朝，并在澶渊之战中指挥三军，赏罚分明，极大地鼓舞了兵士的士气，为辽国的胜利立下了汗马功劳。

程 程 程 程 程

31. 程——源自风姓，姓祖为伯符

程姓是当今中国姓氏排行第三十一位的大姓，人口较多，约占全国汉族人口的0.59%。

程姓大探源

关于程姓的起源有一种公认的说法，认为程姓起源于中原地区，是从风姓中分出开的。程氏远祖和黄帝部族（或东夷部族）有关，程氏为重黎之后。在商代及其以前，中原地区就有程地，地望在今河南洛阳、偃师、孟津的交界处。程姓的得姓始祖是商、周之际的伯符，又名乔伯。他在周武王灭商之后被封在广平（今河北鸡泽）。后来商纣王的儿子武庚联合“三监”发动叛乱，周公姬旦领兵东征，平了叛乱，后周康王将伯符分封到程地，在这里建立了程国。他的子孙以国为氏，于是出现了程氏。他的后代程伯休父在周宣王时进入西周朝廷（镐京，在今陕西西安附近）担任大司马，家族又在关中的毕程（今陕西咸阳附近）居住，于是关中地区也有了程姓。

繁衍之迹

程姓发源于今河南、山西两地。春秋时，程姓主要繁衍于晋国，即今山西省境内。秦汉之际，程氏除在今山西、河北、河南、山西进一步繁衍外，亦有人入蜀，以及今浙江乌程县和今江西南昌。至汉代，程姓主要盛于我国北方各地，分布于今山西、河南、河北、陕西等省地，并有部分南迁至今四川、浙江、江西等地。魏晋之际，尤其是晋末，因北方连年战乱多事，中原氏族大举南迁，程姓也随之南迁。其中安徽、江苏等省是程姓首先南迁的主要地区，其后再繁衍于湖南、江西省境。与此同时，程氏在西北也有了新发展，形成了“安定”这一大郡望。到了唐宋时期，程姓人士已散居全国大部分地区。又据有关学者考证，北宋年间，河南又形成了一支影响巨大的伊洛程氏。这支程氏起始于五代后晋时的深州陆泽（近河北深县南）人程羽，到程颢、程颐兄弟开创宋明理学而闻名全国，故伊洛程氏也被后世称为程氏正宗。程姓南迁于福建、广东等省，则始于元末。总之，历史上，程氏的分布是北方以河南、河北、山西、陕西、山东等省为主；南方是以安徽、浙江、江苏、广东为主。

程姓名人

混世魔王程咬金

程咬金是隋末农民起义军领袖，后投瓦岗寨，失败后归顺唐朝。他曾西平突厥，功劳赫赫。此人憨厚耿直，手执板斧，常伏于半路杀出，故有半路杀出个程咬金之说。

程咬金是一个家喻户晓的传奇人物。他原名程咬金，后称程知节，程咬金在隋末曾跟随李密、王世充等起义，后来跟随李世民，讨平隋末群雄，到唐高宗时，官至大将军，后因率军西征无功而罢官，正史中有传。

在小说中，程咬金是一员福将，用一柄板斧为武器，武艺不太好，但运气却好。打仗时，遇到不强的对手，三板斧已经奏功，遇到强的对手，要完三十六道板斧，仍无法取胜，便拍马逃去。现在所谓的的“程咬金三板斧”、“三十六道板斧”、“半路杀出个程咬金”等谚语，便出自这一历史小说人物。

32. 曹——天下曹姓皆源于黄帝

曹姓是当今中国姓氏排行第三十二位的大姓，人口较多，约占全国汉族人口的0.57%。

曹姓大探源

曹姓，最初是颛顼嬴姓的后代，虽然也是黄帝一系的血统，但在宗系上却跟黄帝隔得远了些。后来由周文王的儿子振铎所创的曹氏，则是黄帝的姬姓嫡系后裔，跟黄帝的关系，算起来近得多，不过，殊途同归，天下曹姓都是发源于黄帝，却是个不争的事实。

曹姓跟朱姓的关系，显然也十分密切，朱姓是发源于周代的邾国，邾国则是由曹姓之人所建立。根据史料的记载，当时的情形很可能是这样的：周武王把颛顼的玄孙陆终的第五个儿子曹安封在邾国，后来邾国为楚所灭，于是，安的子孙有的复姓为曹，有的则以国为氏，改姓了朱。如果真是如此，则姓曹的人当中，应该有一部分跟姓朱的人是同宗。

繁衍之迹

由上可知，曹姓的最早发源地是山东，山东曹姓成为后世曹姓繁衍昌盛的主要源头。先秦时期，曹姓分布点以山东及江苏沛县为主。秦汉时期，是曹姓发展的一个重要时期，山东、安徽、河南、江苏北部成为曹姓主要聚居点，以至于后来曹姓发展史中四大郡望（谯郡、彭城郡、高平郡、巨野郡）皆出于这些地区。

另外，陕西、湖北、甘肃、浙江在秦汉时期也有曹姓散居点。据载，秦末沛县（今属江苏）人曹参西汉时被封为平阳侯，其子迁居杜陵（今陕西西安东北）。魏晋南北朝之际，因北方连年战乱，曹姓开始南迁，与此同时，北方曹魏政权的建立，也使曹姓得以在北方较好的发展，以至于后来曹姓在黄淮流域分布最为集中。隋唐时期，曹姓在规模、数量上又有大的发展。福建、广西等地始有曹姓入居。宋元至明清时期，曹姓已广布我国各地。今日曹姓以黄淮流域分布最为集中，尤以四川、河北、河南、湖北等人口为多。

曹姓名人

1. 乱世枭雄曹操

曹操（公元155～220年），东汉末年的政治家、军事家、文学家；本姓夏侯，字孟德，小名阿瞒，沛国谯郡（今安徽亳县）人，出生自一个大官僚地主家庭，长子；因其父曹嵩乃是中常侍曹腾之养子，故改姓曹。亦因这种关系，曹操自幼便有机会接触官宦子弟，日后的劲敌袁绍亦是曹操年少时朋友。曹操身长七尺，细眼长须，自幼放任荡不羁，但很有才华，又足智多谋，善于随机应变。当年，汝南有个善于评论人物的名士，名叫许劭，评论曹操为："治世之能臣，乱世之奸雄"。

2. 才高八斗的曹植

曹植，字子建。曹植的诗"骨气奇高，词采华茂"。他把五言体诗歌推到了一个新的艺术高峰。著名诗人谢灵运曾说："天下才有一石，曹子建独占八斗，我得一斗，今天下共分一斗"。如此也可看出他的才华。

曹植是曹操的第三子，小时候随军奔波，直到13岁才在邺城安定下来。此后他与当时著名文学家王粲、徐擀，沉琳、刘桢等人写诗作赋，名声很快就传播开了。在曹操的几个儿子中，曹植是最有才华的，曹操也因此想"废长立幼"，立曹植为太子。

金无足赤，人无完人。曹植常常因好酒、任性而误事，出了不少差错。使得曹操无法接受，对曹植很是失望。但是他的哥哥曹丕善于察言观色，笼络人心，终于被立为王太子。曹丕即位以后，开始整治当初的对手，曹植是首当其冲的一个。他几次想加罪于曹植。

一次，曹丕刁难曹植在七步内做一首诗，不然，将被治罪，曹植踱步成句，流下千古名句：

煮豆燃豆萁，豆在釜中泣。本是同根生，相煎何太急？

这就是历史上醇香悠远的曹植七步成诗的故事。曹植在文学上的成就极高，他的的确确配得上谢灵运“才高八斗”的评价，他青年时期的诗，多以宴饮游乐为主要内容，后来创作的诗文则以抒忧发愤为主，最著名的有《洛神赋》、《赠白马王彪》、《求自实表》等。

3. 《红楼梦》作者曹雪芹

曹雪芹，名沾，字梦阮，号雪芹、芹圃、芹溪。曹雪芹的先祖原是汉人，后入了旗籍。曹家得到清廷的眷顾，是在曹雪芹的曾祖母孙氏成为康熙的保姆之后。康熙即位第二年开始设置专管宫廷所需织物的织造和采购的“江宁织造”，第一任监督就委任了曹雪芹的曾祖父曹玺，曹家便晋升为显赫的贵族。直至雍正五年，曹俯（曹雪芹之父）因皇室争权夺利的株连被革职抄家为止，祖孙三代任江宁织造达六十多年。

曹雪芹出生在南京，少年时代过着“绵衣纨袴”的富贵生活。在他13岁时，即曹家被抄的次年，全家迁回北京，家道急遽衰落。从此，曹雪芹过着“茅椽蓬牖，瓦灶绳床”、“举家食粥酒常赊”的困顿生活。关于《红楼梦》的创作过程以及曹雪芹的中、晚年生活，由于文献资料极少，很多问题无法确知，只能存疑。从曹雪芹的好友张宜泉、敦敏、敦诚等人的零星记载中，我们仅知道曹雪芹多才多艺、工诗善画、嗜酒狷狂，对黑暗社会抱傲岸的态度。曹雪芹创作《红楼梦》是在极端困苦的条件下进行的，“字字看来皆是血，十年辛苦不寻常”。这部巨著耗尽了他毕生的心血，但全书尚未完稿，他就因爱子夭折悲伤过度而一病不起，“泪尽而逝”，终年还不到50岁。

33. 袁——大禹后裔，一姓六字

袁姓是当今中国姓氏排行第三十三位的大姓，人口较多，约占全国汉族人口的0.54%。

袁姓大探源

据史料记载袁姓为大禹的后裔，其祖是被周武王封为陈侯的胡公满，传到了十八世孙涛涂的时候，就把其祖父庄爰的字作为姓。在古汉语中，“爰”字和袁、辕、持、滚、援等字是相通的，所以涛涂后来的子孙就分别以这六字为姓，因此就有了“一姓六字五族之异”的说法。而在这六字之中，要以袁姓人数为最多，取得的成就也最大。因此，后人逐渐统一以“袁”为姓，繁衍开来。

头一个扬名史籍的袁姓杰出人物，是《史记》与《汉书》两大史书都有详尽记载的袁盎，他在汉武帝“七国之乱”时，曾奏请斩晁错以平众怒，结果七国之乱平定后，他就被封为太常，显贵异常。

繁衍之迹

袁姓发源于河南太康，西汉初年，袁姓子弟袁盎，被封贵乡侯，复举家迁回阳夏定居，并成为当地望族，号称陈郡袁氏。东汉有袁姓播迁河南汝南，到袁八世孙袁安时贵显荣耀，因其不避权贵，为时人所称颂，又因袁安的子孙后代，累世官宦，四世三公，盛于东汉，“汝南袁氏”遂成为东汉的着姓。到东汉末年，袁姓有袁绍称雄河朔，袁术僭号寿春，皆名噪一时。西晋末年，八王之乱，中原动荡，晋室南迁，许多居于中原的袁姓士族渡江南下，历东晋、宋、齐、梁、陈，多因仕宦而散居江南各地，另外还有许多袁姓人聚居在江西袁州宜春郡，形成当地大族，袁州也因袁姓聚族而居得名。隋唐时期，部分袁姓徙居浙江杭州、宁波、奉化、鄞县及四川成都、江西南昌、福建福安等地。宋末，随着金兵南下和蒙古骑兵进扰，袁姓又徙居于今湖北丹阳，安徽庐江，江苏无锡、扬州、南京等地。宋元以后，袁姓子孙辗转徙居到全国各地。如今，袁姓人在全国分布广泛，尤以四川、河北、江苏、河南、江西、浙江等省多此姓，上述六省袁姓约占全国汉族袁姓人口的54%。

袁姓名人

“性灵派”创始人袁枚

袁枚（1716～1797年），字子才，号简斋，因居南京小仓山随园，世称随园先生，自号仓山叟、随园老人等，钱塘（今浙江杭州）人；清乾隆四年（1739年）进士，改庶吉士，入翰林院；后外放到江苏溧阳、江宁等地任县令；乾隆十三年（1748年）辞官，结束仕宦生涯，隐居南京随园。他写诗主张性灵说，与沈德潜、翁方纲的格调说和肌理说相抗衡，影响甚大。其诗自成一家，所涉颇广，构思新颖，形象生动，善用白描，语言晓畅，有《小仓山房诗文集》、《随园诗话》、《子不语》等。

袁枚提倡吃豆腐，他说豆腐可以有各种吃法，什么美味都可以入到豆腐里。有一天，杭州有一个名士，请他吃豆腐，是用豆腐和芙蓉花烹煮在一起的。豆腐清白如雪，花色艳似云霞，吃起来，清嫩鲜美无比。袁枚急请教做法。主人秘不肯传，笑道：“古人不为五斗米折腰，你肯为豆腐三折腰，我就告诉你。”袁即席折躬，躬毕大笑，说；“我今为豆腐折腰矣！”主人告诉他这个菜叫“雪霞美”，以豆腐似雪，芙蓉如霞而得名，并告诉他如何烹调。袁枚归家后如法炮制。袁枚为豆腐折腰，一时传为美谈。

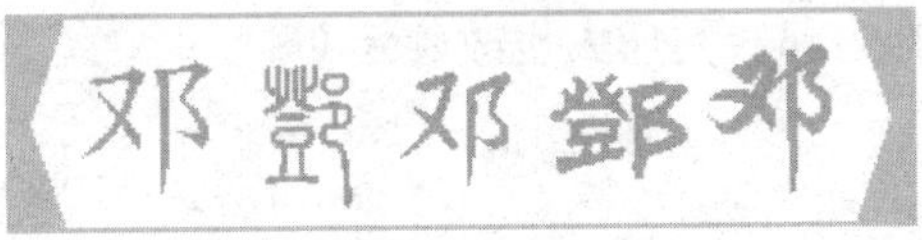

34. 邓——渊流各异

邓姓是当今中国姓氏排行第三十四位的大姓，人口较多，约占全国汉族人口的0.54%。

邓姓大探源

关于邓姓的渊流历来有四种说法：

（1）出自炎帝：据《江苏无锡邓氏谱》载，邓氏为炎帝之后，赐姓曰姜，周时封侯于邓（今河南省邓州市）。其子孙以国为姓。

（2）出自黄帝：朱熹在《序江西武阳邓氏谱》中说，邓氏出自黄帝曾孙高辛，高辛生后稷，嗣传至吾离，被封于邓。吾离是邓国第一位君主，他的祖先在商代姓曼，殷高宗武丁封他的叔父曼季于邓国，赐姓曼，曼季的后代就将国名和地名作为自己的姓氏。因此，曼季是邓姓的远古始祖。

（3）出自子姓：该说认为，曼季出自黄帝第二十五子帝喾，帝喾次妃有娥氏感元鸟之卵而生契，契为唐虞司徒，封于商，赐姓子。契传11世至商朝开国君主成汤，成汤传19世至小乙，小乙之子武丁是个开拓性的君主，极大地扩展了商朝的版图，占领了当今河南省的大部分地区，并在汉水、淮河之间分封了许多小侯国。武丁把叔父曼季分封在邓，传至吾离时，便以国名为姓。黄帝的子孙本来姓姬，邓姓虽然也属黄帝子孙，但由于源于契的系统，所以说出自子姓。

（4）出自李姓：这部分邓性是南唐王室的后代。南唐后主李煜封第八个儿子为邓王，南唐亡国后，邓王为避难而改姓为邓，其后人也改姓为邓。

繁衍之迹

邓姓发源于今河南省境，大举南迁于东晋之时，而播迁入闽、粤则早在汉代就已经开始。汉代中期，邓况自楚迁居南阳新野。至东汉初，因族人为光武帝刘秀的中兴汉室立下大功及与东汉皇室的亲戚关系，一跃而成为东汉最显赫的家族。但至东汉安帝时，有人诬告邓弘等曾反对立安帝，引起安帝不满，因而使邓氏遭受了一次大的劫难。此后，南阳邓氏不断外迁，有南至湖南、湖北者，也有西至山西、甘肃者。西晋末年“永嘉之乱”时，有南阳邓叔攸迁至福建宁化石壁乡，后又分支泉州等地。东晋十六国时，中原邓氏大举南迁，分布于江南许多省份，以江西、江苏居多。总之，邓姓早期主要还是以河南省境为其繁衍的中心，其首先迁入的地方是今山东高密县一带。与此同时，已有邓姓南迁入今四川、广东等地。至晋代，邓姓的子孙在北方已落籍于山东、陕西、山西、甘肃、安徽等地；在南方已迁居到今江苏、湖南、四川等地。至唐代，南阳邓氏分衍出的支派更多，分别居于甘肃、山西、湖南、河南等省的一些地区。宋时，邓姓在南方已波及江西、湖北、福建、广西等地。明末，福建人邓显祖移居台湾，此后，闽粤邓氏又有一些人向台湾迁徙，进而又有徙居海外者。今天邓姓人最集中的地方是中原地区、长江流域及沿海一带，其中江西、湖南、河南为最，四川、广东、福建、江苏次之。

邓姓名人

1. 三国名将邓艾

邓艾（公元197～264年），字士载，三国时曹魏名将。邓艾多年在西北前线防备蜀汉姜维；后来作为灭蜀的主要军事指挥之一，他偷渡阴平，迫使蜀汉投降，建立奇功。

邓艾早年丧父，家境贫寒，还有口吃的毛病；但他胸怀大志，每见高山大泽，就揣摩规划如何营建布置军营。

公元263年，曹魏大将军司马昭策划大举伐蜀，命征西将军邓艾率三万余人纠缠住屯田汉中的姜维，雍州刺史诸葛绪率三万余人断其归路，钟会统十余万众进攻汉中，廷尉卫瓘监军。钟会攻破汉中，姜维退守剑阁，相持不下。十月，邓艾挑选精锐，从阴平小路无人之地隐蔽前进。山高谷深，粮食将尽，在生死存亡的紧急关头，66岁的邓艾用毛毡裹住自己，翻滚着下山，于是将士们也都攀缘山崖树木，鱼贯而进。奇兵出现在江油，蜀汉守将马邈投降。邓艾率军迅速攻破绵竹，蜀汉卫将军诸葛瞻战死。不久，刘禅投降，蜀汉灭亡。

2．甲午军魂邓世昌

邓世昌（1849～1894年），近代著名海军将领，祖籍广东番禺，中日甲午战争时为致远号巡洋舰管带，在1894年9月17日海战中捐躯报国。

邓世昌及其将士壮烈殉国后，举国上下一片悲愤，威海百姓自发出海打捞英雄们的尸体，当地流传着“通商卖国李鸿章，战死沙场邓世昌”的歌谣。

海战失利，朝廷震动。光绪皇帝垂泪撰联：“此日漫挥天下泪，有公足壮海军威”，并赐予邓世昌“壮节公”谥号，追封“太子少保”，御笔亲撰祭文、碑文各一篇。李鸿章也在《奏请优恤大东沟海军阵亡各员折》中为其表功。清廷还赐给邓母一块用1.5公斤重的黄金制成的“教子有方”大匾，拨给邓家白银10万两以抚恤。邓家用此款在原籍广东番禺为邓世昌修了衣冠冢，建起邓氏宗祠。

许 許 许 許 许

35. 许——许由后裔，子孙以国为姓

许姓是当今中国姓氏排行第三十五位的大姓，人口较多，约占全国汉族人口的0.53%。

许姓大探源

尧舜禅让，千古传为美谈。据说，尧把天下让给舜以前，曾经属意于当时的另一位高士许由，许由不肯接受，尧不得已才把王位给了舜——这段传说，说明了许姓的古老，也为许姓人平添不少光辉，因此许由也被列为许姓的始祖之一。

据史料的记载，许姓是炎帝神农氏的后裔。姜姓，是炎帝的子孙，周武王封他的孙子文叔于一个叫许的地方，文叔于此建立许国，后为楚所灭，子孙流离分散，开始以国为氏。

繁衍之迹

许姓最初的发源地是今河南省许昌东。春秋时，源于姜姓后裔文叔一支，被郑、楚所逼，多次辗转于叶（今河南叶县西南）、城父（今安徽亳县东南）、荆山（今属湖北）、容城（今河南鲁山东南）等地，后被楚所灭，子孙有流落于今湖南新晃、芷江一带者。这可以说是许姓第一次的繁衍迁徙。秦汉时期，许姓已遍布河南、河北两省的绝大部分地区，后形成许姓历史上最大望族：汝南郡望。此郡望又分支出高阳郡、太原郡、会稽郡等许姓发展中占据主要地位的名门望族。据载，汝南郡的祖先秦末高逸之士许猗，其玄孙许德任西汉安定（今甘肃

平凉、宁夏西部一带地区）、汝南（今河南中偏南和安徽淮河以北一带）太守，在汝南平舆县定居。三国两晋南北朝时期，随着为避北方战祸而南徙的人群，许姓迁居于今江苏、浙江、湖北、福建、广东等地。汝南一支后裔许猛任曹魏幽州刺史，许式任平原（今山东平原县西南地区）太守，许茂任高阳（今属河南）太守，许王圭任南朝桂阳太守，许彦任相州刺史，许永慧萧齐时被封为晋陵县侯，许宗之任北魏定州刺史，许懋任梁朝天门太守。隋唐时期，社会趋于稳定，不管是居于北方的许姓，抑或是迁居南方的许姓，都得到了相当的发展，许姓人口日益增长。上述汝南许姓一支后裔也有新的发展，如许逊任平原（今属山东）太守，许弘周任楚州刺史，许远任睢阳太守，许岘任袁州刺史。宋元至明清之际，许姓主要特点为南迁及移居海外。宋元时的南迁，促使许姓在南方长于北方的发展趋势，清代移居台湾的许姓，多出汝南一郡，集居于台北、屏东、高雄等地。至此，许姓可谓遍布天下，广播各地。今日许姓以江苏、山东、云南、广东、河南、安徽、浙江等省居多，上述七省许姓约占全国汉族许姓人口的55%。

许姓名人

元代的“魏征”许衡

许衡，生于金卫绍王大安元年（宋宁宗嘉定二年、元太祖四年）四月初三，即1209年5月8日，卒于至元十八年三月初三，即1281年3月23日，字仲平，学者称之鲁斋先生，祖籍怀洲河内李封（今河南省焦作市中站区李封村）。他是中国13世纪杰出的政治家、教育家、思想家和天文学家。

许衡年幼时即勤奋好学，闻人有书既前往观之，及长，凡经传、子史、礼乐、星历、兵刑、食货之类，靡不精研，后与姚枢、窦默等讲程朱理学，慨然以道为己任；元世祖忽必烈为亲王时任京兆提学，于关中大兴学校；世祖即位后，任中书省议事、中书左丞，与刘秉中等定朝仪官制，筹划立国规模，上书言立国必行汉法；犯颜谏诤，刚毅不屈，有元代的“魏征”之称；主持元初国学，任集贤大学士兼国子祭酒，培育人才，善教，众多弟子如姚遂、耶律有尚等皆学有成就；对汉蒙文化交流，程朱理学传播和朱陆合流有较大影响。

许衡对政治、哲学、文化、教育、天文历法、文学、历史、医学、周易等均有研究与著述，谥文正，封魏国公，著有《鲁斋集》，《鲁斋心法》，《读易私言》等，经后世多次修订编辑再版并易名为《鲁斋遗书》、《鲁斋全书》，《许文正公遗书》等并收入《四库全书》。

36. 傅——“傅”、“付”同流，源自姒姓

傅姓是当今中国姓氏排行第三十六位的大姓，人口较多，约占全国汉族人口的0.51%。

傅姓大探源

据有关专家证明，“付”与“傅”是同一姓氏的不同写法。“付”是“傅”的白字。这是历史动荡和文字改革（简化）所致。由于建国后我国文字改革不成熟，在户籍和档案出现“付”姓。随时间的推移，“付”成了“傅”的替代。翻阅“付”姓过去早期的家谱和族谱，方知道原来是“傅”。

据史料记载，傅姓起源于妫姓。舜的部落居于山西永济蒲洲镇南的妫水旁，舜的氏族以河水之名为姓。而舜的后裔被封在傅，古傅国在山西平陆东。进入夏朝以后，其地被夏王封给了尧的后裔，古傅国远封傅阳（今山东枣庄南），其子孙便以国为氏。

繁衍之迹

傅姓最早的发源地应当是在今河南安阳。汉晋之际，傅姓人是以我国西北地区的陕西、甘肃东部、宁夏等地为迁居地，尔后便东迁移居河北、山东。北地（今甘肃庆阳西北）傅姓始于西汉中叶的傅介子。其曾孙傅长，复封义阳侯，长曾孙傅允仕弘农（今河南灵宝北）太守，这一支派显贵者多，多人做官或封侯，这说明，在汉朝傅姓已开始自北地大举经陕西迁居河南、河北、山东等地。此时北地傅姓形成许多分支：河内（今河南温县）傅姓，是西汉大司马傅喜之族所在；浦江（今属浙江）傅姓，是西汉人傅柔之族所在；扶风（治今陕西兴平东北）傅姓，是东汉人傅毅之族所在。两晋时，傅姓在清河（今河北清河）得到了迅速发展，也是傅姓家族有史以来繁衍最为旺盛的时期，为东汉汉阳太守傅燮（扶风傅姓）发展而来，称盛于“清河”一带的傅姓，后成为我国东部地区傅姓的主要来源，尤其是江南各地的傅姓，大都因世事动荡而从清河迁去江南，在此之前的汉代已有傅姓迁居贵州，三国已有傅姓入川。大举南迁则始于魏晋南北朝之际，或迁会稽（今浙江绍兴），或迁上虞（今属浙江），至唐末，唐御史傅实避难入闽，为傅姓入闽始祖。靖康之变，有清河傅姓南迁泉州，到南宋末年，清河傅姓又有一支迁入福建上杭之蛟萍乡，不久即兴为望族，后广东兴宁之傅姓，便是蛟萍分支而出。宋代以后，傅姓人遍及全国大部分地区。如今，傅姓主要分布在山东、湖南等省。

傅姓名人

古代著名哲学家傅玄

傅玄（公元217～278年），字休奕，西晋著名哲学家、文学家和诗人。傅玄学识渊博，精通音律，擅长“乐府诗”。他曾任司隶校尉、散骑常侍等。他性格刚直严峻，能以身作则，为人疾恶如仇，晚年因忤犯权贵而被免官。

在哲学上，傅玄认为自然界是按照“气”的自然之理而运动的，把自然和人类历史都看成是一种纯粹的自然过程，批判了“有神论”。在人才的选用上，他主张选才要广，用才要专，并强调天下不乏贤才，关键在于“求与不求耳”；提出要以才录官，认真考察官员政绩，减少机构，使臣不废于朝、国无旷官之累的建议。在遭受严重水旱灾害时，傅玄提出很有名的“五条政见”，集中地表达了他重农爱民的政治主张以及反对“天命”的唯物论观点，受到晋武帝的赞赏，并予以采纳实施。

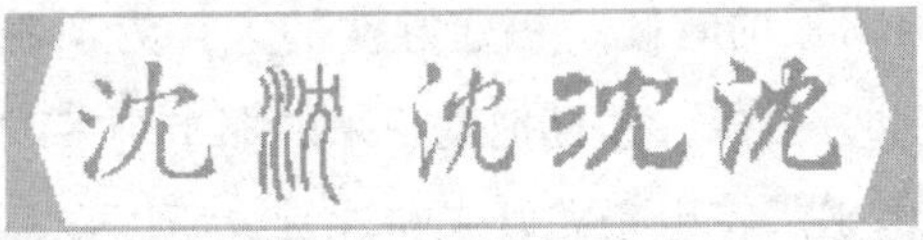

37. 沈——以“审”姓为主，黄帝后裔

沈姓是当今中国姓氏排行第三十七位的大姓，人口较多，约占全国汉族人口的0.5%。

沈姓大探源

作为一个姓氏，“沈”也有好几种不同的来源，其主要分别就在读音之不同——有的人姓“审”音之沈，有的人则姓“真”音之沈，不可随随便便地混为一谈。

读“审”音的沈姓，是黄帝的后代。

读“真”音的沈，是颛顼帝的后代。

由此可见，天下姓沈的人，有的是黄帝的后代，有的则是颛顼帝的后代，不过几千年繁衍下来，出自黄帝的那一支日渐人多族繁，于是大家也逐渐对自己的姓氏“不求甚解”，一概的统姓起“审”来了。

“审”音沈姓的人，得姓于周文王的第十个儿子晡季，他被封于沈地，其子孙便以地为姓。

至于“真”音沈姓最初发源的楚地，则大致是现在的湖南和湖北一带。

这个历史悠久的古姓，历来倒未曾发现过被外族冒用的纪录。相反的，到了五代时期，却有分支为他姓的记录——尤姓就是从沈姓分出来的。

沈尤两姓向有不相婚配之说，何解？

原来，当王潮的弟弟王审知在福建称闽王的时候，福建姓沈的人，为了避讳他名字里的“审”音，就把自己姓氏的水旁去掉，并且把剩下来的那半个字改为跟原字十分接近的尤字，这就是尤姓的由来。正由于尤姓来自沈姓，所以在福建，沈、尤二姓是不相婚配的。

繁衍之迹

沈姓最早起源于今河南、安徽两省之间。春秋战国时期，逃至楚国的沈姓族人，仕楚为左司马，并世袭此官，长期居于叶（今河南叶县）。到秦汉时期，沈姓仍有多人为官，且地位均十分显赫，但也有数人辞官隐居，迁于九江寿春（今安徽寿县），会稽乌程吴兴（今浙江吴兴县）等地，从而开始了沈姓的南迁之旅，并且家族势力日渐扩大，不断兴旺。三国两晋南北朝时期，北方连年战乱，各种割据势力互相攻伐，加上“永嘉之乱”，使得中原士族大都南迁，沈姓族人也先后进入南方几大省份，并在当地不断生息繁衍，形成了“吴兴”郡望。此后沈姓以“吴兴”郡望为繁衍中心，不断地向四周扩展，至唐代以前，已散居于今江苏、浙江、江西、湖北、湖南、四川等地，家族日渐繁盛。唐宋时期，社会相对安定，经济得以恢复发展，沈姓族人开始迁播进入闽粤两地，并且人丁兴旺，同时，唐代沈姓在我国北方也得以新的发展，郡望与名人高官大量出现，进入了一个鼎盛时期。到了宋朝末年，金军大举南下中原，宋室南迁临安（今浙江杭州），北方再次遭受浩劫，迫使中原沈姓再次南徙，其中赴今福建、广东等地之沈姓尤多。至明清时期，沈姓已遍及全国各地，成为我国一大姓氏，并有一些族人由东南沿海播迁到海外，沈姓家族真正成为了一个大家族。我国的沈姓历代多以江南为其主要分布地，尤以广东、福建、江苏、浙江、湖北、湖南等省居多，以上地区的沈姓占到了全国汉族沈姓人口的绝大多数。

沈姓名人

1. 古代著名科学家沈括

沈括（1031～1095年），北宋著名科学家、政治家，字存中，杭州钱塘（今浙江杭州）人。

宋仁宗时，沈括考中了进士。宋神宗熙宁初年，王安石出任宰相，开始推行新法。当时，沈括是新法的积极拥护者。1073年，王安石命他去两浙地区调查新法的实施情况。他回京后，对新法大加赞誉。但没过几年，王安石罢相。沈括一见风头不对，就秘密上书，列举了王安石新法的弊端。宋神宗知道后，对他很是不满。恰好御史上奏弹劾他，神宗就下令免去他的翰林学士一职，降为宣州知州。

到了晚年，沈括娶妻子张氏。张氏脾气暴虐，沈括时常被她责骂，苦不堪言。他的长子沈博毅，因为是前妻所生，所以被张氏赶出家门。后来张氏病死，沈括却痛不欲生，不久也病死了。

沈括一生最大的成就，在于他撰写了一部光辉伟大的著作——《梦溪笔谈》。全书共26卷，涉及许多方面，包括天文、地理等。《梦溪笔谈》被英国科技史家李约瑟赞为“中国科技史上的坐标”。

2. “四大才子”之一沈周

沈周（1427～1509年），明代著名画家，字启南，号石田，晚年又号白头翁，江苏长洲（今江苏吴县）人。

沈周一生都没有参加科举考试，长期从事绘画和诗文创作，尤其是他的画，被评为明代第一。有一次，一位郡守征集画工去绘制壁画，有人做了手脚，故意将沈周也列入了画工名册。别人就劝他：“你和许多大官关系都不错，可以找他们通融一下。”沈周却说：“让我服劳役是应该的，去找人说情岂不羞耻吗？”于是，他便去服役——绘制壁画。不久，郡守进京述职，许多人都向他打听“沈先生”的消息。郡守急忙找熟人，一打听，才知道“沈先生”就是那位服役的画工。

沈周以擅画山水著称。他早年继承家学，师法于父亲沈恒吉、伯父沈贞吉，兼师杜琼、刘钰，后来又取法董源、巨然；40岁以后，他以黄公望为宗，作品拓为大幅；晚年，沈周尤其醉心于吴镇，笔墨更见沉郁苍劲，更趋于成熟。他的主要作品有《云际停舟图》、《庐山高士图》、《虎丘送客图》、《仿子久富春山居图》、《京口送别图》、《雨意图》、《柳荫垂钓图》等。

此外，沈周兼工花鸟、人物画。后人将他与文征明、唐寅、仇英合称为“明四家”。

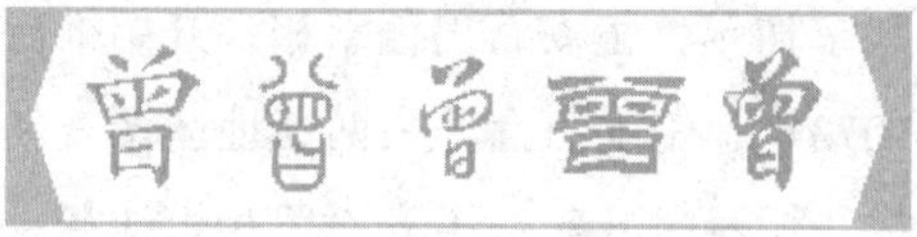

38. 曾——“去邑当曾”，以国为姓

曾姓是当今中国姓氏排行第三十八位的大姓，人口较多，约占全国汉族人口的0.49%。

曾姓大探源

曾姓根据考证，是传自距今四千一百多年前中兴夏室的贤君少康。追本溯源，是上古圣君夏禹的后裔。当然，更是最为光彩的黄帝子孙。因为，治水有功的夏禹，是“五帝”之一的颛顼高阳氏的裔孙，而颛顼高阳氏，则是黄帝轩辕氏的嫡孙。这样一步步推溯上去，后世的曾姓人当然也是具有最高贵血统的黄帝子孙了。

提起曾氏的来龙去脉，可真是说来话长。原来，当夏禹的第五世孙少康中兴了夏室以后，曾经把自己最小的儿子曲烈封于一个叫做剌的地方，这就是古代著名的“鄫国”。然后，少康的这一支子孙就世代在鄫国居住，一直到春秋时代，鄫国才被莒国所并灭。这时候，怀着亡国之痛的鄫国太子巫，就出奔到邻近的鲁国去，并且在鲁国作了官。同时，以故国的国名“去邑当曾”，以曾为自己的姓氏，就此世世代代相承相袭下来。

繁衍之迹

曾姓最初发源于今山东省苍山县西北一带。先秦时期，逃至鲁国的曾姓后代在鲁为官，并且就此繁衍生息下来，同时向四周地区播迁，使曾姓族人遍布于山东、河北等地。秦汉期间，曾姓人因一直以“孝”著称，被封建统治者尊为“宗圣”，从而声名显赫，家族昌盛。进入魏晋南北朝时期，连年战乱频仍，社会始终处于动荡之中，加之西晋末年“永嘉之乱”，中原士族大举南迁，所以曾姓在此期间也大量进入南方诸省，其一支徙居于会稽（今浙江绍兴），尚有几支分别迁居蜀郡（治今四川成都）、豫章（今江西南昌）、吴郡（治今江苏苏州）、河内（今河南沁阳）、南阳（今属河南）、江夏（今湖北鄂城）、襄阳（今属湖北）等地。从而在唐朝之前就已形成曾姓遍布全国，名人不断涌现，家族势力日渐壮大的局面，逐渐成为我国著名的大姓之一。盛唐时期，社会安定，宗族发展速度加快，扩张、播迁亦为时尚。唐末，曾姓有入迁福建者。至宋末，由于战乱，外族入侵，曾姓又几度迁移。元明清时期，曾姓已播迁于各地，且有远播台湾与海外各地者。当今曾姓在我国人口众多，尤以四川、湖南、广东、江西等省多此姓，上述四省曾姓人口约占全国汉族曾姓人口的66%。

曾姓名人

1. “唐宋八大家”之一曾巩

曾巩（1019～1083年），字子固，南丰人；北宋散文家，“唐宋八大家”之一；幼年聪慧，12岁作《六论》，一挥而就，言简意赅，气势雄浑，得到欧阳修的赞赏，从此名闻四方；青年时，多次外游，和王安石友善，常有诗文往来，并将王安石推荐给欧阳修。

曾巩的散文创作成就很高，是北宋诗文革新运动的积极参加者。他师承司马迁、韩愈和欧阳修，主张“文以明道”，把欧阳修的“事信、言文”观点推广到史传文学和碑铭文字上。王安石曾赞叹说：“曾子文章世稀有，水之江汉星之斗”（《赠曾子固》）。苏轼也说：“醉翁门下士，杂从难为贤；曾子独超轶，孤芳陋群妍。”

2. 一代名臣曾国藩

曾国藩是中国近代史上最显赫和最有争议的人物，其生前毁誉参半，既有“中兴第一名臣”的美称，又有“卖国贼”的恶名。

曾国藩率湘军镇压了太平天国，被清廷称为“同治中兴”第一功臣；又于1861年创办了中国最早的洋务军工企业安庆内军械所，成为洋务派的重要代表人物。辛亥革命以后，一些革命党人称他“开就地正法之先河”，并在“天津教案”中杀人割地，是遗臭万年的汉奸。

曾国藩，字伯涵，号涤生，湖南湘乡人，生于1811年，卒于1872年。曾国藩6岁读书，28岁中进士，初授翰林院检讨，一直到道光二十九年（1849年）升礼部右侍郎、署理兵部左侍郎。咸丰帝即位后，他先后兼任过兵、工、刑、吏等侍郎等职。

曾国藩在仕途上官运亨通，十年之中连升十级，并在京师赢得了较好的声望。他一生严于治军、治家、修身、养性，实践了立功、立言、立德的封建士大夫的最高追求。被后世视为道德修养的楷模。

曾国藩一生经过了封建社会衰落的过程，就其本人而言，早年精专学问，学做圣贤，着实取得不少成绩，后从戎理政，也不失终有所成。然而他率军镇压太平天国，杀人割地等所作所为，却是罪名昭著。特别是“天津教案”使曾国藩遭到沉重的精神打击，于1872年3月12日，死于两江总督任上，终年61岁。正如时人所云：“千夫所指，无病自亡。”

39. 彭——彭祖后裔，“以地命氏”

彭姓是当今中国姓氏排行第三十九位的大姓，人口较多，约占全国汉族人口的0.49%。

彭姓大探源

汉族的彭姓是颛顼帝的嬴姓之后，颛顼是黄帝轩辕氏的孙子，他的后代是汉族的主要组成分子。传到其曾孙辈的时候，有重黎和吴回两兄弟先后当了“祝融”，也就是专门掌管祭火及用火的官，对于整个民族的演进极有贡献。吴回有一个叫做陆终的儿子，总共生了6个儿子，其中的老三就是活到800岁高龄的彭祖，算起来是颛顼的第五世孙，由于他的封地是在大彭，所以子孙就按照当时的习惯“以地命氏”，而中国也开始有了“彭”这个姓氏。如此看来，彭姓的历史悠久，是不容置疑的。

繁衍之迹

殷商时诸侯国大彭，即今天的江苏徐州铜山境内是彭姓的发源地，其后彭姓的繁衍播迁，均是出自此支。商末时，大彭氏失国，此时已有彭姓人迁居河南南阳一带，其中有位名叫彭仲爽的人由南阳去楚为大夫，是为彭姓徙居湖南、湖北的开始。秦末时楚汉争霸，位于楚国都城的徐州处于战乱状态，有一支彭姓为避战乱而离彭城远迁陇西。汉时有长平（今河南西华）侯彭宣，举家迁居河南淮阳，后于淮阳发展成为望族。魏晋时，由于战乱及官职周迁等原因，彭姓人大举南迁，此际有史料表明，今山东、陕西、甘肃、江西、四川、福建等省均有彭姓人在活动。南北朝北齐时，彭宣八世孙彭景直徙居瀛洲（今河北河间），九世孙中有一支迁居安定（今甘肃泾川县北）。唐玄宗时，为避安史之乱，彭景直之子彭构云迁居袁州宜春，彭姓开始称盛于江西省境，彭构云五世孙彭轩因仕宦而落籍庐陵（今江西吉安）吉水之山口村，并有江西其他彭姓辗转迁徙于福建。其中彭士然的后裔迁湖南西部，唐末时，彭轩六世孙彭嗣元迁居分宜县。宋神宗时，嗣元的九世孙彭延年因被任命为潮州刺史，遂定居于广东揭阳之浦口村，是为彭姓广东始祖。后又于此派分出福建漳州、泉州等支派，在闽粤发展成为望族。其中彭延年的第三子彭锐的裔孙彭君达，于明洪武十六年（1383年）迁入广东梅州，是为梅州彭姓始祖。另据载，彭姓亦为明朝洪洞大槐树迁民姓氏之一，有145人分迁于河南、甘肃、山东、河北、湖北、湖南等地。自清代开始，闽、粤彭姓有部分移居台湾，并有移居东南亚及欧美的彭姓人。至此，彭姓已广布全国各地。如今，彭姓分布广泛，尤以湖南、四川、湖北等省分布最多，上述三省的彭姓约占全国汉族彭姓人口的49%。

彭姓名人

最长寿的古人彭祖

彭祖相传姓彭名铿，为颛顼帝的玄孙，是传说中有名的长寿者。传说他经历了夏商两代，总共活了800多岁，其间死了49个妻子，失去了54个儿子，被誉为“彭祖”。据说彭祖年轻时擅长做野鸡肉羹，有一次尧帝吃了他做的野鸡肉羹后，对他大加赞赏，就封他到彭城。后来商王要招募他做大夫，他称疾闲居在家，不参与政事。

传说彭祖很善于养生之道，他常服水桂、云母粉、麋角散，老而有少容。彭祖生性好恬静，不恤世务，不沽名钓誉。他常常独自出游，也不要人侍候，也没有人知道他何去何从，有车马他也不骑，甚至连粮食也不带。他还常常闭气养神，危坐拭目，服气起行，调理自己身体里气的运行，使身体的气通顺。据说彭祖还精于房中之术，他认为男女相合像天地相生一样，能得阴阳之术，就能做到长生不死。

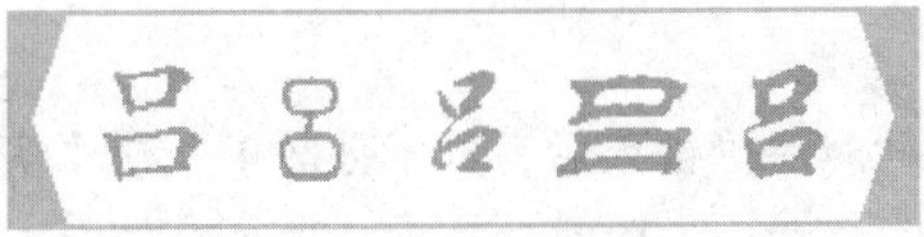

40．吕——吕侯大岳后裔

吕姓是当今中国姓氏排行第四十位的大姓，人口较多，约占全国汉族人口的0.47%。

吕姓大探源

吕姓的始祖相传是吕侯大岳，其人是舜的重臣，后来被封建吕侯、而其子孙自此也以吕为姓。

由此看来，吕氏之得姓，为时甚早，早在四千二百多年以前，中华民族刚刚开始萌芽茁壮时，就已经有了这个姓氏。当时的吕国，大致就是今河南省南阳县一带地方，这个国家后来被周所并。

姜子牙，是老幼咸知的人物。实际上姜子牙是大岳的苗裔，所以他还有一个名字叫做吕尚，只是不大为人所知罢了。由这件事，也可证明吕姓是炎帝神农氏的后裔，否则姜子牙也不会既姓姜，又姓吕了。

过了800多年，到战国末年，吕姓的光芒再现，那就是相传为秦始皇亲生父亲的吕不韦。

到了刘邦所建立的汉朝，吕氏再度显赫绝伦。汉高祖死后，吕后专政，这个妇人可谓心狠手辣，杀人杀得连儿子都怕她。她娘家的人权倾当朝，刘家的天下，差一点被吕姓夺去。

繁衍之迹

吕姓发源地在今河南南阳西一带。春秋时吕国被灭后，其子孙散于今湖北蕲春，河南南阳，山东阳谷，安徽寿县、凤台县等地。秦时，吕姓迁播方向主要为陕西、甘肃一带。春秋时晋国大夫吕锜后裔在河东（今山西西南部）繁衍旺盛，后成为当地一大郡望。汉时，河南、山西、山东、陕西、内蒙古南部及甘肃、安徽等地，均有吕姓足迹。其中山东东平、安徽淮南一带吕姓后裔发展成为吕姓历史上的东平郡和淮南郡两大望族。另载，汉末有吕蒙（今安徽阜南东南）移居江东。魏晋南北朝时，居于北方的吕姓因避战祸，时有南迁者，浙江、云南、湖北均有吕姓入居。据载，淮南寿州（今安徽寿县）人吕谦为避西晋末年战祸，迁居浙江金华，后成为当地望族。其后人又有迁于江西、福建、广东等地的。唐代，出现了历史上少有的盛世，使吕姓的发展相对平稳、快速。吕姓的郡望规模、人口数量也上升到一个新的台阶。而随之而来的宋元时期，北方战火四起，促使了吕姓的又一次南迁。明清之际，吕姓发展再度出现新特点，除全国大部分地区广布吕姓外，康熙年间，始有吕姓移民海外者，初以福建、广东为主要迁居点，移居台湾，后又有徙至新加坡、菲律宾、马来西亚、印尼、泰国、文莱、越南、美国、加拿大等国家。今日吕姓以山东、河南二省居多，约占全国汉族吕姓人口的百分之三十一。

吕姓名人

1. “奇货可居”的吕不韦

吕不韦（？ ~公元前235年），战国末期卫国濮阳（今河南省濮阳县城西南）人，是我国历史上著名的行政管理思想家。

吕不韦原为大商人，在赵国邯郸经商时，结识了在赵作人质的秦公子异人（后改名子楚），认为得到此人是“奇货可居”，这样就开始了他的政治投机生涯。

吕不韦一方面用金钱帮助异人，为异人安排好生活，另一方面又到秦国游说，为异人争取得到继承王位的资格。当时，秦国在位的是秦孝文王，他的宠妻华阳夫人无子，吕不韦通过华阳夫人的弟弟阳泉君，买通华阳夫人，立异人为太子。秦孝文王死后，异人得立，于公元前249年继位，称秦庄襄王。吕不韦政治投机成功了，异人感恩戴德，任吕不韦为相国（丞相），封为文信侯。庄襄王死后，秦王政年幼继位（公元前246年），仍任吕为相国，称“仲父”，食邑有蓝田（今陕西蓝天县西）十二县，河南洛阳十万户，门下宾客三千，家僮万人。

2. 蛇蝎之心的吕雉

吕雉，字娥，山东单县人。她是汉高祖刘邦的结发妻子，为人阴险、残忍。

刘邦夺取天下后，吕后为巩固刘氏政权，大力铲除异姓王。例如，吕后趁刘邦平定陈叛乱时，诛杀了韩信。她还唆使梁王彭越家臣诬告彭越谋反，将其剁为肉酱并夷灭三族。

刘邦死后，吕后残忍地杀害了刘邦的爱姬戚夫人及其儿子。她先毒杀了赵王刘如意，接着令人挖掉其母戚夫人的眼珠，烧烂其耳朵，砍掉其手脚，并弄哑了她的嗓子，然后将她扔进厕所，称为“人彘”。吕后这种毫无人性的行为，甚至引起了自己亲生儿子惠帝的反对，惠帝自此不再理会朝政。

惠帝死后，吕后开始大肆分封吕姓族人，废除刘姓诸王，吕氏家族显赫一时。吕后死后，陈平、周勃发动拥刘反吕的政变，吕氏宗族有数万人被杀，单县吕氏遭到毁灭性打击，湮灭在历史的长河中。

3. 三国第一猛将吕布

三国时期，吕布在武将中的名声，就好似诸葛亮在文官谋臣中的名声。所谓“人中吕布，马中赤兔”之说，并不是后世的说书先生或小说家加上去的，《曹瞒传》中就有记载，谓之“时人语”。在那时消息传递极不发达的情况下，吕布可以获得这样的名声，说明这个人是有真功夫的。

吕布字奉先，擅长骑射，武力过人，闻名于并州。刺史丁原用布为主簿。董卓入京后，诱使吕布杀死丁原，率其众来投。董卓见之大喜，命为骑都尉，随侍左右。布亦父事董卓。然董卓常因小愤而欲杀布，布惧，在司徒王允的教唆下杀掉了董卓。卓党李傕等啸聚为贼，攻打长安，布不能拒，逃走，先后投靠袁术、袁绍、张杨，最后在张邈、陈宫的策划下入主兖州，与曹操展开数度激烈的争夺战，先胜后败，投靠徐州的刘备，屯兵小沛。吕布趁刘备攻袁术之机夺取了徐州，后在曹操的调解下与备和解。袁术攻打刘备，吕布以辕门射戟为赌注，使袁军退却。袁术起兵伐吕布，为布大败。尔后，他遭到曹操和刘备联手攻打，困守下邳。布虽骁猛，然无谋而多猜忌，又信妻言，不纳群下之言。曹操堑围三月，吕布军上下离心，其将侯成、宋宪、魏续缚陈宫，将其众降；吕布亦就缚，与陈宫、高顺被戮于白门楼。吕布性情轻狡反复，唯利是图，注定了其能称雄一时而不能成大业的命运。

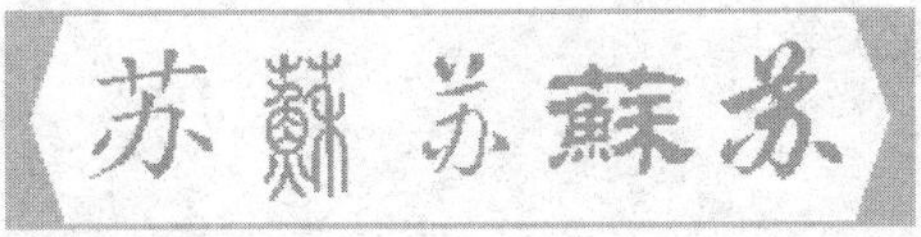

41. 苏——以地为姓，广播华夏

苏姓是当今中国姓氏排行第四十一位的大姓，人口较多，约占全国汉族人口的0.47%。

苏姓大探源

黄帝的六世孙有6人，长孙樊居于昆吾（今山西运城东北），史称昆吾氏。夏朝中期，帝槐（或帝芬）封昆吾氏后裔于有苏（今河南辉县西的苏岭），史称有苏氏，建苏国。商末苏国灭，族人以苏为姓，开始向四处迁徙。但留在苏岭的苏姓族人归顺了周朝，首领苏贫生入朝做了周武王的司寇，被封于苏地，国都温（今南河温县）。因此，苏贫生被后人尊为苏姓始祖。

苏姓，真可以说是一个光耀史册的古老姓氏，从2000多年前的春秋时代，便已大放光芒。大家都知道，楚庄王是春秋五霸之一，而他之得成霸业，主要靠的是他的大夫苏从。

苏秦，名气更加响亮，他与张仪同被称为纵横家，他提倡合纵以抗秦，结果身佩六国相印，荣宗耀祖，显赫异常。

到了汉武帝之时，苏氏又出了一位名垂千古的伟大人物，那就是三尺孩童都晓得的苏武。

宋代的文坛，似乎是苏姓人士的天下，除了苏洵与苏轼、苏辙父子之外，尚有以文章知名，宋太宗曾御笔题赠“玉堂之署”4个字的苏易简；以及慷慨有大志，好为古文诗歌，曾佐欧阳修变文格，晚年自号“沧浪翁”，隐读以终，著有

《苏学士集》传世的一代高士苏子美（舜钦）等。

繁衍之迹

苏姓发祥于河南温县，后西周被犬戎所灭，周天子迁都洛阳，史称东周，苏姓为官者随之迁徙洛阳，并在当地形成望族。汉武帝时，因苏建讨伐匈奴有功，被封为平陵（治所在今陕西咸阳市西北）侯，此后不久，此支苏姓又派生出扶风苏姓、武功苏姓、蓝田苏姓。汉末群雄割据，有苏姓一支由河内迁四川眉山，在此后的很长一段时间里，北方连年战乱，烽火连天，苏姓也随中原士族大举南迁江南各地。苏建十二世孙苏则为曹魏东平（今属山东）相，而居山东。隋朝时苏则三子苏遁之八世孙苏威因忠谏而为隋炀帝贬为光州（治所在今河南光山）刺史，始为光州苏姓始祖。唐初，陈元光入闽开基漳州，已有苏姓人入闽，到唐末时，苏威五世孙苏益随王潮、王审知入闽，死后赠上将军、武安侯，葬于同安县，是为同安苏姓始祖。苏威长子苏光谊的子孙分布在福建德化、永春一带，次子苏光谓的子孙分布于莆田一带，三子苏光诲的子孙仍居同安，而早期迁至湖南新化、安化一带的苏姓被称为梅山蛮，北宋熙宁五年（1072年），章惇平定梅山蛮，杀戮过甚，苏姓之幸免者，大都南逃至两广、云南一带，也有逃到越南、老挝、泰国的北部山区。芦山堂的苏姓因仕宦在南宋时散居江南各地，并有一支由闽入粤。苏姓入台始于宋，明时苏姓入台，其因有二：一随郑成功收复台湾，二是逃荒谋生。此期随着航海技术的提高，居于福建沿海的苏姓则有漂洋过海，侨居海外者。清朝时，苏姓人已广布全国。如今，苏姓在全国分布广泛，尤以广东省为多，广东省的苏姓人口占到全国汉族苏姓人口的20%。

苏姓名人

1. 纵横家苏秦

苏秦是战国时东周洛阳（今河南洛阳东）乘轩里人，字季子，是有名的纵横家。

苏秦起始欲仕秦国，但10次上书均未被秦惠王采纳，主要是因为秦惠王刚杀商鞅不久，对那些以口舌为能事的辩士很不信任。苏秦在秦一年有余，很不得志。时间一久，其黑貂皮袍破旧，百斤黄金耗尽，只好狼狈归家。他容颜枯槁，疲惫不堪。家人待他十分冷漠，妻子不下织机相迎，嫂子不燃灶做饭，父母也无话可说。苏秦仰天长叹道："妻不以我为夫，嫂不以我为叔，父母不以我为子，此皆秦不用之罪啊！"

从此，苏秦下定决心，当夜搬出数十箱书，从中找出其师鬼谷子传给他《阴符》一书，每天都刻苦攻读，择其精要，揣摩文旨，对天下大势、列国情况做了大量研究。为了能抓紧时机学习本领，苏秦头悬梁，锥刺骨，以此驱除睡意、秉烛夜读。如此一年，他就掌握了兵书谋略。他信心十足地说："可凭此游说当世之君了！"不久苏秦果然被燕赵等六国共拜为丞相。

2. 大文豪苏东坡

苏轼（1037～1101年），字子瞻，号东坡居士，眉州眉山（现在四川省眉山县）人；宋仁宗嘉祐进士；因政见和王安石、司马光不合被新旧两党排挤，一再被贬，甚至入狱。这种政治遭遇和长期在许多地方（杭州、密州、徐州、湖州、惠州等地）做地方官的经历，使他对社会和人民生活加深了了解。他是唐宋八大家之一，散文成就极高，而他的词改变了五代以来婉约柔靡的风格，开创了豪放一派的词风。他的诗也有很高的成就。他的作品现存有《东坡全集》、《东坡乐府》《东坡志林》等。

苏轼在文学艺术上有多方面的才能。他的文章波澜迭出，变化无穷。不论什么样的题材，在他的笔下都表达得新鲜贴切而又明白晓畅，具有很强的感染力。如前、后《赤壁赋》用古文的笔调写赋，叙事、写景、抒情、说理浑然一体，想象丰富，具有哲理，并有浓厚的浪漫主义色彩。

在诗歌创作方面，他继欧阳修、梅尧臣之后，进一步扩大了题材范围，风格清新豪健，善于用夸张、比喻的艺术手法，达到明快、自然的境界。少数诗篇能反映民间疾苦，指责统治者的奢侈骄纵，如《荔枝叹》。也有一些作品表现保守的政治观点和消极情绪。

苏轼对北宋词风的转变有突出的贡献。他开拓了词的领域，突破了音律形式的束缚，一扫当时柔靡的风尚，开创了豪放词派，对后世有很大的影响。《念奴娇·赤壁怀古》等词是千古传诵的佳作。

此外，苏轼还是著名的书画家，擅长行、楷书，与蔡襄、黄庭坚、米芾并称"宋四家"；能画竹，也喜作枯木怪石。

42. 卢——源流共有五种说法

卢姓是当今中国姓氏排行第四十二位的大姓。人口较多，约占全国汉族人口的0.47%。

卢姓大探源

据史料记载卢姓来源有五：

（1）为齐太公姜子牙后裔而来。姜子牙的后裔中有个叫公子高的被封在卢地，其子孙遂以卢为姓。

（2）炎帝之后裔孙封于卢，子孙遂以卢为姓。

（3）出自复姓改单姓为卢氏。据史料所载，齐桓公之后，改卢蒲氏为卢姓。北魏孝文帝改鲜卑复姓吐伏卢氏、伏卢氏、卢浦氏、莫卢氏为卢姓。

（4）出自他姓改赐卢姓。隋炀帝赐河间人章仇（复姓）太翼姓卢。是为河间（治今河北献县东南）卢姓。

（5）出自他姓改卢姓。范阳雷姓（后望于河南光山）、三原闾姓（后望于陕西三原）改为卢姓。

繁衍之迹

卢姓的发源地在今山东长清的西南，春秋时在齐国繁衍，自“田氏代齐”后，卢姓便散居燕秦之间。秦时，有博士卢敖在涿郡定居，世称涿郡卢氏。秦末，卢敖后裔卢绾随汉高祖起兵反秦，因功封燕王，封国在涿郡，后涿郡卢姓又称范阳卢姓，为五大望族之一，历汉魏南北朝隋唐千余年而不衰。与此同时，有卢姓已迁至宁夏固原与甘肃平凉间地，以东汉王卢芳为始祖。而传自齐桓公的那支复姓卢蒲，改卢姓后亦在涿郡繁衍。西晋末年的永嘉之乱，导致卢姓大举南迁，卢氏大族有随晋室南迁于江浙一带；又有一支卢姓北上辽沈，后发展成为辽西卢姓大族，此支卢姓，为后魏太保，录尚书事卢鲁元（昌黎徒河〈今辽宁锦州〉之族所在）。唐代卢姓称盛于黄河流域，唐宪宗时有卢姓入闽粤。据《始兴范阳卢氏五修族谱》所载，迁居南京的范阳后裔卢富，率子孙迁江右虔化县（今江西宁都），曾孙卢光稠平黄巢起义有功而封开国侯，其次子的八世孙迁居福建莆田、考满。其支派有十七郎迁居广东东莞，而在此以前，有奇女子卢眉娘已名闻粤乡，据文献记载，她是广东南海人，可见在唐代时，卢姓在北方已称盛于黄河流域，其中以河南繁衍最为著名，南迁则主要繁衍于江西、江苏、四川、福建、广东一带。元明清之际，卢姓已遍及全国大江南北，长城内外。卢姓人氏，作为中国的炎黄子孙，得姓较早，加之源于山东，后又沿着黄河，在河北、河南繁衍发展，现如今卢姓已遍布全国，尤以广东、河北、广西等省区多此姓，三省区卢姓约占全国汉族卢姓人口的48%。

卢姓名人

初唐四杰之一卢照邻

卢照邻，字升之，号幽忧子，幽州范阳（属今河北涿县）人，唐朝诗人，他与王勃、杨炯和骆宾王一起被称为“初唐四杰”。

卢照邻的生卒年不详，去世时约60岁。他小的时候非常聪明，及成年后仕途也颇为畅顺，一直做到都尉。但他患了“风疾”（可能是小儿麻痹症或麻疯病），因此不得不退职。虽然他还试图做门客，但后来他的病越来越严重，双脚萎缩，一只手也残废了。他买了几十亩地来养老，但终因疾病的痛苦，决定与亲属道别，投颍水自杀。

43. 蒋——周公后裔，以封地为姓

蒋姓是当今中国姓氏排行第四十三位的大姓，人口较多，约占全国汉族人口的0.47%。

蒋姓大探源

据史料记载蒋姓的始祖，是周公的第三个儿子伯龄，他被封在蒋地，后来子孙也按照当时的习惯，拿封地的名称作为家族的姓氏，千百年绵延不断地繁衍下来。当时的蒋地，现在的位置大致就是河南省固始县西北的蒋乡。

一些具有悠久历史的大姓，往往无法避免被人冒用的命运，蒋姓的人，在这方面远比其他姓氏要好；因为在历代史籍中，还没有发现过蒋姓被外族人冒用的纪录，这说明了天下蒋姓都具有相同的血统，都是三千年前周公的后代！姓蒋的人，真是光荣之至。

繁衍之迹

河南为蒋姓的最初发祥地。秦汉之际，有蒋姓西迁入陕西，东迁入山东。蒋姓南迁较一般姓氏都早，始于汉代，东汉建武年间，逡道侯蒋横遭谗害，其九子避难四方，光武帝醒悟后，九子皆随地封侯，即：公华侯颖、会稽侯郑、临苏侯浙、临湖侯曜、浦亭侯巡、临江（今四川忠县）侯川、九江（今属江西）侯稔、云阳（今陕西淳化）侯默、函亭（今江苏宜兴）侯澄。可见，自蒋横以后，其子孙多数散居于我国南方的江苏、江西、浙江、四川、湖北、湖南等地，并且成为当地的开基始祖。如此反而使蒋姓活动范围大大增加。据考证，天下无二蒋，蒋姓中国人本出自于一家。汉代以后的蒋姓，大都出自江苏的宜兴，其始祖为函亭侯蒋澄，后来中国的蒋姓人家，绝大部分都是从宜兴繁衍出来的。唐初，陈元光入闽开漳，有蒋姓将佐随往，此期有浙江天台之蒋姓移居浙江奉化。五代时，蒋翊的后人蒋显，出任四明监盐官，住在宁波城内的采莲桥，其后代文人蔚起，成为甬上望族。宋以后，福建、广东蒋姓已盛，元朝初期，仕杰公（宋神宗金紫光禄大夫蒋浚明之裔）始迁奉化武岭禽孝乡（即今溪口镇），此即蒋介石之先祖。明清之季，有闽粤蒋姓移居海外。1949年，蒋介石败居台湾，蒋姓族人大批随往。如今，蒋姓已广布天下，尤以四川、江苏、湖南、浙江等省多此姓，上述四省蒋姓约占全国汉族蒋姓人口的60%。

蒋姓名人

被诸葛亮称为“社稷之器”的蒋婉

蒋琬，字公琰，零陵郡湘乡（今属湖南）人，蜀汉后期重臣。蒋琬20岁便与其表弟刘敏并称为当地名士，蜀汉先主刘备领军入川，蒋琬以州书佐的身份追随刘备，被任为广都长。蒋琬才智过人，不愿为一县之长，诸葛亮听闻后向刘备推荐道：“蒋琬，乃社稷栋梁之才，其才干不止于治理一个百里的小县。他为政以安民为本，不以表面文章夸饰，希望主公深加考察。”公元223年，诸葛亮开相府，蒋琬得到重用，渐由东曹擢升为长史。

诸葛亮带兵打仗，东征西讨，所需粮饷极为庞大。自蒋琬担任抚军将军后，多方筹措，开源节流，有力地支持了诸葛亮的事业。诸葛亮常说：“公琰的志向在于忠正清雅报效国家，他是辅佐我一道完成统一大业之人。”诸葛亮在上后主的密表中很早就视蒋琬为自己的继承人。事实也证明诸葛亮没有选错接班人。诸葛亮逝世后，蜀国国势大衰、人心惶惶。蒋琬励精图治，立志力挽狂澜，终日神色自若，民心始安。蒋琬吸取了诸葛亮六出祁山而不成功的教训，试图沿水路东下灭吴，再北上伐魏，但由于各方面的条件都不具备而宣告失败。蜀国灭亡后，蒋琬力劝钟会反魏，为乱兵所杀。

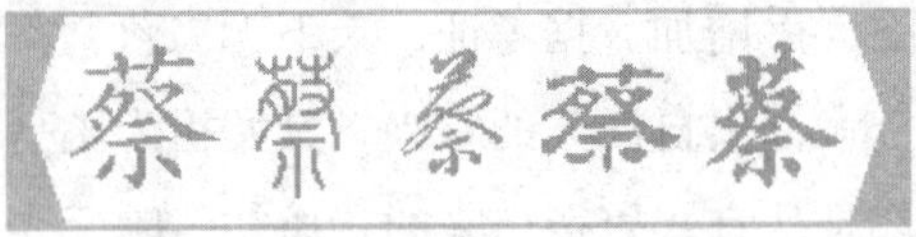

44. 蔡——以国为姓

蔡姓是当今中国姓氏排行第四十四位的大姓，人口较多，约占全国汉族人口的0.46%。

蔡姓大探源

蔡姓是以国为姓的。据《史记·管蔡世家》记载，公元前11世纪，周武王姬发灭商后，将弟弟叔度封于蔡（今河南上蔡西南），建立蔡国，与兄管叔鲜、弟霍叔处共同监督被封在商朝旧都的殷纣王之子武庚，管理殷商遗民，史称“三监”。武王死后，成王继位，由武王之弟周公姬旦摄政。管叔、蔡叔对此不满，联合武庚及东方夷族进行反叛。后被镇压，武庚、管叔被杀，蔡叔遭放逐，不久，死于迁所。其子胡能够与父亲的反叛行为决裂，遵守文王的德训，与人为善。周公旦听说后，就派他到鲁国辅佐自己的儿子伯禽。由于胡在鲁政绩卓著，周公奏请成王，复封胡于蔡，以奉蔡叔之祖，是为蔡仲。其子孙就此以国为姓。

繁衍之迹

蔡氏得姓之初，主要是繁衍于现在的河南省境内，其间因受楚国所逼，几度迁徙。先秦时期，蔡姓就已开始迁徙，后裔散居于今湖北、陕西、河南、山西、山东等地，世代不断繁衍。秦汉时期，蔡姓人主要在中原地区发展，且以河南、山东等地为其繁衍中心。魏晋南北朝时，战乱频繁，社会处于动荡之中，加之两晋时期的八王之乱与永嘉之乱，战火遍及中原，迫使蔡姓族人随同中原士族大举南迁，辗转定居于江浙各地，使家族势力进一步壮大。至唐宋时期，社会逐步安定，经济逐渐发展，蔡姓宗族势力也不断扩大，并远播各地，逐渐成为中原一大姓氏。在唐初时，蔡姓人已入迁福建、广西等地，后安史之乱爆发，中原地区经济遭受重大破坏，蔡姓族人又一次大举南迁，并在当地繁衍生息，尤其是唐末入闽之蔡姓与唐初先入闽者混成一体，逐渐发展成福建大姓，并成为今台湾、广东蔡姓的重要来源。宋朝时期外族不断入侵中原，仍留在北方的蔡姓族人为避杀掠，不得不再次大规模向江南迁徙，进入江浙、皖南、福建、广东等地，使南方蔡姓人口大幅增加，家族逐渐兴旺，名人高官也不断涌现，地位显赫一时，历数代而不衰，其中唐宋时期成为蔡姓宗族发展的一个鼎盛时期。

总之，追踪此阶段蔡姓的几次大迁徙与大发展，不难发现其显著特点便是在南迁族人中大部出自于河南蔡姓，从而证明了河南历来为我国蔡姓的主要的繁衍与聚居地，天下蔡姓可以说出自一家。到了明、清时代，蔡姓经世代不断迁徙、繁衍、播迁各地，远播于海外，最终成为我国族大人众的姓氏，并稳居于姓氏排行前列。蔡姓在我国分布广泛，尤以广东、浙江、江苏、四川等地多此姓，四省蔡姓约占全国汉族蔡姓人口的44%。

蔡姓名人

才女蔡文姬

蔡琰（约公元177年～？），即蔡文姬，汉末著名音乐家，史书说她“博学而有才辨，又妙于音律。”其父蔡邕是曹操的挚友。

蔡文姬16岁时嫁给卫仲道，卫家当时是河东世族，卫仲道更是出色的大学子，夫妇两人恩爱非常，可惜好景不长，不到一年，卫仲道便因咯血而死。蔡文姬不曾生下一儿半女，卫家的人又嫌她克死了丈夫，当时才高气傲的蔡文姬不顾父亲的反对，毅然回到娘家。后父亲死于狱中，文姬被匈奴掠去，这年她才23岁，被左贤王纳为王妃，居南匈奴12年，并育有二子，此间她还学会了吹奏“胡笳”及一些异族的语言。

建安十三年（公元208年）曹操感念好友蔡邕之交情，得知文姬流落南匈奴，立即派周近做使者，携带黄金千两，白璧一双，把她赎了回来。这年她35岁，在曹操的安排下，嫁给田校尉董祀，就在这年爆发了著名的“赤壁之战。”

蔡文姬嫁给董祀，起初的夫妻生活并不十分和谐。蔡文姬饱经离乱忧伤，时常神思恍惚；而董祀正值鼎盛年华，生得一表人才，通书史，谙音律，自视甚高，对于蔡文姬自然有些不足之感，然而迫于丞相的授意，只好接纳了她，在婚后第二年，董祀犯罪当死，蔡文姬顾不得夫妻间的嫌隙，蓬首赤足地来到曹操的丞相府求情。曹操念及昔日与蔡邕的交情，又想到蔡文姬悲惨的身世，倘若处死董祀，文姬势难自存，于是宽宥了董祀。

从此以后，董祀感念妻子之恩德，对蔡文姬重新评估，夫妻双双也看透了世事，溯洛水而上，居在风景秀丽，林木繁茂的山麓。若干年以后，曹操狩猎经过这里，还曾经前去探视。蔡文姬和董祀生有一儿一女，女儿嫁给了司马懿的儿子司马师为妻。

相传，当蔡文姬为董祀求情时，曹操看到蔡文姬在严冬季节，蓬首赤足，心中大为不忍，命人取过头巾鞋袜为她换上，让她在董祀未归来之前，留居在自己家中。在一次闲谈中，曹操表示出很羡慕蔡文姬家中原来的藏书。蔡文姬告诉他原来家中所藏的四千卷书，几经战乱，已全部遗失时，曹操流露出深深的失望，当听到蔡文姬还能背出四百篇时，又大喜过望，于是蔡文姬凭记忆默写出四百篇文章，文无遗误，可见蔡文姬才情之高。

造纸术的发明人蔡伦

蔡伦，东汉桂阳（衡阳耒阳）人，字敬仲；和帝时，为中常侍，曾任主管制造御用器物的尚方令；安帝元初元年（公元114年）封龙亭侯。他总结西汉以来用麻质纤维造纸的经验，改进造纸技术，采用树皮、麻头、破布、旧渔网为原料造纸，于元兴元年（公元105年）奏报朝廷，时有“蔡侯纸”之称。蔡伦为我国造纸术的发明人。

45. 贾——源自古代“贾”地

贾姓是当今中国姓氏排行第四十五位的大姓，人口较多，约占全国汉族人口的0.42%。

贾姓大探源

贾姓是黄帝的后裔，其形成的两个源头都是以国为氏和以邑为氏，均出自古代的“贾”地。这个贾地，就是今山西襄汾县。

西周时，周康王姬别把晋国开国君主唐叔虞的小儿子公明封于贾，建立贾国，号为贾伯，作为周朝的附庸国。因唐叔虞为周武王姬发之子，所以贾国为姬姓国。其后，贾国为晋国所吞灭，贾亡国后，其后裔子孙按当时的习惯“以国为氏”，称贾氏，贾姓从此出现。

另一支是“以邑为氏”的贾氏。春秋时期，晋国有一位叫狐偃的大夫，是位了不起的人物。他是晋文公重耳的舅舅。重耳为公子时，出亡在外19年，狐偃忠心耿耿，一直随从他19年之久，为重耳出谋划策。重耳即位为晋君后，就尊狐偃为大夫。后来，狐偃的儿子射姑任晋国太师，晋襄公（重耳之子）把原贾国之地封给他，作为他的封邑，人称贾季。他的后代就以封邑为姓氏了。

繁衍之迹

贾姓最初发源于今山西襄汾县西南，并以其为繁衍中心。先秦时期，开始向省外传播，进入今河南、山东等省，并有多人为官，使贾姓在河南繁衍昌盛，人丁兴旺，还衍生出许多支派。秦汉时期，贾姓族人出现了以西汉政论家、文学家贾谊为代表的一大批名人志士，家族势力不断发展壮大。三国两晋南北朝时期，由于军阀割据，相互之间战争不断，社会处于一片混乱之中，加之西晋末年的“永嘉之乱”，战火遍及于北方各地，对各姓宗族均产生了巨大影响，迫使包括贾姓在内的一批士族大举南迁，辗转分布于江浙各地，同时，由于战乱，贾姓一批人开始弃耕、投笔，在战争中积功为宦，因此家族显赫一时，形成一些大的郡望。唐朝末年，安史之乱爆发，加之外族入侵中原，战火连年士族发展遭遇重创，贾姓族人几次审势南迁，进入福建、广东、湖北等省，与南方各姓融合发展，此时贾姓族人高官层出，文人墨客迭迭不穷，地位显赫一时，使贾姓在此期间发展进入一个鼎盛阶段。进入元明清时代，贾姓人经不断迁徙、发展播迁，甚至移居于海外，使其宗族成为我国较大的族系，并且稳居于姓氏排行之前列。如今，贾姓在我国人口较多，虽经多次迁居南方，但仍以长江以北地区为其主要的分布地，尤以山西、河北、四川省为多，上述三省贾姓人口占全国贾姓人口的绝大多数。

贾姓名人

1. 才子贾谊

贾谊（公元前200～前168年），是西汉著名的大儒，人称贾生、贾子、贾长沙。汉高帝七年（公元前200年），贾谊出生，这个时代正是西汉政权刚刚建立的年代，它既给贾谊带来了施展才华的机遇，也给他的人生带来了坎坷和痛苦。

公元前180年，汉文帝刘恒即位。听闻河南太守吴公颇有学识，且政绩卓著，便征召吴公为廷尉。汉元帝元年（公元前179年），贾谊在老师吴廷尉的推荐下，被征召入朝，立为博士。一年之中，他又被破格晋升为太中大夫。从此，22岁的贾谊便踏上了仕途，成为西汉政治集团中的一员。

汉文帝对贾谊很器重，在把他破格提升为太中大夫，又与诸大臣商议，想把他升擢为公卿，但遭到群臣的反对。此后，汉文帝开始有意疏远贾谊，并将他派去当长沙王的太傅。

在政治上受挫的贾谊辞别了京城，来到了地处偏远的长沙。他听说长沙地势低，湿度大，自认为此去长沙将享寿不长，而且又因为是被贬谪，心情非常不好，常常拿自己与屈原作比。在这种情况下，他便写下了千古流传的《吊屈原赋》。

汉文帝七年（公元前173年），文帝思念远在长沙的贾谊，于是将他召进皇宫。

汉文帝十一年（公元前169年），梁怀王刘揖入朝，不幸坠马而死。贾谊认为自己作为梁怀王的太傅而没有尽到自己的责任，因此非常伤心。一年以后，由于伤感过度，贾谊于汉文帝十二年（公元前168年）去世，死时年仅33岁。

贾谊一生虽然短暂，但是，就在这短暂的一生中，他却为中华文化宝库留下了一份珍贵的文化遗产。他是骚体赋的代表作家，代表作有《吊屈原赋》、《鵩鸟赋》。在西汉政论散文的中，贾谊的散文也堪称文采斐然。其最为人称道的政论作品是《过秦论》、《治安策》和《论积贮疏》。

2. “苦吟诗人”贾岛

贾岛（公元779～843年）,字阆仙，范阳（今河北涿州）人；唐诗人；初落拓出家为僧，名无本；后来韩愈读了他的诗，劝他还了俗；曾屡举进士不第；到唐文宗时才任长江主簿，人称贾长江。他的一生始终在穷困中度过，诗喜写荒凉孤寂之境，寒苦之辞颇多，以五律见长，写作态度严谨，注重词句锤炼，讲求对仗，刻意求工。

贾岛因写诗极苦，所以被人们称为“苦吟”诗人。有一次贾岛去拜访朋友，于驴背上得“鸟宿池边树，僧敲月下门”之句。其中“敲”字又欲作“推”字，一时未定。神思恍惚中，结果撞上“大官”韩愈的车马。而韩愈并没有责怪他（这算幸运，因为韩愈是文人，惺惺相惜；而另一次却有些不幸，那一次作诗也是走火入魔，他骑驴过街，时秋风萧瑟，黄叶飘零，便信口吟出“落叶满长安”之句，努力寻思上联，忽以“秋风吹渭水”作对，喜不自胜，结果撞上“市长”大人车马，被拘一晚），并且还特意“指点”了他。于是贾岛的声名因文坛巨人的“指点”而逐渐“走红”。

3. 《齐民要术》作者贾思勰

贾思勰（公元486～534年），齐郡益都（今山东青州）人，南北朝时北魏著名的农学家。贾思勰出生在一个地主家庭，但他同一般的富贵子弟和读书人不同，他从不轻视劳动，十分重视农业生产，有着发展生产和富国强民的热切愿望。贾思勰最推崇的是像龚遂、召信臣和王景那样的良吏，他们都因重视推广农业生产技术而为老百姓所称道，因此他决心成为对民众生产生活有用的人。

贾思勰曾做过地方官，他很关心群众疾苦，常跟他们谈论生产上碰到的事情，遇到不懂的问题就向当地有经验的老农请教。因此，贾思勰积累了丰富的农业生产经验。他感到有必要把这些经验写出来，于是，《齐民要术》一书就应运而生了。

《齐民要术》是中国公元6世纪时的一部最完整的、最系统的、内容最丰富的农学著作，也是世界农学史上最早的一种农学书。它在总结中国的农业生产经验技术方面发挥了巨大作用。

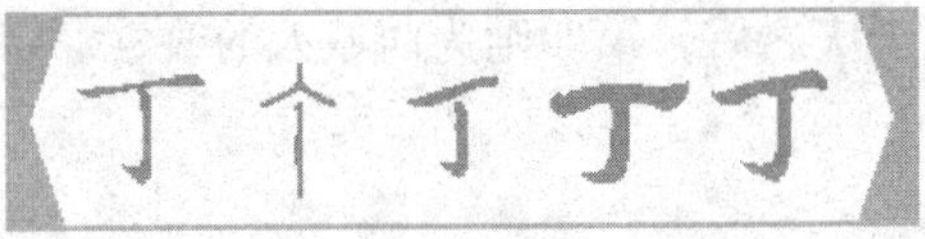

46. 丁——家族阵容庞大，组成分子众多

丁姓是当今中国姓氏排行第四十六位的大姓，人口较多，约占全国汉族人口的0.44%。

丁姓大探源

丁氏，一直是一个阵容庞大的家族，过去的两三千年来，参加这个大家族的组成分子，至少在五支以上。

根据历来学者的考证，丁姓的始见，大致是在三千一百年以前的周武王伐纣之时，就已经有以丁为姓的诸侯。不过，古籍中对于这位丁侯的来龙去脉，大多语焉不详，所以到目前为止，大家只能知道丁氏的具有悠久历史，却一直无从探知最原始的丁氏的家世源流。

第二支丁氏，就有翔实的源流可考了。依照史书记载，他们是姜太公的后裔，发源于现在的山东省境内，其家族渊源，还可以远远地追溯到上古的炎帝神农氏，是最为道地、最为光彩的炎黄子孙。

到了三国鼎立时期，位于江南的东吴，开始出现了第三支丁氏，那便是孙权之孙孙匡改姓为丁。

此后，丁氏的阵容越来越是庞大，先后加入了两支新的生力军：一支改自于氏，一支则由来华定居的西域人所改。

由此看来，现在遍布于世界每一处地方的丁氏之族，至少是有四系统的。第一支是丁侯之后，第二出自孙匡，第三出于庆之后，第四则为西域人的改姓。丁氏，真可以说是一个集英聚杰的姓氏。

繁衍之迹

秦汉时期，丁氏的聚居地主要在今山东、江苏、河南省境，同时已有迁至今河北、陕西、广西、湖北等省者。如，秦末项羽部将丁公（名固）为薛人（今山东滕县南），刘邦部将丁义起于留（今江苏沛县）；西汉时丁宽为梁人（今河南商丘南），丁外人为河间人（今河北献县东南），丁明为瑕丘人（今山东兖州东北）；东汉时丁邯为阳陵人（今陕西咸阳市东北），丁茂为合浦人（今属广西）；东汉末，丁遵任南郡（治所在今湖北江陵）太守，在当地安家。三国、西晋时期，丁氏在江南分布更为广泛。如三国时魏国丁仪为沛人（今江苏沛县），吴国丁谞为钱塘人（今浙江杭州），丁览为山阴人（今浙江绍兴），丁奉为安丰人（今河南固始东南），后徙家临川（今江西抚州市）；西晋丁绍为谯国人（今安徽亳州），丁义为建城人（今江西高安）。唐初，有丁氏族人随陈元光入闽。北宋，有长洲人（今江苏吴县）丁谓，任崖州司户参军，其后裔分衍崖州（今广东崖县西北）及广州。丁氏入粤始祖还有：丁允文，南宋时开基潮州；丁肇宪，明初由潮州徙梅州；丁仑，明代徙丰顺。清嘉庆年间，闽粤丁氏有移居台湾者，此后又有人徙居泰国、新加坡、美国等国。

丁姓名人

中华英烈丁汝昌

丁汝昌字禹廷，北洋水师提督；早年参加太平天国程学启部，驻守安庆。后来，程学启率部降清，丁汝昌随之编入湘军，不久又随程部划拨给李鸿章统率的淮军，到上海参加镇压太平军，升为营官。1888年，北洋舰队建成，丁汝昌任海军提督。

1894年，中日甲午战争爆发，丁汝昌奉命率北洋舰队为增援驻兵平壤清军的士兵护航。在返回时遭遇日本舰队袭击，丁汝昌顽强的予以回击，重伤不下火线。战后丁汝昌奉命退守威海卫。

次年一月，日军两万余人在荣成登陆，进攻威海。日军水陆配合，先后八次向刘公岛和威海港内的北洋舰队的军舰进攻，均被击退。日军又向丁汝昌劝降，被丁严词拒绝。同治二十一年正月十七，丁汝昌拒绝准备投降的一些官员的要挟，表示“唯有船没人尽而已”，以与舰队共存亡的气概，服毒自尽，以身殉国。

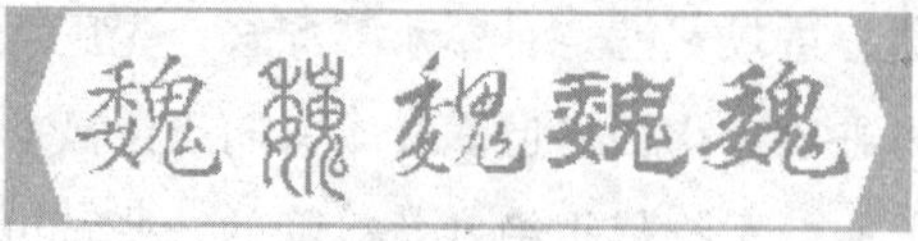

47. 魏——黄帝后裔，以国为姓

魏姓是当今中国姓氏排行第四十七位的大姓。人口较多，约占全国汉族人口的0.43%。

魏姓大探源

魏姓是黄帝的姬姓后裔，他们原来是毕国的人，传到周文王的曾孙毕万的时候，到晋国做了官，食采于“魏”这个地方，他的历代子孙都是晋国的高官，后来权势日隆，到了魏斯的时候，干脆与韩、赵两家同时瓜分晋国，自成为一个诸侯。这就是历史上著名的“三家分晋”，而其后代遂以国为姓。战国时代，魏国为“七雄”之一，他们当时的显赫，不难想见。

繁衍之迹

魏氏早期主要是在今山西、河南、山东省境内发展繁衍，也有分居于今湖北、湖南省境的。魏公子无忌之孙魏无知的5世孙魏歆定居于巨鹿（今属河北）。魏无知有两个玄孙，一个叫魏谌，定居清河；一个叫魏汉，定居任城。此外，秦始皇统一六国后，曾聚天下豪富于咸阳12万户。魏氏有部分人迁至今陕西省境内。东汉时江南一些地方已有魏姓居民。唐初，陈政、陈元光父子入闽开辟漳州，随行将佐有魏有人、魏仁浦，后均在福建安家。唐代有魏慕中自巨鹿徙居江西南昌，历15世，有一支移居福建宁化石壁村，又历11世，有魏才禄，生4子：长子魏元，移居广东长乐；二子魏亨，移居福建上杭，5代孙魏邦政又移居广东龙川；三子魏利，留守祖坟；四子魏贞，有一子移居广东揭阳，还有一子居海丰。魏元的裔孙魏应浩、魏特敬于乾隆年间迁至台湾新竹县；裔孙魏鼎高于清朝咸丰三年去美国，后到加拿大定居；裔孙魏松于1910年到印尼，开锡矿致富，曾任马来西亚立法议员。

魏姓名人

1. 古代第一直臣魏征

魏征（公元580～643年）字玄成，馆陶（今河北馆陶）人，一说巨鹿曲阳（今河北晋县）人；唐初政治家；少时丧父，家贫，但胸有大志，喜好读书，曾出家为道士；隋末参加李密的瓦岗军起义；后随李密归唐，又为窦建德俘获，任起居舍人；窦建德死后，他为唐高宗李渊太子李建成信任，任太子洗马；玄武门之变后，李世民即位，欣赏他的直率，擢为谏议大夫。

魏征好犯颜直谏，前后陈谏二百余事，深为太宗器重，迁为尚书左丞。他曾对太宗说：君主“兼听则明，偏信则暗”。他还常劝太宗以隋朝灭亡为借鉴，认为君好比舟，民好比水，“水能载舟，亦能覆舟”，必须“居安思危，戒奢以俭”，“任贤受谏”，“薄赋敛轻租税”等。魏征死后，唐太宗思念不已，叹息说：“以铜为镜，可以正衣冠；以古为镜，可以见兴替；以人为镜，可以知得失。魏征殁，朕亡一镜矣！”后来，他派人去魏家，得到一纸残书，上有“天下之事，有善有恶，任善人则国安，用恶人则国弊”，“若爱而知其恶，憎而知其善，去邪勿疑，任贤勿猜，可以兴矣！”这可以说是魏征的最后一谏。魏征的言论见于《贞观政要》。

2. 清代思想家魏源

魏源字默深，中国清代思想家、地理学家，乾隆五十九年三月二十四日（1794年4月23日）生于湖南邵阳，咸丰七年三月一日（1857年3月26日）殁于杭州。他是道光进士，官至知州，学识渊博，著述很多，主要有《书古微》、《诗古微》、《默觚》、《老子本义》、《圣武记》、《元史新编》和《海国图志》等。

《海国图志》是其中有较大影响的一部，也是他作为地理学家的代表作。它囊括了世界地理、历史、政制、经济、宗教、历法、文化、物产；对强国御侮、匡正时弊，振兴国脉之路作了比较深入的探索；提出“以夷攻夷”、“以夷款夷”，和“师夷之长技以制夷”的观点，主张学习西方制造战舰、火械等先进技术和选兵、练兵、养兵之法，改革中国军队。为了捍卫中国的独立自主，他号召“以甲兵止甲兵”，相信中国人能战胜外国侵略者。

梁启超在《论中国学术思想变迁之大势》中指出：“《海国图志》对日本‘明治维新’起了巨大影响。”

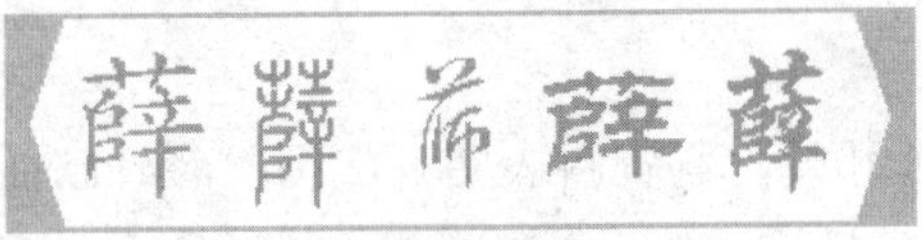

48. 薛——亡国之后，子孙以“薛”为姓

薛姓是当今中国姓氏排行第四十八位的大姓，人口众多，约占全国汉族人口的0.42%。

薛姓大探源

薛姓既具有光耀而悠久的历史，组成的分子又众多而庞大。有出自黄帝的任姓奚仲之后，有出自虞舜的妫姓孟尝君之后，有出自周文王的姬姓冯氏之后，又有出自外族叱干氏之后，“薛”这个姓氏称得上多彩多姿！

薛姓最早在历史上出现，不管是传自任姓的一支，或是孟尝君的一支，都是在大约2000多年以前的周朝末期。他们有一个共同的特征，就是在国亡之后子孙才“以薛为氏”。不过，传自任姓的一支，出现的时期应该略早于出自孟尝君的一支，因为，周代的薛国，最初是封给奚仲的，在漫长的春秋时期，一直为黄帝的任姓后人所有，到了末期，该地方变成了齐国的领地，并且成为孟尝君的封邑。由此看来，两支薛氏的得姓虽然有时间上的差别，但却发源于同一地方，也就是发源于薛国。

薛姓的姓源，虽然头绪不少，但传自奚仲和孟尝君的两支，无疑是两股主流，而薛姓的两位主要始祖，全都是历史上鼎鼎大名的人物，这一点，更无疑是每一位薛姓人士都引以为荣的。

繁衍之迹

薛姓发祥于今山东薛城，后又迁江苏邳州。有资料表明，战国时薛姓已播迁于湖北、湖南、江苏、河南、河北省境内，如薛公子登的曾孙薛倪曾为楚令尹，薛倪之孙薛鉴，为刘邦献策灭黥布，薛鉴五世孙薛广德为汉御史大夫，广德之孙薛愿，因仕宦淮阳太守而落籍当地。薛愿嫡孙薛汉之八世孙薛兰为曹操所杀，其子薛永从刘备入蜀，为蜀郡太守并落籍当地，永之子薛齐在蜀亡后降魏，拜光禄大夫，迁家于河东汾阴（今山西万荣），世号“蜀薛”。薛齐为河东郡的开基始祖。薛齐的长房长孙恢号“北祖”，长房次孙雕号“南祖”，长房三孙兴号“西祖”。三国时，吴国竹邑人薛综的三个儿子（莹、孙、兼）皆为太子太傅，谓之吴国三傅，魏国薛夏为天水人，说明已有薛姓徙居今甘肃。晋永嘉之乱，河东人薛推随中原士族南渡，数传至薛贺，于南朝梁天监年间徙居福建晋安，是为入闽薛姓始祖。唐初，河南固始人薛使，随其岳父陈政率军入闽，从此定居漳州，数传至薛一平，为漳浦东山开基祖。北宋初年，歙县薛彦博迁居宜章南关（今湖南宜章县），是为湘、粤薛姓始祖。其六世孙薛前儒在元时移居广东乐昌九峰，是为乐昌九峰薛姓世祖。明初，薛姓作为洪洞大槐树迁民姓氏之一，被分迁于江苏、河南、陕西、山东、北京等地。明清两代，薛姓渡海到台湾者，闽籍较众。此后，有的又远播海外。如今，薛姓已广布全国，其分布以江苏、山西、陕西、河北、福建等省为多，这几个地区的薛姓占到全国汉族薛姓人口的63%。

薛姓名人

1. 古代著名才女薛涛

薛涛（公元768～832年），字洪度，唐朝长安人，生于大历五年，卒于大和六年；幼年随父郧流寓成都，八九岁能诗，父死家贫，16岁遂堕入乐籍，脱乐籍后终身未嫁；后定居浣花溪。薛涛知音律，工诗词。创“薛涛笺”。薛涛的作品集中在《锦江集》里，共五卷，诗五百余首，可惜未流传下来。后世各家所本的明本《薛涛诗》一卷，是从《万首唐人绝句》等选本拼凑起来的。

2. 唐朝名将薛仁贵

薛仁贵，名礼，唐朝名将，绛州龙门（今山西河津）人。

薛仁贵自幼喜欢骑射，太宗时应募从军。在攻打高丽时，他身着白袍，一手持剑，一手握戟，口中大呼“我来也”，驰入敌军，令唐军士气大振，终于打败了敌人。唐太宗说：“我的大将老的老，伤的伤，现在终于发现了一个人才，真让我高兴啊！”战后薛仁贵被提升为右领军郎将。

薛仁贵平定铁勒之乱时，他张弓三箭，就射杀敌军三人，铁勒军队因此四散溃逃，从此不敢再叛变。唐朝军队中因此有了“将军三箭定天山，战士长歌入汉关”的歌谣。后来又演变成民间故事，广为流传。

乾封初，唐军再次远征高丽。薛仁贵又一次大败敌军，高丽投降。薛仁贵因功被封为平阳郡公，留守高丽。他安抚百姓、勤于政治，人们都很爱戴他。薛仁贵的军旅生涯达到了辉煌的顶峰。

后来，在与吐蕃作战时，薛仁贵兵败，被贬为平民。唐高宗时又重新起用他抵御突厥入侵。战场上，突厥人询问唐主将是谁，回答是薛仁贵，对方不信。等到薛仁贵除下头盔，突厥人才大惊失色，下马拜揖而去，唐军不战而胜。薛仁贵的英勇在当时名冠一时。

叶葉叶𦯀叶

49. 叶——源自楚国贵族、叶调国和王姓

叶姓是当今中国姓氏排行第四十九位的大姓，人口较多，约占全国汉族人口的0.41%。

叶姓大探源

据史料记载，叶姓人的祖先，是春秋时期的楚国公族。春秋时期，楚庄王之孙沛尹戌在与吴国作战时阵亡，楚庄王封其子沛诸梁于叶（今河南叶县南），为公爵，史称叶公。此后不久，楚国发生了白公胜叛乱，沛诸梁率众平定。其子孙后代因此世袭爵位，统治该地无数年。后来由于诸侯纷争，叶被灭，国人便改姓为叶。

叶姓还有一支出自南方少数民族的叶姓。南方有个叶调国，有人来中原定居，就用叶作为自己的姓氏。三国时吴国都尉叶雄，就是叶调国子民的后代。

五代十国时闽国灭亡后，闽国的王姓皇室为了躲避政敌的追杀，有一部分人取落叶归根之意而改姓了叶。直到今天，在东南沿海和海外的一些地方，还成立了王、叶联宗会，以示两姓的部分人曾是一家。

叶姓历史久远，姓氏的读音也发生过变化。早期，叶姓的“叶”字被读作“she”，后来才改读为树叶的“叶”字音。

繁衍之迹

叶姓发源地为河南。先秦时期，沈诸梁之子叶重，战国时任楚邑令，叶重之

子叶凝任楚大夫。秦汉时，叶姓后裔分居于今河南、湖南、山西、山东等地。如叶重四世孙任颍川（今河南禹县）太守，六世孙任长沙（今属湖南）太守，八世孙任雁门（今属山西）太守，九世孙任青州（今属山东）刺史。至叶望时由青州迁至丹阳句容（今属江苏），成为南迁始祖，后在南北朝时，发展光大了江苏的“下邳郡”。魏晋南北朝时的南迁是继叶望南迁后的叶姓历史上又一次南迁。据载，叶琚任钱塘（今属浙江杭州）令，其子迁往福建建宁府建安县、河南新安、浙江缙云等地。隋唐时，叶姓有入居安徽寿县和安徽休宁的。这一时期的叶姓有了大的发展，人口大量增长。宋元时，叶姓因避金人之乱和蒙军南下，又出现了较大规模的迁徙。江西、福建、广东又有叶姓入居者。明清时期，叶姓居福建、广东者有入居台湾的，后又迁徙到海外。叶姓经历了数千年的繁衍，此时已是足迹遍天下了。

叶姓名人

著名教育家叶圣陶

叶圣陶（1894～1968年），名绍钧，江苏苏州人，著名作家、教育家。

叶圣陶从1921年起在上海、杭州、北京等地中学和大学任教；1923年起从事编辑出版工作，曾任商务印书馆、开明书店编辑，主编过《文学周报》、《小说月报》、《中学生》等多种重要刊物，发现、培养和举荐过巴金、丁玲、戴望舒等作家；他还出版了不少诗集、评论集和论着，编辑过几十种中小学语文教科书；中华人民共和国成立后致力于文化教育的领导工作，任人民教育出版社社长、教育部副部长、中央文史馆馆长、全国政协副主席等职。

50. 阎——源有三支

阎姓是当今中国姓氏排行第五十位的大姓，人口较多，约占全国汉族人口的0.4%。

阎姓大探源

阎姓来源有三：

（1）出自姬姓，为黄帝直系子孙后稷之后。相传有黄帝裔孙后稷，承袭姬姓，北周人尊为始祖。他有三子：太伯、仲雍和季历。周武王时，封太伯的曾孙仲奕于阎乡。仲奕的后代遂以封地阎作为姓氏。

（2）出自姬姓，为周康王之后。周昭王姬瑕的小儿子手上有一个“阎”字。于是，康王封他于阎城，其后子孙以封地为姓。

（3）出自姬姓，为唐叔虞之后。春秋时，晋成公的儿子懿，被封于阎，后被晋国所灭。懿的后代散落于河洛地区，汉末居荥阳，其子孙以封地名为氏。

繁衍之迹

结合前文所述，阎姓的发祥地所能确定的至少应有三处，即今河南、陕西、山西等省，春秋战国时期，楚国有大夫名阎敖，可见阎姓此时已落籍湖北。秦汉时，有阎姓人迁甘肃、湖南、山东、河北等地，西汉末年，有尚书令阎章居荥阳，其子阎畅长子为阎显，阎显被封为长社（今属河南）侯，后阎显参与皇室更迭被诛，其子阎穆为避难徙居于巴西之安汉（今属四川），是为阎姓入川之始。阎穆有孙名阎甫，被魏武帝封为平乐侯，复居河南新安。甫子阎瓒，因西晋一统而仕宦于广西贯涉地区并定居当地。阎璞有子瓒为汉中太守而定居陕西汉中，瓒有子亨，为辽西太守，亨生子名阎鼎，因仕宦而迁居今北京一带，阎鼎子阎昌迁马邑（今山西朔州），后其孙阎满一支徙居河南，又从中派生出甘肃天水、敦煌等支派。阎满之孙有阎善，因仕宦云中镇将而徙居云州盛乐（今内蒙古和林格尔县西北土城子）。后五胡乱华，阎姓被迫大举南迁，再经过隋唐，阎姓在江南的分布更广，盛唐时，阎姓在太原发展成一大望族。宋元时，夷人南侵，使原本散居江南的阎姓进一步向华中、华南、西南播迁。明时，作为洪洞大槐树的迁民姓氏之一，太原阎姓亦有迁今山东、河南、陕西、北京、天津等地者。至此，阎姓已分布于全国各地，并有阎姓人徙居海外。如今，阎姓分布广泛，尤以河南、山东、河北等省多此姓，上述三省阎姓约占全国汉族阎姓人口的57%。

阎姓名人

“唐代第一画家”阎立本

阎立本生于隋文帝仁寿元年（公元601年），卒于唐高宗咸亨四年（公元673年），雍州万年（今陕西临潼）人。其父阎毗、兄阎德本皆为隋、唐时代著名画家。阎立本于唐太宗时出任刑部侍郎，唐高宗显庆初年（公元656年）代兄做工部尚书，唐高宗总章元年（公元668年）为右丞相。

阎立本由于受到家庭环境的熏陶，擅长书画，尤精形似，不守前人陈规，勇于创新，是我国古代名气较大的绘画艺术大师。阎立本作画题材相当广泛，如宗教人物、车马、山水，尤其善画人物肖像。他的代表作《历代帝王图》是我国古典绘画艺术中的重要作品之一。《历代帝王图》也称《历代帝王像》、《列帝图》，绢本设色，图中画有汉昭帝刘弗陵、汉光武帝刘秀、魏文帝曹丕、吴文帝孙权、蜀汉昭烈帝刘备、晋武帝司马炎、陈文帝陈蒨、陈宣帝陈顼、陈废帝陈伯宗、陈后主陈叔宝、北周文帝宇文邕、隋文帝杨坚、隋炀帝杨广等13个封建帝王之相，并以一个帝王和若干侍从为一组。绘画技巧娴熟，采用了遒劲的线条，妍丽的色彩和适度的晕染方法，表现出各个帝王的不同性格。

阎立本的绘画艺术辉煌成就，在我国绘画史上占有重要地位，一千三百多年来一直受到人们的推崇和景仰。

51. 余——铁木真后裔

余姓是当今中国姓氏排行第五十一位的大姓，人口较多，约占全国汉族人口的0.41%。

余姓大探源

春秋时，秦国有个大臣叫由余，他的祖先是晋人，避乱于西戎。由余本来在西戎为官，后奉命出使秦国，见秦穆公贤德大度，就留在秦国为臣。他为穆公谋划征伐西戎，使秦国成为西方霸主。他的后代子孙以其名字为姓，有的姓由，有的姓余。这是关于余姓来源的一种说法。

余姓来源的另一种说法是由铁木复姓所改，为元太祖成吉思汗（铁木真）的后代，出自铁穆氏宰相之家。相传铁穆宰相乃是忠臣，太祖听信谗言，要捉拿铁穆宰相的五个儿子。五子星夜出城，逃至贵州，见太祖亲领追兵前来，就躲在凤锦桥下。追兵到来时，有人见桥下水波动荡，提出可疑，太祖未加细查，随口说："江中有水，水中有鱼，何必大惊小怪，快快继续向前追赶。"铁穆氏五兄弟逃脱后，原想改铁穆氏为金氏，最后决定改为余氏。"余"比金字少一横，又是"水中有鱼"的鱼字的谐音，堪称一字双关。

繁衍之迹

春秋时的秦国，建都于雍（今陕西凤翔东南），占有今陕西中部和甘肃东南端，由余的后裔在春秋时应繁衍于这一带。秦汉以后，余姓族人东迁，一支迁入陕州（今河南省三门峡市陕县）；一支迁居江南，主要繁衍于今安徽。在我国的北方和南方，余姓的后人基本上是同时不断地繁衍滋长，但北方较南方发展态势要弱得多。魏晋南北朝时，余姓已成为新安郡一带望族。此际，北方战火连绵，社会动荡不安，中原士族开始第一次大举南迁，余姓大族所处之地正当其冲，故其南迁也就不可避免。其中有一部余姓族人继续南迁，进入湖北、湖南等地。南朝宋有余齐民，晋陵（今江苏常州）人，以孝行着称，为唐代以前唯一见诸史册之余姓人物。唐代以后，余姓才得以迅速繁衍壮大起来，并逐渐在东南部一带形成两处望族。唐初，陈元光父子入闽开漳，有余姓将佐随往并落籍福建。唐末，有建阳（今属福建）人余镐在黄巢攻陷建州时，避居莆田，后耕隐壶山以终；还有余渊海因避黄巢兵，自福建同安北迁邵武，于唐僖宗光启年间再转入韶州曲江县（今属广东）武溪，是为余姓入粤始祖。此后不久，余渊海次子余咸徙居湖南长沙，三子余衮迁居浙江杭州，长子余从留居当地。其三子后裔又有迁江西之奉新、临川和广东之五华、梅州、大埔、平远、海丰等地者。到了宋代，余姓基本上遍布全国，而且人才济济。明洪武年间，余姓作为洪洞大槐树迁民姓氏之一，被分迁于陕西、甘肃、河南、山东、江苏、浙江、河北、安徽等地。明清之际，余姓不仅遍及江南各地，而且北方之余姓也得以繁衍发展。清代，有余姓自福建迁至台湾，此后又有移居海外者。如今，余姓分布广泛，尤以四川、广东、江西、云南、河南、湖北、安徽等省多此姓，上述七省余姓约占全国汉族余姓人口的77%。

余姓名人

京剧“老生三杰”之一余三胜

余三胜，生于1802年，卒于1866年，原名开龙，字启云，湖北罗田人，原为汉调演员，进京以后搭徽班演出。他的嗓音醇厚，唱腔优美，以擅用“花腔”而著称。道光中期以后，他与程长庚、张二奎并称“老生三杰”，“三鼎甲”。

余三胜在艺术上的贡献有以下几个方面，一是他在汉调西皮和徽调二黄的基础上，吸收昆曲和秦腔的曲调，创造了新的京剧皮黄声腔，从而使京剧的声腔大大丰富。在他之前的40多年里面，人称京剧“时尚黄腔喊似雷”，“喊”表示它直来直去，“雷”说明声音非常高亢。到余三胜，他加以丰富后，使得这种局面得以改观；二是他创造了反二黄的唱腔，如《李陵碑》、《牧羊卷》、《乌盆记》等戏的反二黄都是由他创造的。

余三胜讲究表情动作，而且富于创造性。传说前三鼎甲曾经合作演过《让成都》，程长庚演刘璋，张二奎演刘备，是这个戏里的两个主要角色。而余三胜演一个配角马超。同行有些好心人劝他，说演这个戏吃亏，不能在台上展示才华。但是余三胜很有办法，他在演出的时候，当剧中人物刘璋责问马超，说你为什么要投降刘备的时候，余三胜扮演的马超，先斥责刘璋昏聩无能，然后又大加赞扬刘备的大仁大义，有一大段的道白，观众热烈鼓掌，说明他自己在戏里边，能够加以创造性地发挥。

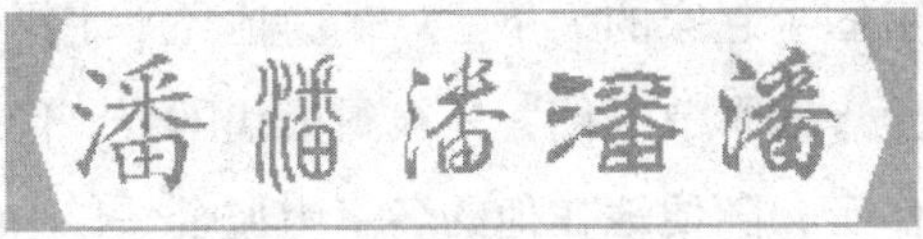

52. 潘——始于春秋

潘姓是当今中国姓氏排行第五十二位的大姓，人口较多，约占全国汉族人口的0.42%

潘姓大探源

据史料记载，商朝时，舜的后代在潘地建立潘国，因舜姓姚，故称姚姓潘国，其子孙以国为姓。至商朝末年，周武王灭商，将潘地封与其弟毕公高的子孙，他们也以潘地为姓，是为姬姓潘国。两姓潘国由于势弱国小，均不见于经传。据史料记载，春秋时楚国占领潘国，封为邑，子孙以潘为姓。

除此之外，赐姓为潘、外姓改潘以及少数民族被汉族同化改为潘姓，也是潘姓由来的重要途径。

汉代以后，潘姓的知名人物不绝于史书，堪称济济多士，譬如，三国时代东吴的名将潘浚和潘璋，就是千百年来民间所熟知的人物。大家熟知的“走麦城”的故事中，关公父子就是被潘璋所捉到并加以杀害的。

“貌比潘安”，是大家都懂得应用的一句话，用来形容姿容美好的男子。这位潘安，就是晋代的大才子潘岳。

宋代的大将潘美，也是民间家喻户晓的人物，不过大家对他的印象都不好，把他列入“坏人”之林，当然，这主要是因为在著名的“杨家将”故事中，“潘仁美”扮演的是反派的角色，处处跟杨家过不去的缘故。实际上，这真是冤枉了他了。正史上的潘美，是宋太祖赵匡胤的一名大将，战功辉煌异常，曾经在太祖受禅之初，为宋室收复凶悍的陕帅袁彦，巩固了赵家的天下。后来，他还平定泽潞扬州，下江南广东、云南，以大功累官至忠武军节度使，还被封为代国公。像这样一位杰出的名将，竟被“杨家将”的作者，随便地在他的名字中加个“仁”字，就把“潘仁美”塑造成一个反派的角色。

繁衍之迹

春秋战国时，潘姓主要在今湖北省境内发展，此后，有向山东、湖南迁徙的少数潘姓人。汉时，有潘姓北迁至荥阳中牟（今属河南）的，至三国时发展兴旺而为荥阳郡一大望族，以东汉献帝时尚书左丞潘勖为始祖。东汉灵帝时有潘干因仕宦而迁江苏溧阳，此地以潘干为始祖。吴国有右将军潘璋由发干（治在今山东冠县）而迁建康，而吴国还有浏阳侯潘濬，为汉寿（今湖南常德）人，而孙权妻潘夫人为浙江会稽人，这说明在三国以前，潘姓已播迁于上述地方，其中以中牟潘姓最为兴旺，晋时，潘勖之裔孙潘才因任广宗太守，而落籍广宗（今河北威县），后又发展成为潘姓历史上第二大郡望，此期亦有潘姓人播迁广东。北魏时，破多罗氏改汉姓潘，并逐渐在洛阳形成潘姓的第三大郡望，其开基始祖为潘威。此期潘才的八世孙潘绍业因任随州（今湖北随州）刺史落籍当地。唐初，陈元光父子开漳，有河南固始人潘节随其入闽。期间潘绍业的曾孙潘求仁因任杭州刺史而定居当地，其间并有移居陕西的潘勖的后人兴旺发达起来，而江夏（今湖北武昌）的唐秘书监潘肃仁自称是汉寿潘濬的后裔，由此可见，自东汉末至唐朝，潘姓从中牟望族中又衍分出许多支脉，而潘威的后裔则从洛阳望出，又兴盛播迁于怀朔（今内蒙古固阳）、陕甘等地。豫章潘姓兴盛于唐代，至五代南唐时成为当地名门望族。宋时有潘节后人迁广东、云南。元明清时，潘姓已分布于全国各地。如今，潘姓人分布广泛，尤以广东、江苏、安徽、内蒙古、河南、四川、湖北、浙江等省区多此姓。上述八省潘姓约占全国汉族潘姓人口的69%。

潘姓名人

古代第一美男子潘安

潘岳字安仁，世称美男子潘安，河南中牟县城关镇大潘庄人，西晋文学家。

潘安风姿秀美，容貌出众，少年居都城洛阳时，每乘车出游，总有一些女子携手绕车，投花掷果，以示爱慕之意，后人以“美男子”、“掷果潘郎”称赞他。

潘安与其叔潘勖、侄儿潘尼并称文学史上的“三潘”，在文学方面的成就为后人称道。他20岁作《藉田赋》以歌颂晋武帝司马炎躬耕之事，辞藻清艳，声震朝野，但也因此遭人排斥。

潘安貌美，却不利用这个个人优势胡来。他用情专一，与夫人杨氏感情很好，杨氏去世后，潘安悲痛欲绝，作悼亡诗文，不经意之间成为名篇，这些故事，对他当时在妇女界树立美好形象得到一致认同起到了关键作用。

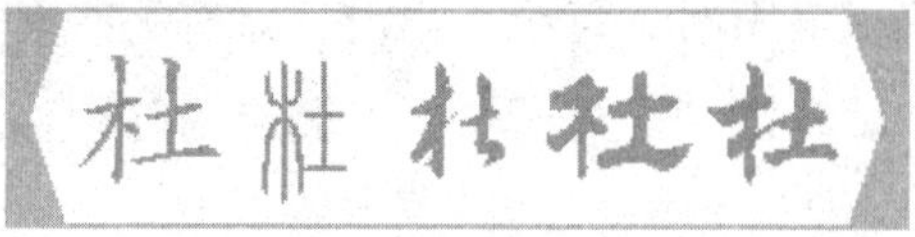

53. 杜——出自陕西

杜姓是当今中国姓氏排行第五十三位的大姓，人口较多，约占全国汉族人口的0.4%。

杜姓大探源

据考证，杜姓的起源主要有三大支：

第一支出自祁姓。商朝后期，丹朱后裔刘累的后裔封为豕韦国君。西周初期改为唐公。周成王时，唐公迁于杜，降公爵为伯爵，遂称唐杜氏。后来，周宣王杀死无辜的杜伯，杜伯的子孙出逃。杜国灭，杜姓自此问世。

第二支出自外姓和外族的改姓。由于民族之间的不断交流，互有基因流动。南北朝时，北魏鲜卑族独孤浑氏族改为杜氏；北宋金国女真族徒单氏族改为杜氏；清朝满洲八旗都善氏、图克坦氏等氏族均集体改为杜氏。

第三支则是上古时善酿酒的杜康之后。

繁衍之迹

杜姓人的居地或迁徙地在陕西甚多，而且比较兴旺，如长安县的杜陵、杜曲，西安市的杜城、杜村，咸阳市的杜邮等。

先秦时期，杜氏播迁繁衍于今山西、山东、湖北、四川等省。汉代到南北朝时期，杜氏在今河南境内分布较为普遍，安徽庐江霍山，浙江杭州，湖北襄阳，江苏高邮，河北临漳、正定，山东潍坊、章丘等地，也都有杜氏的聚居点。

杜氏经数千年的生息繁衍，遍布大江南北，但尤以京兆（今陕西西安东北）、汉阳（今湖北长江以北地区）、南阳（今河南南阳）之地的杜姓家族最为繁盛。

杜姓名人

1. 贤相杜如晦

杜如晦，字克明，京兆杜陵（今陕西西安市东南）人。他年轻时才能出众，性格豪爽，好读书，以风流儒雅自诩，有临难不苟的气节，能当机立断。高祖李渊平定京城后，杜如晦被李世民引为秦王府属官。

杜如晦为相时，和房玄龄共掌朝政，典章制度皆两人所定。每次在太宗的处所商议政事，房玄龄必定说："非如晦来不能筹划。"等如晦来到，又尽都采用房玄龄的计谋，时称如晦长于断，玄龄善于谋，"房谋杜断"这个成语即出于此，两人配合默契，同心辅佐太宗。当时人们谈到良相，必定房、杜并称。

2. "诗圣"杜甫

杜甫，字子美，祖籍襄阳；自幼好学，知识渊博，颇有政治抱负；开元后期，举进士不第，漫游各地；第一次是南游吴越，江浙的山水人物，引发他无限想象；第二次到燕赵平原，过了四五年"裘马轻狂"的"快意"生活，这个时期他留下里头大量优秀诗篇，《望岳》结尾两句"会当凌绝顶，一览众山小"是流传千古的名句，流露了诗人少年时代不平凡的抱负。

天宝三载（公元744年），杜甫同李白同游梁、宋，会见了诗人高适。杜甫一生引为"快意"的读书游历时期，到34岁时就结束了。后寓居长安将近10年，未能有所施展，反而饱尝饥寒疾病之折磨，这使他认清了以皇帝为首的封建统治集团的腐败面目，对广大劳动人民的苦难，对国运的危机，也有了越来越深刻的感受和认识。至德二载（公元757年）四月，杜甫靠献赋得官，任左拾遗，后贬为华州司功参军。由于看出肃宗小朝廷已经无法容纳正言德论，纲纪已乱，杜甫不久即弃官往秦州、同谷。

后杜甫又移家成都，筑草堂于浣花溪上，世称浣花草堂；一度在剑南节度使严武幕中任参谋；武荐为检校工部员外郎，故世称杜工部；晚年他携带家小出蜀，在湘江舟中病死。

杜甫善于选择具有普遍意义的社会题材，反映出当时政治的腐败，在一定程度上表达了人民的愿望。著有《兵车行》、《茅屋为秋风所破歌》、《三吏》、《三别》等，被称为“诗史”。

54. 戴——以谥号为姓或以国为姓

戴姓是当今中国姓氏排行第五十四位的大姓，人口较多，约占全国汉族人口的0.4%。

戴姓大探源

戴姓有两个来源，出自西周时今河南东部地区的两个诸侯国，一支是以祖上谥号为姓，一支是以国为姓。

西周初，商纣王的儿子武庚叛乱被镇压下去后，周公把商旧都周围地区封给纣王的哥哥微子启，建立宋国，建都商丘（今河南商丘南）。以后世代相传，至公元前799年至前766年在位的一代宋过国君，死后谥号为“戴”，史称宋戴公。宋戴公的孙辈中，有的以祖父的谥号为姓，就是戴氏。

在西周分封的诸侯国中，还有一个戴国，为姬姓。在今河南民权东。戴国于公元前713年为郑国所灭。亡国后的戴国子孙，为纪念故国，就相继以原国名为姓氏，至此，又形成一支戴姓宗族。

繁衍之迹

先秦时期，戴氏主要在其发祥地豫东一带发展繁衍。到了汉代，戴氏开始有迁居豫南、江浙、山东等地的。三国至南北朝时，戴氏又有迁居安徽、湖北者。如西汉时的戴遵为慎阳（今河南正阳县北）人，戴崇为沛（今江苏沛县）人。又如东汉时的戴就为上虞（今属浙江）人，戴宏、戴封均为刚（今山东宁阳县北）

人。唐初，戴氏开始入闽。据《元和姓纂》所列当时戴氏聚居点有济北（今山东长清县西南）、谯国（今安徽亳州）、吴兴长城（今浙江长兴）、魏郡斥丘（近河北成安）河东桑泉（今山西临晋）等。清代初年时，广东焦岭县一支戴氏后裔迁往台湾屏东，其后分布于高雄、桃园、新竹等地。清代以后，还有福建戴氏陆续迁往台湾，此后，又有戴氏族人迁往海外。

戴姓名人

哲学家戴震

戴震（1723～1777年），字慎修，又字东原，安徽休宁（今安徽屯溪）人，清乾隆时期与吴派并称的皖派考据大师，是王夫之以后重要的唯物主义哲学家。

戴震自小聪颖过人，有很强的记忆力，善于思考，敢于质疑，早年师从著名学者江永问学习，后由于家境贫困，以教书为业。清乾隆二十年（1755年），豪绅为了侵占戴氏祖坟，对戴震进行迫害。这年三月清廷又大兴文字狱，豪绅企图借乾隆帝炮制的这场文字狱加罪于戴震。面临着杀身灭族之灾，戴震不得已携带书稿逃往北京避难。在京避难期间，他结交新科进士纪昀、王鸣盛、钱大昕、王昶、朱筠等人，被他们赞为“天下奇才”，声名大振。但直到乾隆二十年，戴震40岁时才中举人，此后多次赴京会试，均名落孙山，直到乾隆四十年，才为清高宗特许，经殿试赐同进士出身。

戴震批判了宋明以来程朱、陆王之学，在《孟子字义疏证》、《原善》及《答彭进士允初书》等书中集中阐明其哲学主张，在清代思想史、哲学史上具有重要意义。他的弟子段玉裁将他的著作统编为《戴东原集》。

55. 夏——夏姓源自姒姓、妫姓、以邑为姓

夏姓是当今中国姓氏排行第五十五位的大姓，人口较多，约占全国汉族人口的0.39%。

夏姓大探源

夏姓渊流有三：

（1）出自姒姓。传说帝尧时，鲧的妻子女志因在梦里吃了慧苡而生禹，所以帝尧就赐禹以姒为姓。舜帝为了表彰禹治水的一系列功绩，封他于夏（今河南登封县东）。后来舜将帝位传给禹。夏禹死后，夏禹的儿子启继位，建立了中国历史上第一个奴隶制国家——夏。夏立国四百余年，共传十三代，十六主。后因夏桀暴虐无道而被商汤推翻。夏国族人以国名“夏”为姓，夏姓诞生，是为河南夏姓。

（2）以邑为姓。公元前11世纪周朝初年，夏禹的后裔东楼公受封于杞（今河南杞县），为杞侯，简公时被楚国所灭。简公的弟弟佗（本姓姒）逃到鲁国（今山东西南部），鲁悼公因其为夏禹的后裔，便给予采地为侯，称为夏侯（复姓），其后裔以夏为姓。这支夏姓后来迁至今安徽亳县，是为安徽夏姓。

（3）出自妫姓，周朝初年武王追封帝舜之后于陈，建立陈国，史称陈胡公。春秋时，传至第十六位君主陈宣公杵臼时，有庶子名子西，字子夏。子夏的孙子征舒以王父（祖父）之字为氏，称为夏征舒，以后就有了夏姓。

繁衍之迹

夏姓发源于今河南、安徽省境内。早期繁衍于中原一带，并向西、北扩展。夏征舒后裔夏齿、夏区夫均仕陈国（今河南一带）大夫，夏御寇仕齐国（今山东东部）大夫。秦汉时，江西、江苏、浙江等南方地区有夏姓迁入。如西汉有夏侯婴为江苏人，夏黄公为浙江人，东汉有夏方为江西人。夏姓大举南迁，始于魏晋南北朝之际，浙江夏姓此期最为昌盛，故有夏姓会稽郡望之说，始祖为西晋高士夏统，此郡亦为夏姓发展史上最大望族。这一时期，北方夏姓因战乱动荡流离，相对南方，发展低迷。唐时政清民和，夏姓处于一个萌生勃发时期。北方夏姓重振家园，发展壮大，南方在前代基础之上，更加繁衍旺达。宋代以后，荣载史册的夏姓名人比比皆是。北宋有参知政事夏竦，江州德安（今属江西）人；夏诚，龙阳（今湖南汉寿）人；南宋有画家夏圭，钱塘（今浙江杭州）人。元代有画家夏迪等。明代有夏允彝，松江华亭（今上海松江）人；画家夏昶，今江苏昆山人；宰相夏言，江西人。另外，明初有山西大槐树夏姓分迁于浙江、江苏、安徽、河南等地。清代名人有小说家夏敬渠，江苏人；史学家夏燮，安徽人。此外，清末有闽、粤等地夏姓渡海入台，后辗转新加坡等地者。总之，宋元明清时期，夏姓支脉延伸更广，且以江南一带为繁衍望地。今日夏姓分布以江苏、浙江为多，这两省夏姓人口约占全国汉族夏姓人口的40%。

夏姓名人

少年英雄夏完淳

夏完淳，生于1631年，卒于1647年，松江华亭人（今上海人）。他才华横溢，胆识过人，9岁即能赋诗为文，名重一时。不幸生于动荡年代。明末，朝廷昏庸，宦党专权，政治极其黑暗，又连年大灾，饥荒尤烈，民众以野菜树根为食，饿死者甚多。政局动荡不安，内战不断。李自成起兵，明灭。当时夏完淳年仅14岁，随父夏允彝，师陈子龙，起兵太湖抗清，征战于长江流域。夏家本为江南名门望族，富甲一方，为救国复明，父子倾尽财富，毁家抗清。历经两年血战，无奈明朝大势已去，独木难撑。夏完淳16岁兵破被俘，壮志未酬，凛拒苟且偷生，慷慨赴难。

少年如此英雄，还难得才思敏捷，写下几多诗文，辑有《夏完淳集》传世。他的诗文，写军旅艰辛，追思死去的同仁志士，写赴死前的心情，慷慨激烈，高亢雄壮。兵败入狱后，他写下这样的句子以表心曲："今生已矣，来世为期；万岁千秋，不销义魄；九天八表，永厉英魂。"英雄恨，泪满巾，何年三户可亡秦。少年的侠肝义胆，激越豪情，英雄气概，吞山河，盖宇宙。

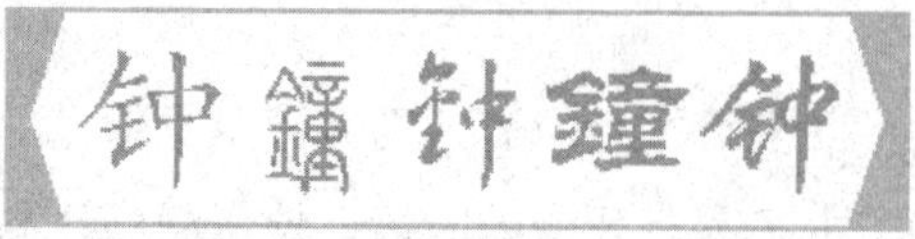

56. 钟——以邑为姓，与“钟离”同宗

钟姓是当今中国姓氏排行第五十六位的大姓，人口较多，约占全国汉族人口的0.38%。

钟姓大探源

钟氏的源流可以直接追溯到春秋时代宋微子所建的宋国，算起来是上古圣君商汤的子姓后裔。由于其始祖曾食采于一个叫做钟离的地方，所以子孙才会“以邑为氏”，开始以“钟离”或“钟”为姓。换言之，长久以来为大家所熟悉的复姓“钟离”和单姓“钟”，实际上是血缘相同的一家人，二者之间没有丝毫分别。

钟氏在先秦时期已放光芒，详见于当时的史籍，譬如，春秋时代有伯牙为之“擗琴绝弦，终身不复鼓”，为后世留下了“知音”、“高山流水”等佳话的钟子期；被晋国范文子称赞为“仁、信、忠、敏”的钟仪；乃至战国时代齐宣王那位奇丑无比，却又贤德无双，宣王曾因她的建议而毅然“拆渐台，罢女乐，退谄谀，进直言，选兵马，实府库”，使得齐国大安的王后“无盐君”钟离春等等，都是备受后世称颂的人物。

繁衍之迹

无论是复姓的钟离还是单姓的钟，都发源于今安徽省境内。而后，大致于汉晋之际，则以河南为其繁衍中心，其中以迁入颍川的钟氏从一开始就著于世。后来成为全国各地钟氏的主要来源。

先秦时期的钟氏，主要居住在楚国境内（今湖北、湖南一带）。从汉代开始到以后的数百年间，颍川长社一直是钟氏发展繁衍的中心。所以，许多姓书都说钟氏发源于颍川。东汉时，长社人钟皓隐居不仕，其七世孙钟雅西晋时随晋室渡江，居于建康（今江苏南京）。

与此同时，钟氏还有迁居至今浙江绍兴的，钟雅的七世孙钟屿为南朝梁永嘉县丞，他的儿子钟宠为临海令，为避侯景之难徙居至南康赣县（今江西赣州市）。南朝末有钟士雄，曾为南朝陈伏波将军，史书称其为“岭南酋帅”。唐初陈元光父子奉命入闽开辟漳州，随从将佐有钟德兴，后在福建安家。唐代的钟氏还分布于今四川、山西、广东广州、安徽合肥一带。宋、元、明时期，福建的漳州、泉州、宁化等地，广东的南海、南雄、蕉岭、湖州、梅州、兴宁等地均有钟氏的聚居点。从清乾隆开始，闽、粤钟氏陆续有人迁台湾，后又有人迁海外。

钟姓名人

中国第一位女政治家钟离春

钟离春，战国时齐无盐邑（今东平县无盐）之女，后世称之为钟无盐，齐宣王的王后，中国有名的“四大丑女”之一，也是历史中国第一位有记载女政治家。

钟离春相貌丑陋，即所谓“无盐之丑女也”。她“广额深目，高鼻结喉，驼背肥颈，长指大足，发若秋草，皮肤如漆，身穿破衣。”年近30还未出嫁，但她才华出众，素有大志，有安邦治国之才。

一天，齐宣王在雪宫大摆宴席，盛陈女乐。钟无盐来到宫门外，说有事要面见齐王。守门卫士见她貌丑，不让她进。并说她是“天下最丑之女也”。她说：“我是齐之无盐人，叫钟离春，年三十余，择嫁不得。闻大王游宴离宫，特来求见，愿入后宫，以备洒扫。”守门卫士于是奏知宣王，被召入见。群臣侍宴者见她丑陋，都掩口而笑。宣王问：“我宫中妃侍已备，你貌丑不容于乡里，以布衣欲嫁千乘之君，难道你有特殊才能吗？”

“我没有奇能，特有隐语之术”。

“你演示给孤看，若言不中用，斩首。”

钟离春并无惧意，她扬目炫齿，举手再四，拊膝而呼，说：“危险啊，危险啊！”宣王不明白，问群臣，也都不解其意。宣王于是把钟离春叫到面前，让她说明。钟离春说：“大王赦我不死，我才敢说。”宣王同意。她说：“大王有四失。我扬目，表示烽火之变；炫齿，代王惩拒谏之口；举手，代王挥谗佞之臣；拊膝，代王拆游宴之台。”齐宣王大怒，要杀她。

“请求大王容我说明大王您的四失，再杀我。我听说秦用商鞅，国家富强，不久将兵出函关，与齐争胜，大王内无良将，边备渐弛，必受其患，所以我扬目而视。我听说‘君有诤臣，不亡其国；父有诤子，不亡其家’。大王内耽女色，外荒国政，不纳忠谏，所以我炫齿为王受谏。且大王信用阿谀虚谈之人，我担心有误社稷，所以举手为王挥去。大王筑宫囿，台榭陂池，殚竭民力，虚耗国赋，所以拊膝代王拆掉。大王您这四失，危如累卵，仍偷目前之安，不顾异日之患。我冒死上言，倘蒙采听，虽死无恨。”齐宣王听罢，如梦初醒，深受感动，说：“没有钟离氏的话，我还不明白我的过错。”于是当时就罢宴，用车把钟离春载到后宫。用占卜之术选择了良辰吉日，立钟离春为王后。并且“停渐台，罢女乐。退谄谀，去雕琢。选兵马，实府库。四辟公门，招进直言，延及侧陋。”齐国大治，“而齐国因以大治者，丑女之功也”。并且以无盐之邑封钟离春家，封钟离春为无盐君。后人又称其为“无盐娘娘”。至今“无盐娘娘长得丑，她为齐国定邦基”的传说仍在民间广为流传。

与王羲之并称的书法家钟繇

钟繇，三国魏河南长葛人，字符常，官至大傅，故世称钟大傅。陈思《书小史》称其善书，师曹喜、刘德升、蔡邕。

唐代张怀瓘《书断》称“其真书绝妙，乃过于师，刚柔备焉。”

钟繇向他儿子钟会讲书法时曾说，我精思学书30年，每逢和友人相谈，则画地广步探讨书法，被子因练字而被划破，每见大自然万物，则探索其形象而书之。可见其功力之深。钟繇的书法，与以后的王羲之并称“钟、王”，向为后世所重。

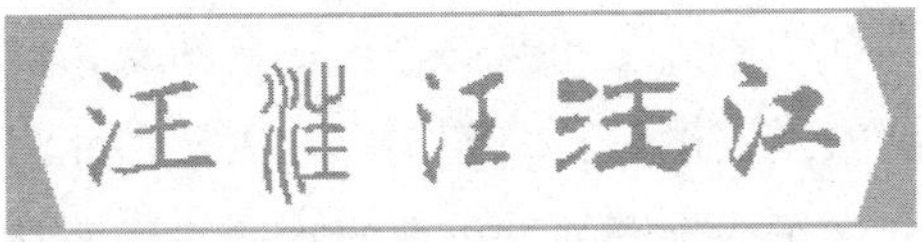

57. 汪——防风氏后裔，历史悠久

汪姓是中国姓氏排行第五十七位的大姓，拥有人口五百三十多万，约占全国汉族人口的0.38%。

汪姓大探源

汪姓最早是源自商代汪芒氏之后。汪芒氏又称汪罔氏，是防风氏所改，防风是夏朝诸侯之一。夏朝国君禹召集各部落首领到会稽山，防风氏因为晚到，而被禹杀头。进入商朝，防风氏的后代就改为单字汪氏。汪氏子孙即是商代汪罔氏后代，而其祖先又是夏朝诸侯，所以汪氏的渊源可谓悠久异常，距今大约有四千年的史。

商、周后的春秋时代，又有一支汪氏子孙出现。鲁国国君成公的儿子被封到汪邑，其后世子孙的就以邑为氏而姓了汪。这一支汪氏，出自姬姓，是黄帝的直系子孙。还有一支是翁氏分化出来的。据史料记载，福建泉州有翁干度，生有六子，分姓洪、江、翁、方、龚、汪六姓，其第六子后裔皆姓汪。

繁衍之迹

汪姓发祥地应在山东、安徽歙县和浙江武康等地。发源于浙江武康的汪姓，历来播迁的幅度和范围都不是很大，他们播迁的路线，大致是先江苏，后至江西和安徽。另两支汪姓在我国早期历史上，成为汪姓在南方和北方繁衍的中心地带，其中在北方的山西境内形成一大望族。春秋时，鲁国有童子汪足奇与齐国军队战于郎而死，鲁人因其死于国事，以成人之礼安葬，这是见于史册最早的汪姓人物。大约在东汉献帝年间，有会稽（今浙江绍兴）令汪文和举家迁居新安，后发展成为新安旺族，南朝时有汪姓一支从新安迁安徽歙县，隋初有一支迁河北河间。唐初，有汪姓将佐自光州固始随陈元光父子入闽开漳并落籍当地，这说明在唐代以前中原已有汪姓聚居点。盛唐时，歙县的汪姓族大支繁，已经有了“十姓九汪”的现象，唐代以后的江西、贵州、福建、广东、广西等地的汪姓，大多是从安徽迁徙过去的。两宋时，汪姓继往开来之昌盛，并已成为全国大姓之一，尤其称盛于黟（今安徽黟县）、歙（今安徽歙县）、婺源（今属江西）等地。元末明初，农民起义军揭竿而起，先是驱逐鞑虏，再后为争夺皇权互相攻讦，使中原、华东、中南各地人口锐减，当朱元璋定都南京后，决定移民以使荒芜之地再现生机，汪姓作为明朝洪洞大槐树的迁民姓氏之一，被分迁于湖北、湖南、河南、山东、河北、天津、东北等地。自清康熙年间开始，闽粤汪姓陆续有人移民台湾，此后又有远播海外者。如今，汪姓分布很广，但尤以安徽省为多，约占全国汉族汪姓人口的44%，其次为湖北、四川、江苏、湖南、浙江等省，上述六省的汪姓约占全国汉族汪姓人口的72%。

汪姓名人

“扬州八怪”之一汪士慎

汪士慎（1686～1759年）字近人，号巢林、溪东外史、天都寄客、甘泉山人、晚春老人等，清休宁人，寄居扬州，为“扬州八怪”之一。

汪士慎自幼勤奋好学，能诗善画，兼精书法、篆刻；性格孤傲，作画不守成规，构思新颖，气魄豪放，笔力刚劲，格调韵致非同凡响，具有“倔强不驯不气”；工画花卉，尤擅梅竹。

暮年，王士慎双目先后失明，但仍悉心钻研不辍，为人作书画，其妙绝灵秀胜于未盲时，世人视为胜宝；平生穷愁潦倒，寄情书画，嗜茶成癖；乾隆二十四年（1759年），病卒。

王士慎存世作品甚多，主要有《行书群花诗》10开册、《行书诗翰》13开册、《梅花》8开册、《梅花图》12开册、《梅花》卷、《江路野梅图》、《空裹疏香图》轴、《兰竹石图》轴等。着有《巢林诗集》7卷。

58. 田——舜帝后裔，子孙以邑为姓

田姓是当今中国姓氏排行第五十八位的大姓，人口较多，约占全国汉族人口的0.38%。

田姓大探源

春秋战国时，陈国出奔到齐国的公子完，起初还是以陈为氏的，后来，却因为食邑于田，以及田、陈二声的相近等因素，才改换了自己家族的姓氏，使得这个著名的姓氏开始出现。推算起来，田氏的历史至少也在两千五百年以上。

此外，田姓人还可以把自己跟上古圣君虞舜的渊源关系，追溯得一清二楚。舜是黄帝的第六代子孙。舜的后代遏父与周武王的女儿大姬结婚，生胡公满。春秋时代奔齐的田姓始祖公子完，是胡公满的第十代孙，而头一个以田为姓的，却是公子完的第七代孙。由此可知，田姓的始祖应该是虞舜的后代后裔。

不过，后来的田氏却也跟大多数的著名姓氏一样，并非“仅此一家，别无分号”。据史料记载，明朝初年辅佐惠帝废削诸藩之权，结果却引起靖难之祸的大臣黄子澄，在他被燕王磔死之后，他的儿子为了避祸，曾经改名换姓为田终，使得田氏增加了一支新的血脉，阵容更加的庞大。

历史上，田姓的知名人士不少。田横和他五百壮士的事迹，更是壮烈感人。田横是齐国的公族，是齐王田荣的弟弟。田荣死后，田横代领其众，击项羽，收复齐地，并且迎立田荣之子田广为齐王，自任相国。后来，田广被汉将韩信所掳，田横于是自立为齐王，并于刘邦取得天下之后率领从属五百余人逃亡入海岛，然后，就谱成了下面一段记载于《史记》中的可歌可泣壮烈史诗：

“高祖召之曰：‘田横来！大者王，小者侯；不来，且举兵加诛焉！'横乃与二客诣洛阳，未至三十里，曰：‘横始与汉王俱南面称孤，今奈何北面事之？'遂自杀。高祖以王礼葬横，拜二客为都尉，二客皆自刎。居海岛中之五百余人，闻横死，亦皆自杀。”

这是何其令人感动的一首史诗，难怪千百年来只要有人提起田横的大名，都会令人肃然起敬，这无疑是姓田的一大骄傲。

繁衍之迹

公元前391年，田完之八世孙田和把齐康公放逐到海上，自立为君，史称田和代齐。可见田姓是以齐国首都山东临淄为发祥地，从这一时期活跃于政坛的田姓人来分析，田姓在先秦时期已分布于今山西、河南、北京、湖北等地。传到田和重孙时，齐国为秦所灭，齐王田建被迁于共（今河南辉县），其他田姓开始向西、北之地逃难。不久秦末起义军四起，田姓家族闻风而动，有八人裂地称王，煊赫一时，但不久均纷纷垮台。汉初，高祖刘邦采纳娄敬之言，强迁关东豪族于关中的阳陵（今陕西咸阳东北），诸田亦在强迁之列，后发展成为京兆一带望族。后来，田姓各族又迁徙至北平（今河北满城北）。从汉代开始，今川、鄂、湘、黔交界一带的汉族和一些少数民族中已有不少田姓人。三国两晋南北朝时，由于社会动荡，田姓避乱南迁，可以说田姓已分布于长江中下游地区，亦有迁山西太原、宁夏固原、天津等地。唐代宗时，有田承嗣被封为雁门郡王而落籍当地。宋代以前，田姓主要在中国的北部和中部播迁。河南田姓的开基始祖是宋代的田瑜，颍川汝阴田姓开基祖为虢州团练使田令芳。此际，田姓开始有迁今福建、广东者，田希圣为闽、粤始祖，原居浙江杭州，四传至田衍，移居福建宁化，田衍孙田滋茅，于宋末徙居福建长汀，滋茅子松岗迁广东海阳（今潮安），后徙大埔，为大埔开基始祖。传至田文长时，兄弟五人俱移广东程乡（今梅县），文长次子法聪、三子法盛移居广东惠来。明清之际，田姓已波及大江南北广大区域，从清代中叶开始，闽粤田姓陆续有人迁至台湾，进而移居海外者。如今，田姓在全国分布广泛，以河南、四川、山东、河北等省为多，上述四省田姓约占全国汉族田姓人口的43%。

田姓名人

孟尝君田文

孟尝君是中国战国时期四公子之一，齐国宗室大臣。田文本名田文，其父靖郭君田婴，是齐威王的少子、齐宣王的庶弟。孟尝君袭其父田婴的封爵，封于薛（今山东滕州东南），称薛公，号孟尝君。孟尝君在薛时，广泛招纳宾客，达3000余人。秦昭王听说孟尝君的贤德，欲求见孟尝君。孟尝君入秦后，被任为相。后来秦昭王听信谗言，囚禁孟尝君并预谋杀害他。孟尝君在门客的协助下，逃回齐国。孟尝君回到齐国之后，任为齐相。他主张联合韩魏牵制楚国，并发展合纵抗秦的势力，后来遭人诬告为齐王所怀疑，谢病归老于薛。但齐王仍想除掉他，孟尝君只得又逃到魏国，被魏昭王任命为魏相。他主张联合秦国、赵国与燕国，共同讨伐齐国，使战国形势为之一变。齐王死后，孟尝君返国，中立于各诸侯国之间。

任 任 任 任 任

59. 任——历史悠久，源流纷纭复杂

任姓是当今中国姓氏排行第五十九位的大姓。人口较多，约占全国汉族人口的0.37%。

任姓大探源

任姓，是五千年前黄帝赐封的12个基本姓氏之一，是一个十分古老而又具有光荣历史的姓氏。

然而，也许是由于这个姓氏的历史实在太久远了，所以历来对于任姓的姓源，也有好几种不同的考证。

一说是譬如黄帝少子禹阳受封于任地，其子孙建立任国，后裔便以国为姓；另一说任姓是上古君主太昊之后，被于山东任城，其子孙遂以任为姓。此外，还有多种不同说法。任姓的所出，真是众说纷纭，不知哪一种说法才是正确的了。

但总的来说任姓是一个源远流长的古姓。

任姓的古老，还可以从早期历史上许多古人，取得证明。

《康熙字典》指出："太任，文王之母"；《汉书》的《班婕妤传》上，也有赞美太任之辞说："美皇英之女虞兮，荣任姒之母周。"这位周文王的母亲太任之为上古任氏之女，显而易见。

周代，见诸史籍的任姓名人相当不少，像孔子的门生之中，就有一位十分有名的楚国人任不齐，后来，曾被唐朝皇帝追封为任城伯，宋朝的天子也加封他为富阳侯。

曾经与韩、赵联合"三家分晋"，因而揭开战国序幕的魏文侯，也有一位垂

名青史的贤臣任座。

繁衍之迹

任姓尽管得姓很早，但在发展中由于一直深埋不显，所以其早期历史一直很难让人知其详。但据《史记·南越列传》所载，南海尉任嚣曾矫诏使赵佗立国，这说明秦代已有任姓徙广东。至汉时，任姓已散居于我国北方的山东、山西、河南、陕西一带，南方则居四川、江苏、广东等地。可见，任姓在汉之前即已南迁。汉时有世居沛地（今江苏徐州）之任敖，其后有子孙迁陕西渭南。魏晋南北朝之际，军阀混战，夷族入侵，中原成为兵家必争之地，任姓族人为避战乱，开始大举南迁至今江苏、安徽、浙江、湖北等地。并有任姓人迁入福建。唐时，社会稳定，政治清明，使留居河南、山东的任姓又兴旺起来。南宋末期赵姓末代皇帝四处逃亡，元蒙古骑兵南下，使任姓逃难于我国南方各地。元末明初，旱涝蝗疫施虐，农民起义军四起，造成中原、江南人口锐减，任姓作为洪洞大槐树迁民姓氏之一，被分别迁于山东、河南、河北、江苏、陕西等地。大约自清代开始，闽、粤任姓有徙居海外者，如新加坡现有任姓华人，并建立有宗亲组织。如今，任姓已广布全国各地，尤以河南、山东多此姓，两省任姓约占全国汉族任姓人口的25%。

任姓名人

杰出画家任伯年

任伯年，1840年生，1896年卒，浙江山阴（今绍兴）人。任伯年是我国近代杰出画家，是海上画派中的佼佼者。他的杰出艺术成就受到世人瞩目。

任伯年曾在太平天国的军中“掌大旗”，当时军旗较大，“战时麾之，以为前驱”。直到天京沦陷，任伯年才回家乡，后至上海随任熊、任熏学画，以后长期在上海以卖画为生。任伯年为人率真，不修边幅，学画时近30岁，画多而名声渐大，但其身心深受鸦片之害，损伤元气，这也是他年仅56岁就过早去世的原因。

19世纪80年代是任伯年创作的鼎盛时期，创作题材上范围扩大了，具有深刻的社会内容，用隐晦的手段寄寓深情。90年代，其作品数量很多，但从思想性看似乎没有超出80年代，而艺术手法上则更加熟练，特别是花鸟画，达到“炉火纯青”的境界。

60. 姜——姜子牙后裔

姜姓是当今中国姓氏排行第六十位的大姓，人口较多，约占全国汉族人口的0.34%。

姜姓大探源

姜姓，是源自远古时期炎帝的姓。

据史书记载，姜姓是炎帝的后代，因炎帝的出生地而得姓，为中国最古老的姓氏之一。

后来在历史的进程中，由于各种原因，炎帝的许多子孙已变易为其他姓氏。虞、夏之际，炎帝裔孙、四岳始祖伯夷，因辅佐禹治水有功，被封于吕（今河南南阳县），建立吕国，复赐以祖姓姜，以接续炎帝的香火。

春秋时期五霸之一的齐国，创建始祖是吕国的吕尚。史书记载说："吕尚，姓姜名牙，掌四岳有功，子孙从封姓。"吕尚，既为神农氏的后裔姜太公姜子牙，因他治四岳有功，被封于吕，故从封姓改叫吕尚。其子孙世袭齐国国君，历29世。后来齐国在战国时被田和所灭，齐国变为田氏政权，其子孙后代分居各地，多以姜为姓。

繁衍之迹

姜姓，自夏商以来，分为齐、许、申、甫四国，世有显诸侯，其居戎狄者为姜戎氏，系古戎人一支，为姜姓，原在瓜州（今甘肃敦煌西），逐渐东移入陕，公元前638年，为秦所迫，迁至晋南。几千年前炎帝出生的姜水，为中国众多姓氏的发源地，而姜姓得姓则是在今河南南阳一带。姜尚建立的齐国，表明姜姓又发源于山东淄博一带，田和灭齐后，姜子牙的后代子孙散居各地。汉初，居住在河南、山东的姜姓发展为关东大族，时刘邦采纳娄敬建议，迁六国贵族后裔的关东豪族于关中，姜姓被迫徙关中，遂居天水，此际，姜姓还有播迁于江苏、四川等地者。东汉末及三国，有姜维盛于甘肃天水，姜肱盛于江苏沛县，天水一支的姜诗盛于广汉（今四川谢洪南）。姜维降蜀后，其后裔居川。两晋南北朝时期，有姜姓为避战乱而从中原徙居江南各地。但由于天水远隔中原，故历千余年长盛不衰，代有显官，直至唐代，天水仍是姜姓的发展繁衍中心，并从中派生出九真（今广西、越南清化省清化一带）姜姓，此支姜姓系天水分支，出自唐舒州刺史姜神翊。姜神翊嫡孙姜公辅在唐德宗时任宰相，后贬为泉州刺史，当是姜姓最早入闽者。有资料表明，唐宋时期姜姓还分布于今河北、河南、浙江、江西、安徽、山东及广东琼山。明朝洪武年间，姜世良先迁至福建泉州龙溪县红豆乡，并于此发迹，其后世子孙又有由此移居于广东陆丰盐墩乡，在广东继续繁荣滋长，其十一世孙姜朝凤于清乾隆二年（1737年）移居台湾，此期姜姓纷纷向中国南部闽、粤迁徙，而渡海到台湾者，又以来自粤籍居多。当然不乏移居海外者。如今，姜姓在全国分布广泛，北方为其主要分布地，尤以山东省为多，约占全国汉族姜姓人口的13%。

姜姓名人

兴周八百年的姜子牙

姜子牙，名尚，年过七十，依然没落度日，虽有安邦定国之才、决胜千里之术，但可惜生不逢时，遂甘守清贫而不求闻达。

那时正是纣王当政，恣行强暴，残虐生民，搞得怨声载道，民不聊生。姜子牙于是徙居东海之滨，终日在海滨垂钓，丝不设饵，钓不曲钩。后他又迁至渭水蟠溪，仍然终日垂钓，不觉已过三年，他做了一些歌韵清绝的词调，让他们传唱，一时间颇有名气。当时，西伯侯姬昌胸怀大志，想推翻纣王，救人民于水火之中，于是，他遍访名士。一日出访，他见一白发老翁在江边垂钓，丝不设饵，钓不曲钩，深以为奇，认为是名士，便请他出山相助。姜子牙被西伯的真诚所打动，认为他是一个明君，值得辅佐，便投靠西伯。

西伯后来自立为王，即周文王。他拜姜子牙为丞相，后起兵讨伐商纣。姜子牙虽已年逾八十，仍然亲率大军，打败纣王，帮助武王建立起强大的周王朝。

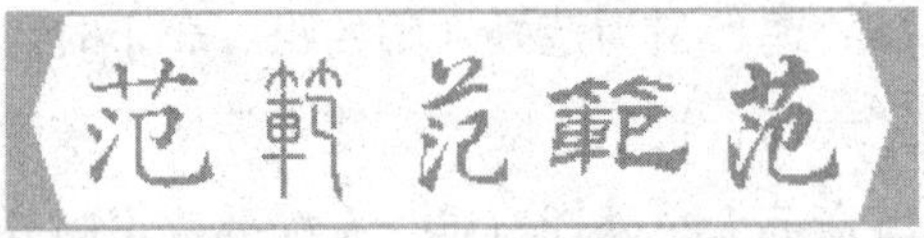

61. 范——尧帝之后，子孙以邑为氏

范姓是当今中国姓氏排行第六十一位的大姓，人口较多，约占全国汉族人口的0.36%。

范姓大探源

范氏的始祖，可以远远地追溯到四千多年以前的圣君唐尧，尧的这一支子孙历经虞舜、夏、商诸代，都称为唐杜氏，入周被改封于杜，不久被周宣王所灭，当时杜伯的儿子就跑到晋国，被任为士师，并因官命氏改姓为士，传到他的曾孙士会的时候，做了晋国的上卿，食采于范，于是，士会的子孙也按照当时“以邑为氏”的习惯，统统姓了范，一直繁衍到现在。

范氏的始祖，在得姓之初更已显赫万分，自士会以后，范武子、范文子、范宣子以及范献子，世代都是晋国的上卿，可以说是左右封建社会早期政治的世家大族之一。

繁衍之迹

范姓以河南范县发祥，智伯灭范后，有范姓人徙居南阳顺阳，三家分晋后，范姓采地入魏，居今河南、河北、山西之间。战国时南阳范蠡入楚仕宦而定居湖北。秦汉之际，范姓已徙至今安徽、四川、浙江、江西等地。西晋的永嘉之乱，使南阳顺阳的范坚避乱江南，范汪南渡，其后代落籍于丹阳（今安徽省当涂），后分出一支移居甘肃敦煌，并派生出怀州范姓。唐安史之乱时，有河内人范坤举家18口迁杭州，又迁南京，再迁福建宁化黄竹迳，是为范姓入闽始祖。唐宋时，入闽的范姓有移居广东海阳、嘉应、梅州、大埔、长乐、陆丰、饶丰等地。宋朝末年，随着金兵南下和蒙古兵南侵，范仲淹裔孙大举外迁避难，有嫡孙范正国开基江西临川，明时有其十四代孙范昌期从苏州回中原主祠，洪武年间，范正国的十世孙范岳山任隆庆仓大使，因失职被充军沈阳，其三子范孝文一支世居沈阳，并在东北繁衍昌盛起来。至清朝时，范孝文七世孙范文程仕历清初四帝，子孙留居北京。如今，范姓在全国分布广泛，尤以河南、四川、辽宁、山东、江苏、黑龙江、湖南等省多此姓，上述七省范姓约占全国汉族范姓人口的62%。

范姓名人

北宋政治家范仲淹

范仲淹（公元989～1052年），字希文，苏州吴县（今江苏苏州）人，北宋政治家、文学家、军事家。

范仲淹的读书生涯非常艰辛。他20岁时，孤身一人到长白山上醴泉寺读书。长白山在邹平之南，山上有一个天然山洞，相传为范仲淹读书处。他读书累了，就用冷水泼面；没有食物，就烧一锅白粥，维持最简单的生活，有的史书称他“冬月惫甚，以水沃面；食不给，至以糜粥继之，人不能堪，仲淹不苦也”。为了在学业上进一步深造，后来他又远赴河南应天府（今河南商丘南）拜著名学者戚同文为师。27岁那年，他中了进士，才恢复父姓，认祖归宗。

62．方——黄帝、炎帝后裔

方姓是当今中国姓氏排行第六十二位的大姓，人口较多，约占全国汉族人口的0.36%。

方姓大探源

关于方姓来源有以下几种说法

一种源起三皇五帝时期，皇帝打败炎帝，娶了炎帝的女儿方雷氏为正妃，加之原来的三个老婆，四个老婆共生了25个儿子，黄帝分别赐姓给他们，其中有一个就被赐姓方。

另有传说炎黄二帝联手打败南方部落首领蚩尤，其中炎帝后裔榆罔的儿子阿雷因为有功被封于方这块土地上，阿雷的子孙认为祖上光荣，于是以地为姓。

方氏得姓较早，然而，历史上的方姓名人却不多见。早期，除了那位被奉为方氏开族始祖的方叔之外，在很长的历史时期内默默无闻。直到唐宋时期，才有两位方姓的农民起义首领出现：一是唐代宗时江南农民起义首领方清；一是宋朝末年浙江的农民起义首领方腊。方腊利用明教组织群众，于徽宗宣和二年（1120年）秋发动起义，指斥宋王朝的罪恶，自号“圣公”，年号永乐。这两位方姓农民领袖，打破了方氏历史的沉寂局面，为方氏扬名于世作了贡献。

明清时期较为有名的方姓人物是方孝孺和方以智。方孝孺，明浙江宁海人，字希直，又字希古，人称正学先生。明惠帝时，为侍讲士，举凡国家大政，均得咨询。燕王（即明成祖）兵入京师（今江苏南京）后，他因不肯为其起草登极诏书而遭残杀。著有《逊志斋集》。方以智，明清之际的思想家科学家，桐城（今安徽）人，对天文地理生物医学文学音韵均有研究。着有《通雅》《东西均》《物理小识》《浮山集》等。还有文学家方玉润，以及现代革命家方志敏等人。

繁衍之迹

方姓以河南为发祥地，后来南方各地出现的方姓有些成为望族，均是河南方姓向南播迁的结果。隋唐以前，青州（今山东淄博）、河东（今山西永济）一带及北方的一些地区，都有方姓居民。唐初，有河南方姓随陈政、陈元光父子入闽开漳并落籍漳州。唐德宗大中年间，都督长史方王叔自安徽歙县回迁河南固始方龙山居住，方王叔有孙名廷滔，其后裔有迁饶、信、江、苏诸郡；另一孙方廷范因仕宦及避乱之原因，徙居莆田刺桐巷，并改其名曰方巷，其六子皆进士及第，其子孙中有的与阿拉伯人通婚，并信奉伊斯兰教，后从中分出一支于宋元之际为避乱迁至海南岛琼州定居。此时有一支方姓从河南固始避乱南迁，先达福建福州，再迁漳州之龙溪。明初，方姓因方孝孺遭受一次空前劫难，燕王诛杀方孝孺，同时灭其十族（九族加上学生），受株连而死者达八百七十余人，被充军者数以万计，有逃至河南钧州（今禹州）者，后发展成大族。同时，方姓作为明朝洪洞大槐树迁民姓氏之一，被分迁至河南、河北、山东、安徽、陕西等地。清初，有漳州龙溪一支迁入台湾，不久闽粤中的方姓人也有入台者，后有漂洋过海落籍异邦者。可见，方姓不仅在中原发展繁衍，而且多次南迁，相当广泛地分布于江南各省，有些成为当地的名门望族。如今，方姓在全国分布广泛，尤以安徽、河南二省多此姓，二省方姓约占全国汉族方姓人口的35%。浙江、辽宁、江苏、福建、云南亦多此姓，上述七省方姓约占全国汉族方姓人口的73%。

方姓名人

农民起义军领袖方腊

方腊，又名方十三，睦州青溪（今浙江淳安）人，原籍歙州。方腊出身雇农家庭，生活贫苦，目睹了宋王朝朝政腐败、奸党横行，不仅对外割地求和，还对内大肆盘剥百姓，于是决定以组织传播宗教（将摩尼教传入中国并称之为明教）的形式秘密发动农民起义。

1120年，方腊在漆园内正式起义，自号“圣公”，并且建立了与宋廷对抗的政权。由于方腊极富个人英雄传奇色彩，民间曾有民谚说“没有糖（唐），还有蜡（腊）”，意指有了方腊就会有好日子，所以不到几个月，队伍就迅速发展壮大，并引起了宋廷的恐慌。眼见方腊占据杭州，威震东南，宋廷派童贯率军15万前去镇压。由于众寡悬殊，方腊领导的这场轰轰烈烈的起义最终失败了。

石石石后石

63. 石——卫大夫石石昔之后

石姓是当今中国姓氏排行第六十三位的大姓，人口较多，约占全国汉族人口的0.35%。

石姓大探源

石碏是石姓的始祖，历来的学者老早便已经考证得清清楚楚，所以丝毫不容置疑。

距今两千多年以前，自从石碏大义灭亲的卓越贡献之后，他们一家人便长期在卫国飞黄腾达，世代子孙都贵为大夫，像石骀仲、石祁子等人，就曾前后名登史籍，使得石氏的名气，甫一开始便响亮万分。

这个从两千多年以前便已十分有名气的家族，在历史上，还先后出过两位称孤道寡的皇帝，那就是南北朝时期后赵之主石勒，和五代时后晋的开国皇帝石敬瑭。石勒，曾是五胡十六国之中神气十足的一位君主。他东征西伐，使后赵王朝的疆土日拓，称霸于北方；石敬瑭，则是历史上著名的认契丹为父的“儿皇帝”，他割让燕云十六州等事，曾受到千秋万世的唾骂。

不过，石家所出的这两个皇帝，却不是炎黄子孙的汉人，而都是外来的种族。石勒是五胡乱华时来到中原的羯人。石敬瑭的祖先是西夷人。由此可见，现在的石氏之族，组织是甚为复杂的。他们的中坚组成分子，固然无可置疑是春秋时代卫国大夫石碏的后裔，是最为地道的汉族。然而，在历史上两次著名的民族大融合之时，却的确加入了许多外来的新鲜血液，使得整个石氏家族，一天比一天庞大茁壮。

由此可见，组成石氏的分子，是为数不少的，有汉族的子孙，有西夷人，有羯族人，更有张、冉、娄等氏的改姓，因此现在的石姓人，要想找到自己家族的真正来源，恐怕就比较费事了。

繁衍之迹

综上所述石姓最早发源于当时的卫国之地，即今天的河南北部一带。以卫国为源头的石姓，其最初的播迁方向就是现在的山东，山东与河南相邻，又是原鲁国之域，准确地说，在卫公子州吁弑其君后，卫姓已有在鲁活动的身影。秦汉以前，石姓主要在黄河中、下游地区繁衍，同时有部分人徙居江南。汉时，石姓已播迁至今山东省北部、河北省南部，及河南省境的黄河以北地区，并很快成为石姓早期的繁衍中心，魏晋南北朝时，昌盛为渤海、平原两大郡望，这两大郡望的石姓都是石碏的后裔，他们尊石碏之裔孙石奋为开基祖。另外，石姓在北方还有三大聚居点，即武威、上党、河南三大郡望。其中上党石姓是十六国时后赵石勒的后裔，河南石姓是鲜卑乌石兰氏的后裔。平原石姓在唐元和年间以前已徙居广陵（今江苏扬州），而河南石姓也有部分在唐元和年间以前徙居虢州（今河南灵宝）。唐初，有石姓人自河南固始随陈政、陈元光父子入闽开漳并落籍，唐天成四年（公元929年），石琚自安徽寿县徙居福建同安，其后散居闽粤各地。五代时石姓在福建形成闽南望族。宋元以后，石姓已遍及江南大部分地区。明初洪武年间，石姓作为洪洞大槐树迁民之一，被分迁于山东、河北、河南、北京、天津、陕西、甘肃等地。此际，有石玉全在福建南靖永丰里开基，其后子孙有许多人去台湾，进而又远播海外。如今，石姓分布以四川、河北、山东、陕西、辽宁、河南等省为多，上述六省石姓约占全国汉族石姓人口的63%。

石姓名人

豪客石崇

石崇称得上中国历史上最著名的富豪，关于他与人斗富的故事世代相传。

有个叫王恺的人，是西晋皇帝司马炎的舅舅。他一直和石崇叫板，在车马、住房、服饰等方面与石崇攀比，结果往往是王恺输给石崇。贵为一国之尊的司马炎，看着自己的舅舅在石崇面前丢面子很是恼火。

一次，有人向司马炎进贡了一棵珊瑚树，树高两尺多，枝条扶疏，司马炎以为是世上罕见的珍品，就把它送给了舅舅，想让舅舅在石崇那里露露脸。

王恺来到石崇家，话也没说，就让下人把珊瑚树抬到石崇面前，心想：这下你可比不过我了吧。没曾想石崇只扫了一眼，没有发话，突然举起手中铁如意啪啪两下，把珊瑚树给砸碎了。

瞬间的变化令王恺愤怒得愤怒异常。石崇这时若无其事地对王恺道："别心疼了，我还给你就是。"说罢让下人把家中的珊瑚树都搬了出来，石崇家光3尺以上的珊瑚树就有六七棵，观赏性也比王恺的那棵强多了。王恺看后，眼睛差点飞了出来。

石崇在洛阳郊外的金谷建造了豪华别墅，别墅的厕所安排10位侍女服务，侍女都衣着华丽，穿金带银，厕所里还摆放着各种香水和化妆品。客人如厕毕，侍女们会帮助客人换上准备好的新衣服，然后把脱下的旧衣服浆洗，在客人告别前送到车上。

石崇经常在自己的别墅举办大型宴会，每次宴会上，石崇都让家里的美女给客人敬酒。如果客人不喝，石崇就下令家中武士把美女腰斩。

有一回，后来担任东晋宰相的王导和他的堂弟王敦出席了石崇的宴会。王导一向不善饮酒，石崇却命令美女为王导劝酒，仁厚的王导知道石崇家的规矩，就一杯接一杯地喝，以致酩酊大醉。到了王敦这里，不管美女如何劝，王敦就是不喝，结果石崇连续腰斩了3个美女。

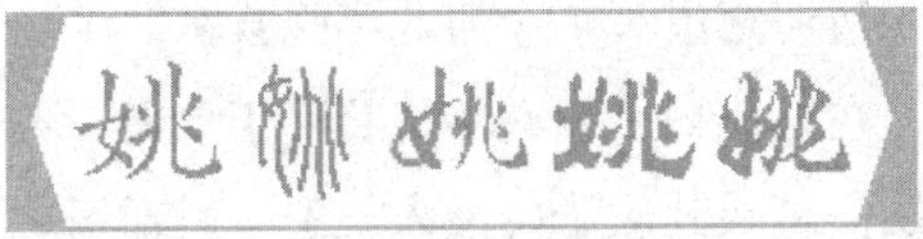

64. 姚——姚姓出自妫姓、子姓、外族改姓

姚姓是当今中国姓氏排行第六十四位的大姓，人口较多，约占全国汉族人口的0.35%。

姚姓大探源

姚姓历史悠久，历代名人辈出，是我国著名姓氏之一。

姚姓的来源主要有三个：

（1）是五帝之一舜的后裔，出自妫姓。

相传舜因生在姚墟，他的后裔子孙便以地为氏，称为姚氏。

另外，据郑樵说舜“因妫水之居而姓妫”可推断舜还姓妫，因此姚姓也出自妫姓。

（2）出自子姓。据《路史》记载，春秋时的姚国是商族的后代（商族的姓是子姓），他们便以国为氏，称为姚氏。

（3）其他族改为姚姓。据有关史料所载，西晋时有羌族首领姚弋仲，原是汉朝时西羌烧当氏的后裔，他们自称是帝舜的后代，因此改姓为姚。

繁衍之迹

早期姚姓因家族势力不足，故繁衍得较为缓慢，在东汉以前，姚姓已有徙居今河南、山西、广西、四川、浙江等地者。晋代永嘉年间，南安赤亭羌族一支在其首领姚弋仲率领下，从赤亭迁到榆眉（今陕西千阳），后赵时被徙关中，后姚弋仲被任为西羌大都督，率羌众数万居于清河之滠头（今河北枣强县东北）。二十年后，其五子姚襄率领部众返回关中，在三原被杀，襄弟姚苌降于前秦，不久攻入长安。南北朝时西魏有吴兴武康人姚僧垣及其次子姚最入长安，姚僧垣之长子姚察则仕陈为吏部尚书，陈亡后，姚察及其子姚思廉被安置在雍州万年县（今陕西西安西北），至隋时形成当地一大望族。当今中国之姚姓大多来自上述两支姚姓，在唐代以前，就已成为今浙江吴兴和甘肃陇西一带望族。唐初，陈政、陈元光父子入闽开漳，有光州固始人、任府兵队正的姚廉洁随之入闽。两宋时，姚姓已分布于今河北、河南、山西、山东、四川、江西、江苏、浙江、福建、广东、辽宁等地。明初，姚姓作为洪洞大槐树迁民姓氏之一，被分迁于山东、河南、河北、东北等地。明末张献忠屠川后，有姚姓湖广迁四川。此时姚姓已广布大江南北，尤以江苏、浙江为最集中。清初，有姚姓赴台，进而播迁海外者。如今，姚姓分布广泛，尤以四川、江苏、浙江、安徽多此姓。上述四省姚姓约占全国汉族姚姓人口的35%。

姚姓名人

1. 一代名相姚崇

姚崇，原名元崇，后来因为要避开唐玄宗“开元”年号之讳，改名为姚崇。唐太宗贞观二十三年（公元649年），姚崇生于陕州硖石（今河南省陕县东南），唐玄宗开元九年在大唐都城长安去世，享年72岁。姚崇一生，尽心国政，三朝为相。一代女皇武则天统治时，姚崇官至凤阁侍郎（副宰相）。武周结束李唐复兴后，姚崇被睿宗拜为兵部尚书，同中书门下三品（宰相加衔）。玄宗李隆基登位初期诏封姚崇为兵部尚书、同平章事（副宰相），后又加封为梁国公。在中国古代政坛如沙场、骨肉相残的社会中，姚崇能佐政三帝，三朝为相，实在是不多见的。

2. 一生从政的僧人姚广孝

姚广孝，长洲（今属江苏苏州）人，14岁出家为僧，法号道衍，世称道衍和尚。他博览群书，关心政治，是明成祖朱棣身边的谋士，力劝朱棣夺位，后又受明成祖之命主持编修《永乐大典》，修行、功名二者兼得。

姚广孝精于佛学，擅长诗文，曾两次被朝廷选为高僧，但他志向并不在方丈之间。著名术士袁珙一见他就说："这是哪里来的怪异僧人，三角眼，像生了病的老虎，将来的业绩一定在政治上。"姚广孝听了很高兴。

姚广孝遇见燕王朱棣后，为他分析了天下形势，力劝朱棣夺位，是"靖难"起兵中起决定性作用的人物。

后来朱棣称帝，是为明成祖。姚广孝被封为僧录司左善世，管理佛教事务。姚广孝工作非常认真负责，每天起早贪黑，处理政务。后来明成祖觉得他的功劳太大，职位太低，想升他的官职，但碍于他是出家人，只好任他为太子少师。

因为姚广孝博学多才，世所罕见，明成祖便让他主持编修《永乐大典》。本来《永乐大典》由其他人编订，但与该书的规划宏旨相去甚远，明成祖就将它交给了姚广孝。姚广孝不辱使命，汇集三教九流参与编订，几年之后，世上学问无所不包的《永乐大典》终于成书。姚广孝也因此积劳成疾，不久病逝。明成祖亲自为他写了祭文，并按出家人的方式将他安葬在北京西郊的卢沟河畔。

像姚广孝这样一生为僧而从政的，在中国历史上实不多见。

65. 谭——圣君夏禹姒姓后裔，子孙以国为姓

谭姓是当今中国姓氏排行第六十五位的大姓，人口较多，约占全国汉族人口的0.34%。

谭姓大探源

谭姓源自春秋时代的谭国。谭氏家族的祖先，本来是上古圣君夏禹的姒姓后裔，周朝初年大封先圣时，把他们封于谭国，爵位为子。也许由于国势一直不很强盛，所以不久之后就沦为强邻齐国的附庸国。到了春秋时代初期，齐桓公称霸诸侯，就于周庄王十四年，也就是公元前683年，干脆把谭国并吞了。当时，谭国的主人谭子奔到莒国去避难，而留在故国未走的子孙，只好“以国为氏”，以谭姓世代相传，对故国表示缅怀之意。

繁衍之迹

谭姓发源地在今山东省境内。汉代以前，山东、河南两地是谭姓分布最广的区域，谭姓历史上三大郡望皆出于此两省境内。汉代时，谭姓分布渐广，据载，汉有隐士谭贤，太原（今属山西）人。魏晋南北朝时期，是谭姓历史上一个重要的变化时期，因北方战火四起，谭姓也同别的士族一起徙迁南方，这次迁徙直接导致了以后历代谭姓南方数量多于北方的格局，即由一个典型的北方姓氏变成了典型的南方姓氏，且居地范围在湖南及其周边地区最为集中。唐代是历史上最繁盛的时期，社会安定，政治清明，在这样一个家家户户安居乐业的时代，谭姓的发展更加快速，分布地域也更加广泛。据载，唐末虔州南康（今属江西）人谭全播，拥戴卢光稠起兵，连下虔、韶、潮三州，后在五代时任后梁的虔、韶二州节度开通使。宋元时期，金兵的入主中原和蒙古军队的南下，使得北方又处于混乱状态，此期居于北方的谭姓更是向南方聚居。荣载史册的著名人物也多出自南方。如宋有长沙（今属湖南）人谭申，成都（今属四川）人谭宏，金坛（今属江苏）人谭知柔。元有怀来（今属湖北）人谭资荣，宁海（今属浙江）人谭处端。清朝时，谭姓播迁出现新特点，这一时期，谭姓在国内的播迁基本完成，大江南北，长城内外，都有谭姓分布，于是，谭姓把新的发展点着眼于国门之外。据载，此时有闽、粤谭姓迁至东南亚，侨于新加坡等国。今日谭姓以湖南、广东、四川、湖北等省为多，这四个省的谭姓人口约占全国汉族谭姓人口的66%。

谭姓名人

维新主将谭嗣同

谭嗣同（1865～1898年），字复生，号壮飞，清末维新运动的代表人物；湖南省浏阳县人；湖北巡抚谭继洵之子，与湖南巡抚陈宝箴之子陈三立等号称“晚清四公子”；少年时博览群书，好任侠，喜词章，富于思想；青年时期为父命所迫，曾六赴南北省试，因不喜科举时文，屡考不中；1884年，入新疆巡抚刘锦棠，后又游历西北、东南各省考察民情，结交名士。

1894年中日甲午战争中，清军惨败，丧权失地，群情愤慨。谭嗣同痛感自己的精力多用于考据词章，无补于事，决心致力于维新变法。1895年与唐才常等在浏阳筹建算学馆，创办新学，并撰文提出变法主张，首开湖南维新之风。8月，北京成立强学会，他即赴京自称康有为“私淑弟子”。

1898年6月11日，光绪帝下诏宣布变法。谭嗣同由侍读学士徐致靖推荐，授四品卿衔军机章京，参与新政。戊戌政变时，为袁世凯出卖，慈禧太后于9月21日发动政变，对维新派残酷镇压。谭嗣同拒绝出走，24日，被捕下狱，28日与杨深秀、杨锐、林旭、刘光第、康广仁等同被杀害，世称戊戌六君子。其著作编为《谭嗣同全集》。

廖廖廖廖廖

66. 廖——源起有三，出自己姓、姬姓、偃姓

廖姓是当今中国姓氏排行第六十六位的大姓，人口较多，约占全国汉族人口的0.34%。

廖姓大探源

关于廖姓的来源，历来有三种说法：

（1）以国为姓，为上古时期廖叔安之后裔。相传帝颛顼有个后裔叫叔安，夏时，因封于廖国，故称廖叔安，其后代以国为氏，称廖氏。

（2）出自姬姓，为周文王之子伯廖之后裔。周文王有个儿子叫伯廖，因受封于廖，其后裔也有以廖为氏，称廖氏。这支廖氏，望出巨鹿。

（3）出自偃姓，因尧、舜的贤臣皋陶的后裔夏时受封于廖而得姓。楚穆王四年灭廖国，其后子孙有以国为氏，即为廖氏。

（4）为缪、颜二姓所改。缪、颜二姓皆皇帝所赐，殷纣王执政时，残酷无道，缪、颜二姓有隐居于黄河西北，改姓为廖。

繁衍之迹

廖姓最早发源于河南省境内。廖姓历史上最大郡望“汝南郡”早期即出此地，当时河南廖姓极为昌盛。秦汉之际，廖姓始有迁往周边地区者。伯廖一支形成巨鹿郡望。另有汝南廖姓后裔廖惠避秦之乱而迁河南。魏晋南北朝时期，继“永嘉之乱”始，北方廖姓大举南迁，此期，廖惠后裔廖化自襄阳（今湖北襄

樊）迁入四川，是为入蜀始祖。传自廖世璋，居江苏南京，其二子分别入居洛阳、浙江永嘉。传自廖延龄，任武威（今属甘肃）太守。另有晋代隐士廖堂，将乐（今属福建）人，为最早入闽者。唐时，入闽者甚众。唐初有廖姓随陈元光父子开漳入闽，唐末有廖姓随王潮、王审知入闽。廖惠一支传至廖崇德，任江西虔化令，其后人又有迁居福建汀州宁化石壁寨，进而迁上杭等地者。宋代，廖姓已是福建大姓，名士辈出。明代，山西洪洞大槐树廖姓分迁于河北、河南、江苏、北京等地。清代，闽粤廖姓有入台进而移居泰国、新加坡等地者。今日廖姓以江西、湖南、四川、广西、广东等省居多，上述五省廖姓约占全国汉族廖姓人口的73%。

廖姓名人

蜀中名将廖化

廖化是蜀国后期将领，以勇敢果断著称。廖化最初为关羽主簿，兵败被吴国俘虏，但用计逃回，随刘备伐吴。后任广武督、阴平太守，多次参与北伐活动，晚年因功升至右车骑将军，随姜维防御魏将邓艾、钟会伐蜀。蜀国灭亡后，廖化被徙往洛阳，于半道病逝，享年70余岁。

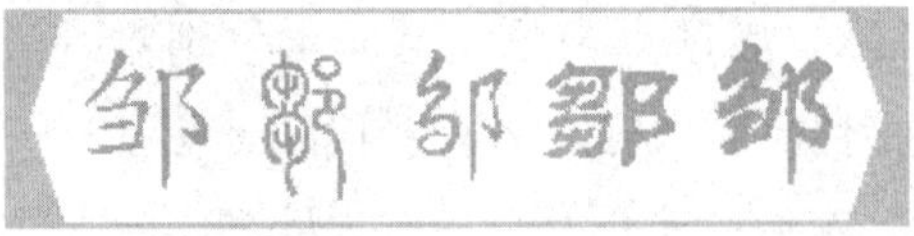

67. 邹——“邹”、“朱”皆为颛顼帝后裔

邹姓是当今中国姓氏排行第六十七位的大姓，人口较多，约占全国汉族人口的0.33%。

邹姓大探源

邹姓主要有两个源流，一系是传自大约三千年以前春秋时代的邾娄国，另一系则源于同一时期的宋国。

邾娄国，也就是邾国，是周武王伐纣而得天下之后，封给帝颛顼后裔的采邑。他们是附庸于鲁国，到了战国时，被鲁穆公改号为邹，后来却被楚国所灭，颛顼的子孙分散各地，就纷纷以故国的名称为氏，有的姓了邹，有的却把原来的“邾”字去邑留朱，以朱为姓。因此认真的追溯起来，3000年前的邹姓和朱姓，都是源自同一祖先颛顼帝的一家人。

宋国，根据《史记殷本纪》的记述，则是殷商的后代，他们也是在纣王亡国之后，被周武王封在宋地，以奉殷汤之祀。后来宋愍公的后代正考父食采于邹，传到叔梁纥的时候，就以国为氏，这一家人就姓了邹，接下来齐国的名士邹衍和邹忌，都是这一家的子孙。

繁衍之迹

邹姓的发祥地以今山东邹县为主源。邹为楚灭后，邹姓开始向河北一带迁衍，后逐渐称盛于范阳一带。古时的范阳，即今北京昌平、房山及河北涿州一带。西汉以后，邹姓的一支自河北范阳迁居河南邹坊，成一大聚落。魏晋南北朝时，北方烽火连天，称盛于古时范阳一带的邹姓，首当其冲身受其害，他们也同北方其他士族一起，避祸南迁于江、浙一带，后又散居于闽粤一带。唐代是邹姓南徙最频繁的时期。唐初，有邹姓人随陈政、陈元光父子入闽开漳并落籍定居。唐德宗贞元末年，邹垣自安徽当涂迁江西南昌新吴驾山，其后不久，为避黄巢之乱，邹垣又举家迁闽，其后子孙繁衍，分居邵武等县。唐末，有光州固始人邹盘、邹勇夫随王潮、王审知入闽，其中邹勇夫曾镇守归化镇（在今福建泰宁县），其子邹相遂于当地落籍。南宋时，邹应龙自泰宁迁居长汀上堡乡，其子移居清溪（今福建安溪）。其子又生五子，散居闽粤各处，次子邹德宏，迁至广东长乐（今五华）象岭开基，子孙居华阳、玉磨两乡，并有迁居广东之梅州、揭阳、广西之平乐者。宋代以后，今福建之泰宁，邹姓更是族大人众，是当地名望地位较高的家族。此际，邹姓在南方各地得到了进一步的推进，已广泛分布于今江西、江苏、福建、浙江、湖南、广东、广西等地。明初洪武年间，邹姓作为明朝洪洞大槐树迁民姓氏之一，被分迁于河南、山东、河北、江苏、浙江等地。明清之际，邹姓已广播于江南广大地区，并有闽粤之邹姓渡海赴台，进而漂洋过海，远播海外者。如今，邹姓在全国各地分布甚广，尤以四川、江西、山东、湖北、浙江、福建等省多此姓，六省邹姓约占全国汉族邹姓人口的68%。

邹姓名人

古代哲学家、阴阳学家邹衍

邹衍（约公元前340～前260年，亦说公元前305～前240年）亦作驺衍，战国末期齐国人。

邹衍开创了战国时期的阴阳学，其主要思想是“五德始终说”和“大九州说”。他把春秋战国时期流行的五行说附会到社会的变动和王朝的兴替上，提出“五德始终”的历史观。他认为整个物质世界是由金、木、水、火、土构成的，事物的发展变化是通过五行相克和五行相生来实现的。人类社会历史的改朝换代与自然界一样，也是一种客观必然。自开天辟地以来的人类社会都是按照五德转移的次序进行循环的，每一朝代都主一德，每一德都有盛有衰。盛时，它对应的那个朝代就兴旺发达；衰时，这个朝代就要灭亡。人类社会的历史变化遵循着五行相生相克的规律进行着循环。该学说对秦汉社会产生过重要影响。

邹衍一生著述甚丰。《汉书·艺文志》在阴阳家类着录《邹子》49篇、《邹子终始》56篇。《史记·孟子荀卿列传》说他著有“《终始》、《大圣》之篇十余万言”，并另作有《主运》。邹衍在音乐、方技方面也颇有造诣。

68. 熊——以国为姓，源自芈姓

熊姓是当今中国姓氏排行第六十八位的大姓，人口较多，约占全国汉族人口的0.32%。

熊姓大探源

熊姓起源主要有二：

一是以国号为姓。据史书记载，相传黄帝姓公孙，居轩辕之丘（今河南新郑市），故号轩辕氏。又由于其建国于有熊（今河南新郑市），所以又称之为有熊氏。其后人有以国名为姓的，称熊氏。

二是起源于芈姓。商代末年有位贤者名叫鬻熊，相传是季连的后裔。他很有学问，曾做过周文王的老师，着有《鬻子》一书。他的后代以他的名为氏，称熊氏。后来周成王时追封先王的功臣，遂封鬻熊的孙子熊绎于楚地，成为楚国的开国之君。公元前223年，楚国被秦国所灭，楚王的后人遂以熊为姓。

繁衍之迹

熊姓发源于古时的楚国，即今湖北、湖南、江西等省，自然这一地区也成了熊姓首先繁衍的主要地区。秦汉之际，熊姓仍旧以上述地方为其繁衍发展的中心，但亦有少数散居于河南、河北、山东等地。魏晋南北朝时，熊姓已迁入我国江南广大地区，经过长时间的繁衍发展，逐渐在湖北之江陵、江西之南昌繁衍壮大起来。唐宋年间，熊姓后人陆续向江苏、浙江地区迁移，而南昌与江陵两地的熊姓依旧长盛不衰，人才辈出，族大人众，而宋初移居福建建安（今建瓯县）等地的熊姓，也逐渐成为望族，后世出了不少名人学子。明初洪武年间，熊姓作为明朝山西洪洞大槐树迁民姓氏之一，被分迁于河南、山东、河北、北京、天津、江苏、安徽、陕西等省。明代以后，熊姓子孙陆续向广西、贵州、云南、四川、海南各处迁徙，并有融入苗族、水族、布依族、土家族、阿昌族等少数民族者。到清朝，熊姓已散居全国各地，亦有闽粤之熊姓渡海赴台，进而迁居海外，侨居新加坡等国者。如今，熊姓分布以湖北、江西、四川、湖南等省为多，上述四省之熊姓约占全国汉族熊姓人口的66%。

熊姓名人

1. 一代名将熊廷弼

熊廷弼（1569～1625年），明朝军事谋略家、名将，字飞百，江夏（今武汉武昌）人。他有胆略，知兵法，善用奇计。

熊廷弼于万历二十六年（1598年）中进士，授保定推官，进工部主事，后改任御史；万历三十六年，巡按辽东，针对辽土多旷，上言实行军屯，推行诸边；继奏防边以守为上，增兵制械，缮垣建堡，防备正在崛起的后金军；在辽东数年，使辽东军势复振；历年四十七年，萨尔浒之战中明军大败，明廷以熊廷弼熟悉辽东边事，升任兵部右侍郎兼右佥都御史，取代杨镐经略辽东；赴任前闻开原（今属辽宁）失守，请朝廷速遣将士，备粮饷，修器械，巩固辽东防线；出山海关，又闻铁岭复失，沈阳、辽阳诸城军心不稳，遂昼夜兼程赴辽东，严明军纪，诛斩逃将，劾罢拥兵不救的总兵李如桢；安抚逃民，督将士造战车，治火器，浚濠缮城，严行军令，经数月整治，军心民心始固；又奏守御策，建议集兵18万分守代阳（今本溪东南）、清河、抚顺诸要地，挑选精悍者乘隙更番袭扰，疲惫后金军，然后相机进剿；次年，遭廷臣诬陷去职。天启元年（1621年），明军在沈辽之战中大败，辽东告急，被召入朝献三方布置策：在广宁（今北镇）厚集步骑，牵制后金主力；天津、登州（今属山东）、莱州各置舟师，乘虚入辽南，迫其内顾；东联朝鲜（今朝鲜、韩国），以壮声势；山海关设经略，节制三方。旋升兵部尚书兼右副都御史，再次经略辽东军务，坐镇山海关。熊廷弼主张先固守、后进战，与握有重兵、力主进战的广宁巡抚王化贞不协，受其掣肘，三方布置策难以施行，致辽西重镇广宁等40余城堡失守，被革职入狱，在狱中还与新任关外监军袁崇焕共商守辽大计，五年八月遭冤杀。崇祯年间昭雪，谥襄愍。

2．为官刚正的熊赐履

熊赐履，字敬修，湖北孝感人，顺治年间中进士，以刚直不阿、直言陈事出名。

清康熙初年，鳌拜辅佐康熙，擅作威福，专权跋扈。熊赐履不像有些人那样趋炎附势，助纣为虐，而是敢于向皇帝进谏，要求惩办腐败，矛头直指鳌拜。他上书要求皇帝治贪倡廉，慎重地选择辅弼大臣，不要受奸佞小人蒙蔽。要求皇帝不耽声色，读圣贤之书，修养德行，特别指出汉族官员在朝中不应过于迁就满族官员，要朝夕献策进谏。此疏一上，鳌拜大怒，欲治熊赐履以妄言之罪，幸亏有皇帝保护才幸免于罪，后官至刑部尚书。

熊赐履曾主持经筵大典，为康熙讲解儒家经典、为王之道。他曾负责编修《太宗圣修》、《孝经衍义》、《明史》等官书，有多部著作。

69. 金——源流皆与金子有关

金姓是当今中国姓氏排行第六十九位的大姓，人口较多，约占全国汉族人口的0.31%。

金姓大探源

金，是光辉灿烂人人珍爱的东西，而有“金”这个姓氏，正跟这个宝贝有着十分密切的渊源。

金姓，来源很多，但最主要的两支：源出少昊金天氏的一支，和源出匈奴休屠王子金日石单的一支，他们的得姓，却都跟金子有关系。

少昊，是黄帝的儿子，也是黄帝的继承人，曾经在位84年，建都于曲阜。据传，他是黄帝和螺祖所生的儿子，最先以金作标志统治天下，订立了后世重视金子的制度，所以他又有金天氏的称号。

源自匈奴的一支金姓，得姓则晚得多。这一支金姓的始祖金日石单。本来是匈奴休屠王子的儿子，汉武帝初年，归顺于汉室，曾经侍帝数年，从未发生过失，所以甚受汉武帝的重视，武帝临死前，使其与霍光同受遗诏辅政，是功在汉室的辅国大臣。至于他的得姓，则是由于他曾铸作金人以祭天，所以黄帝就赐他姓金，从此他的子孙也统统姓了金。这一支金姓，后来是京兆一带，就是现在长安的望族。

以上这两支最主要的金姓，其最初得姓都跟金子有关，可见得所有的姓氏，都是渊源可考，而不是随随便便就有了的。

繁衍之迹

金姓发源地主要有山东和陕西及浙江、江苏等地。春秋时郯国（今山东郯城北）即为山东金姓（少昊一支）所建，战国时被吴所灭，国人有向南迁徙者，后在彭城（今属江苏）形成望族。西汉时匈奴人金日石单归附汉室，族人繁衍于陕西西安一带，其二子俱任侍中，其弟一族亦任朝中要职，与西汉大臣张汤后世并称“金张”，为功臣世族之家。南北朝时，甘肃等地有金姓足迹。如北齐大都督金祚即安定（今甘肃泾川县北）人。唐代时金姓即为益州蜀郡（今四川成都）三姓之一，亦为汾州河西郡（今山西临汾一带）四姓之一。可见，这一时期，金姓已是南北共同发展，分布点日益广泛。五代是金姓发展史上一个重要时期，当时刘姓在吴越国本是大姓，为避讳而改姓金，大大增加了金姓族人，特别是南方浙江、江苏一带金姓势力，后世南方金姓的发展，也大多以这一带金姓为繁衍源头。宋元之际，北方金姓有躲避兵祸而南迁者。明代洪武、永乐年间，江苏、安徽、河南、湖北等地有山西大槐树金姓移民。另有众多少数民族姓氏被赐姓金，萌发了更多新生支脉。清代从嘉庆年间开始，闽、粤金姓陆续有人入台，进而侨迁海外。总之，明清之际，史册所载名人层出不穷，且多出自南方，说明这一时期金姓已发展到一个新的鼎盛阶段，而南方又是这一鼎盛之典型。今日金姓分布以河南、浙江、江苏、湖北、四川和上海等地多此姓，这六省市金姓约占全国汉族金姓人口的62%。

金姓名人

“天下第一才子”金圣叹

历史上，姓金的名人不少，明代末年的金圣叹，更是经常被文人挂在口头上的一位奇才。金圣叹本来姓张名采，后来才改姓为金。据传，他为人狂傲而有奇气，博览群书，所作的文章更是雅俗共赏。金圣叹最杰出的成就是他对于《水浒传》、《三国演义》以及《西厢记》等书的评论。据说，他对于这些名著的评论，标新立异，往往出乎意料，被后世传诵不断。后来，在清朝顺治年间，他以哭庙案被斩，根据《柳南随笔》的记述，他在临死以前曾大叹：“绝头，至痛也；籍家，至惨也；而圣叹以不意得之，大奇！”并且一笑而受刑。像这样洒脱而透彻的话，恐怕也只有他这样的奇才，才能脱口而出了。

陆 陸 陆 陸 陆

70. 陆——源自虞舜，组成分子庞杂

陆姓是当今中国姓氏排行第七十位的大姓，人口较多，约占全国汉族人口的0.31%。

陆姓大探源

陆姓源自虞舜。早在四千多年前虞舜把帝位禅让给夏禹之后，他的儿子商均，就被夏禹封于虞城（妫水），也就是现在山西省永济县南部的地方，并且以“妫”作为整个家族的姓氏。换句话说，现在山西永济县的南部，正是陆姓人的最早发祥之地。

不过，陆氏也跟其他著名姓氏一样，并非单纯的“一脉相传”，而是由好几支不同的分子共同组成。据史料记载，春秋时就已有陆浑国子民改姓为陆。

春秋时期所谓的陆浑国，本来是伊川（今河南省境内）之地，由于有一支名为陆浑之戎居于此而得名。这支陆浑戎，是允姓戎的别部，住在伊川，不久就于周景王二十年被晋国所灭，并且也仿照汉人的习惯，在国亡后以国为氏而姓了陆，使得陆姓的阵容，很快地庞大起来。

繁衍之迹

陆姓最早发源地为山东，早期陆姓亦是以山东为中心向四周传播。南北朝时鲜卑族步陆孤氏改为陆姓，遂以河南洛阳为郡望，成为陆姓发展史上又一大繁衍主流。陆姓很早便迁居于南方。据载，西汉时，陆通后裔陆烈任吴县（今属江

苏）令，迁豫章（今江西南昌）都尉。其子孙留居吴县，发展成为当地强宗大族，治为吴郡，并尊陆烈为开基始祖。后来，吴郡陆姓又进一步分衍出颍川支、荆州支、丹徒支、乐安支、鱼圻支、太尉支等，遍布河南、湖南、江苏、山东等省份，其中颍川支后发展为当地望族，并尊陆闳（陆烈第十二世孙，东汉初年任颍川太守）为开基始祖。魏晋南北朝时，中原陆姓有鲜卑步陆孤氏加入，南方孙吴政权有大都督陆逊一族，南北方各地的陆姓阵容都得到了更大规模的发展，此期荣载史册的陆姓名人盛况空前。据载，陆逊之子陆抗为孙吴镇军大将军，陆逊之孙陆机、陆云皆西晋著名文学家，江南陆姓此时之昌盛显赫可见一斑。盛唐时期，陆姓势力呈巩固加强发展之态。唐初有陆姓将佐随从陈元光父子开漳入闽，落籍于此。宋元至明清时期，陆姓已广布神州，进而延伸至台湾、新加坡等地。另外其分布格局历经数千年辗转迁徙，无数次避祸南移，已变为典型南方姓氏。今日陆姓分布以江苏、广西、广东、浙江、上海等省为主，上述几个地的陆姓人口约占全国陆姓的65%。

陆姓名人

1. 名震三国的大将陆逊

陆逊（公元183～245年），字伯言，东吴四英第四位，孙策的女婿。赤壁之战时就随东吴军参战，但一直没有受到重用。后来向吕蒙献白衣渡江之计，使得吕蒙成功袭取荆州。公元221年，已经称帝的刘备起兵攻打东吴。东吴连战连败，阚泽向孙权推荐陆逊。孙权果断任命陆逊为都督，统领三军。陆逊在彝陵用火攻之计大破刘备，立下了奇功。

历史上的陆逊在东吴将领中应该是说是最厉害的一位。但由于后人的“拥刘贬曹”，使得陆逊这位“杀害刘备”的彝陵英雄也受到了很不公平的评价。今天看来，陆逊在魏蜀吴三国中都算得上是一位难得的将才。

2. 茶神陆羽

陆羽（公元733～804年），字鸿渐，唐朝复州竟陵（今湖北天门市）人；一名疾，字季疵，号竟陵子、桑苎翁、东冈子，又号“茶山御史”；凭借世界第一部茶叶专著——《茶经》闻名于世，对中国茶业和世界茶业做出了卓越贡献，被誉为“茶圣”，奉为“茶仙”，祀为“茶神”。

陆羽一生鄙夷权贵，不重财富，热爱自然，坚持正义。《全唐诗》中载有陆羽一首诗，正体现了它的品格：不羡黄金屋，不羡白玉杯，不羡朝入省，不羡暮登台；千羡万羡西江水，曾向竟凌城下来。

陆羽的《茶经》，是唐代和唐代以前有关茶业科学知识和实践经验的总结。《茶经》一问世，即为历代人所钟爱，后人盛赞他为茶业的开创之功。

71. 郝——出自商末地名

郝姓是当今中国姓氏排行第七十一位的大姓，人口较多，约占全国汉族人口的0.3%。

郝姓大探源

郝姓的起源是出自商末的地名。

远古时代的太昊的部下郝骨氏，辅助太昊治理部落。到了商朝末期，郝骨氏的裔孙期，被商帝乙封在太原郝乡。于是期的后代就以封地为氏，即为郝氏。

除此之外，郝姓中还有一些少数民族血统。古代少数民族乌桓族以游牧射猎为生，汉武帝以后归附汉，活动在我国北方。乌桓族中就有一些以郝为姓的人。唐代南方蛮族中也有以郝、刘、杨为姓氏的。可见，除了商朝末期以地名为姓氏的郝氏外，古代北方及西南的少数民族中也有郝姓。

繁衍之迹

赫姓的起源地是今山西太原，秦汉之际，郝姓人逐渐向山西其他地方以及陕西、河南、河北等附近境内迁移。晋末，两晋南北朝时，虽社会动荡，但居山西之郝姓由于山西特殊的地理位置，所受波及不大，但河北之郝姓有避战乱而迁山东者，河南之郝姓有迁安徽者。隋唐之际，社会安定，郝姓在陕西京兆一带繁衍壮大，并形成郝姓历史上的第二大郡望——京兆郡。并有郝姓迁湖北、四川者。北宋灭亡后，郝姓有南迁江南者，而世居汾州（今山西汾阳）的著名画家郝章为避战乱，兵火后迁居阆州（今四川阆中）并落籍当地。唐宋以前，郝姓主要还是以中原地区为其繁衍的中心地带，至于郝姓南迁，较他姓要晚，规模也要小得多。唐宋之际，南方的一些地方才出现了较多的郝姓人家。元末时，灾疫不断，农民起义军四起，后互相攻伐，导致中原、华东、华中人口锐减，明初洪武年间，郝姓作为明朝洪洞大槐树迁民姓氏之一，被分迁于今河北、北京、山东、天津等地。明清之际，郝姓在南方各地的分布渐广，湖南、福建等省都有载入史册的郝姓人物；同时在东北的辽宁等省也有了郝姓的聚居点。清代时，世居山西北部的郝姓跟随走西口的风潮，有迁内蒙古、甘肃者；而居于福建的郝姓则有渡海赴台，进而入南洋新加坡等地者。但是，此期郝姓仍是以北方为其分布繁衍的中心。如今，郝姓在全国分布甚广，尤以河南、山西、河北三省为多，这三省的郝姓约占全国汉族郝姓人口的59%。

郝姓名人

力拒诸葛亮的曹魏大将郝昭

郝昭，山西太原人，是曹魏大将，曾在陈仓拒守诸葛亮，诸葛亮包围陈仓20余天，派人劝降不成。郝昭坚持到援兵赶到，由此赐爵列侯。

郝昭事迹未见于《三国志》，但他留下一封遗书，流传后世。人之将死，其言也善。这份遗书篇幅不长，不妨抄录于下：吾为将，知将不可为也。吾数发冢，取其木以为攻战具，又知厚葬无益于死者也。汝必敛以时服。且人，生有所处耳，死复何在耶？今去本墓远，东南西北，在汝而已。

郝昭在给儿子的遗嘱中，坦率承认多次掘人坟墓，用棺木作攻战之具，有此经历，所以他深感厚葬对死者并无益处。由此可见其人对身后之事的处置非常达观。

72. 孔——黄帝后裔，源流清楚

孔姓是当今中国姓氏排行第七十二位的大姓，人口较多，约占全国汉族人口的0.29%。

孔姓大探源

孔姓是一个十分古老的姓氏，他们的祖先，可以远远地追溯到四千四百多年以前的帝喾高辛氏。帝喾是黄帝的孙子，曾经继黄帝及其父少昊之后，领导中华民族七十年，因此孔姓的人，当然也是黄帝的后裔。

孔姓是出自殷商的子姓，而殷商的开国之君殷汤，则是帝喾的次妃所生的儿子契的后代，殷汤为了纪念自己的祖先是吞乙卵而生，就取字为乙，传了若干期，到了春秋时代，在宋国的孔父嘉，为华督所杀，他的儿子就跑到鲁国避难，并且在鲁国定居，所以孔子才会是鲁国人。

通过对史料记载的分析，可以看出殷汤的后代以孔为姓，是始自孔父嘉。孔父嘉是春秋时代宋国的人，所以孔氏之得姓，应该也已经有了三千年的悠长历史。

孔子是孔父嘉的六世孙。据考证，孔子的父亲是叔梁纥，祖父是伯夏，伯夏则是防叔之子。由此可见，孔父嘉不但是孔姓的创造人，而且的确是2000多年来举世同钦的至圣先师孔子的六世祖。

孔子以下的孔氏家谱，历两千余年如一日，把每一代子孙都记载得原原本本。因此，孔子的历代子孙究竟都做了些什么，各种史书上的记载也未曾间断过，而且交代得清清楚楚。

像这样，能够把孔氏的世系追溯得分毫不差，岂不是孔姓的人比别姓的人幸运而又足以自豪自傲的地方！孔，的的确确是一个尊荣无比的汉族姓氏。

繁衍之迹

孔姓最初的发源地在今河南商丘一带。后因避战祸而逃到鲁国，此为孔姓家族的第一次东迁。这次迁徙，使鲁地逐步成为后世孔氏繁衍之中心。进入秦朝，孔姓在鲁地已成为一大望族，并不断向四周邻近省份迁徙繁衍。两汉之际，孔姓族人除有部分居鲁地祀奉孔子香火外，还有部分入仕，成为当朝高官，地位显赫一时。三国两晋南北朝时，北方连年战乱，孔姓族人又一次大规模南徙，进入浙江、安徽等地。盛唐时期，社会安定，经济发展，士族壮大，孔姓繁盛，郡望与名人大量涌现，家族播迁也愈加广泛，逐渐分居于江苏、浙江、江西等江南各地。元、明两代，孔姓族人又广播于江夏（今属湖北）、临川（今属江西）、江宁（今南京市）、池州（今属安徽）等地，且陆续向四周徙居繁衍。至明末清初之际，又入迁福建、广东、贵州、云南一带。清朝以后，孔姓子孙已遍布全国各地，还远播海外，使孔姓成为我国诸多家族中一个著名的大宗族。当今孔姓族人分布很广，以山东、江苏、吉林多此姓，上述三省孔姓约占全国汉族孔姓人口的73%，而孔姓“圣地”山东独占60%。国外孔姓则以南韩居首。

孔姓名人

1. 大圣人孔子

孔子（公元前551～前479年），名丘，字仲尼，鲁国人。他是春秋末期的思想家和教育家，也是儒家学派的创始人。孔子在早年时即丧父，家境贫寒。

孔子“三十而立”，这时他开始收徒讲学，如颜路、曾点、子路、子贡、颜渊等，是较早的一批弟子。连鲁大夫孟僖子其子孟懿子和南宫敬叔都来学习，可见孔子办学已闻名遐迩。

公元前517年，鲁国内乱，孔子从鲁国躲避到齐国。齐景公向孔子问政，孔子说：“君君，臣臣，父父，子子。”又说：“政在节财。”齐政权操在大夫陈氏，景公虽然欣赏孔子的话，但却不能实行。

孔子在齐国不得志，只好又返回鲁国。“退而修诗书礼乐，弟子弥众”，从远方来求学的，几乎遍及各诸侯国。其时鲁政权操在季氏，而季氏又受制于其家臣阳货。孔子不满这种政不在君而在大夫，“陪臣执国命”的状况，不愿出仕。他说：“不义而富且贵，于我如浮云。”

鲁定公九年（公元前501年），阳货被逐之后，孔子才被重用，他先被任命为中都宰，这年孔子51岁。

孔子在鲁国任职，使齐国很恐惧，害怕鲁国强大之后会兼并自己，于是就赠送女乐给鲁定公和季桓子。季桓子接受了齐国赠送的女乐，以致三日不去听政。孔子的政治抱负眼看难以施展，就带着颜回、子路等十多名弟子离开了故乡鲁国。从此，孔子开始周游列国，这一走，竟是十四年之久的颠沛流离。这年孔子已经55岁了。他们先到了卫国，开始时受到卫灵公的礼遇，后来又受到监视，孔子担心获罪，就想到陈国去。路过匡地时，被围困了五天。解围后原来想过蒲至晋，但因为晋内乱而没有去，只得返回卫国。在那里，因为拜见南子夫人，引起许多的猜疑。后来卫国内乱，孔子离卫经曹国至宋。宋国的司马桓魋想加害孔子。孔子只好微服过宋，经郑至陈，这年孔子60岁。此后，孔子往返陈、蔡多次，曾被困于陈蔡之间。

鲁哀公十一年（公元前484年），冉有归鲁，率军在郎战胜齐军。季康子派人以币迎孔子。孔子遂归鲁，当时孔子已68岁。

孔子归鲁后，鲁人尊以“国老”，起初，鲁哀公与季康子常以政事相询，但终不被重用。孔子晚年致力于整理文献和继续从事教育。鲁哀公十六年（公元前479年），孔子卒，葬于鲁城北泗水之上。

2. 建安七子之首孔融

孔融（公元153～208年），字文举，鲁国（今曲阜）人，孔子二十代孙；东汉末期著名文学家，“建安七子”之首；曾任北海相，故后人又称孔北海。其父孔宙为汉泰山都尉。

孔融少时聪慧达理。4岁时他与兄长们一同吃梨，他总是拣小的，父亲问时他说；“我年龄最小，应当吃小的。”此后，“孔融让梨”的故事被传为美谈。

孔融13岁丧父，由于能极尽孝道常被人称赞。孔融入仕后，先任侍御使。因与同僚见解不同，托病回家。不久，他应朝廷所召做中军侯，很快又担升为虎贲中郎将。汉献帝建都许昌后，孔融做了“少府”，因与丞相曹操谋划不一，时有顶撞，遂被以“败伦乱礼”之名治罪，全家被害。孔融文学造诣很深，尤以散文见长。魏文帝曹丕将他的作品同西汉辞赋大家杨雄和东汉史学家班固并列。

3. 《桃花扇》作者孔尚任

孔尚任（1648～1718年），字聘之，又字季重，号东塘，别号岸堂，自称云亭山人，山东曲阜人，清代著名戏剧作家。

孔尚任是孔子六十四代孙。他早年受封建家族的传统教育，并曾应科举试。他爱好诗文，精通音律，学习的范围很广。

1685年，康熙皇帝南巡北归时到曲阜祭孔子，孔尚任因御前讲《论语》受到褒奖，被任命为国子监博士。一年后，因疏浚黄河海口，多次往来于南京扬州等地，所以与明朝遗老、南方名士结交，触发起对前朝兴亡的感慨，历经十年，创作出昆曲名剧《桃花扇》。

孔尚任在《桃花扇》中，“借离合之情，写兴亡之感。”《桃花扇》以侯方域和李香君的爱情故事为线索，再现南明兴亡始末，用儿女之情衬托国破家亡之痛，集中地反映了明末腐朽动荡的社会现实及统治阶级内部的矛盾和斗争。

《桃花扇》在艺术上有着很高的造诣。文学史上有不少传奇通过男女主角的悲欢离合，串演一代兴亡的历史故事，但《桃花扇》的出现，却使这类创作达到新的艺术高度。剧中人物的构思与描写颇具匠心，剧中词曲清婉流畅，感情色彩极为浓重。

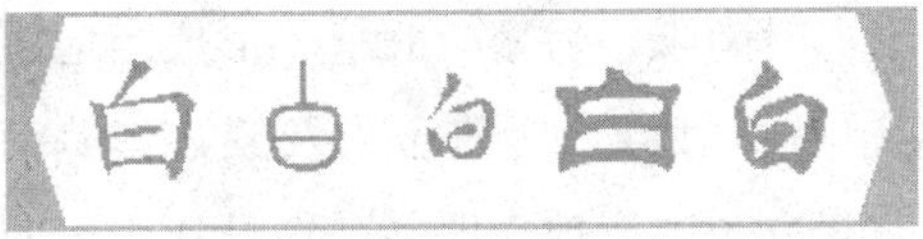

73. 白——盛于春秋时楚国

白姓是当今中国姓氏排行第七十三位的大姓，人口较多，约占全国汉族人口的0.29%。

白姓大探源

据诗人白居易的自序家渊，他是周代时楚国太子建之子白公胜的后裔。白居易的观点与史料记载相符，据此我们可以断定白氏家族是源自两三千年以前的楚国公族，推溯起来是上古颛顼帝的后裔，当然，更是源远流长的黄帝子孙。

白氏的得姓始祖白公胜，在当时史家的笔下，并不是一位具有好名声的人物。不过，白氏家族之称盛于春秋时代的楚国，却是不容否认的。

白公胜乱国被诛之后，楚国白氏家族的子孙，很可能为了避乱而纷纷出奔他地，所以到了不久之后的战国时期，白姓古人便遍布于山西和陕西等地。

繁衍之迹

白姓最早发源于陕西、河南一带。战国时期，河南白姓（白公胜一支）迁入陕西等地。据载，白公胜之子首先徙居秦国，在今陕西发展繁衍。秦时，始皇一统天下，封白起之子白仲于山西太原，其子孙遂世居太原。魏晋南北朝之际，白仲之后形成太原郡望，进而或迁陕西韩城、渭南；或迁湖北襄阳；或迁河南洛阳，皆在当地发展旺盛。隋代以后，白姓有更多新鲜血液注入，使得白姓家族更趋繁茂庞大。唐时白仲后裔白温，迁华州下邽（今陕西渭南东北）；白仲曾孙为唐朝大诗人白居易，晚年居洛阳（今属河南）香山，为白姓迁洛始祖，其后代分衍河南各地，蔚为壮观。五代时，白姓迁于古时南阳，后繁衍旺盛，形成当地望族，且以“南阳”为郡望堂号。宋元时期，有白姓族人为避金人及蒙古军队南下，纷纷徙迁南方。但总体看来，白姓仍以北方为主居地。明朝，白姓作为山西洪洞大槐树移民姓氏之一，分迁于山东、河北、河南、陕西、北京、天津等地。从清初开始，闽、粤白姓有陆续入居台湾，进而移于海外者。今日白姓以四川、山西、陕西、河南等省为多，这四省白姓人口约占全国汉族白姓人口的65%。

白姓名人

1. 中华第一名将白起

公元前475年，中国进入战国时代，在那个弱肉强食的年代，逐渐崛起的秦拥有一位卓越的军事统帅——白起。白起是秦历史上战功最为显赫的战将，征战沙场三十余载，攻城不计其数，歼敌上百万，成为当时六国无人敢迎战的军事将领，为秦的统一大业立下了不世之功。他的战绩创造了中国兵法的最高典范。

2. 伟大的现实主义诗人白居易

白居易（公元772～846年），字乐天，晚居香山，自号香山居士，原籍太原。白居易是唐代新乐府运动的倡导者，是中国文学史上堪与屈原、李白、杜甫并列的一流诗人。

白居易出身于小官僚家庭。大约在贞元三年（公元787年）的年初，16岁的白居易带着自己的诗稿，到了京都长安。老诗人顾况看到这位不速之客的姓名有“居易”二字，便很诙谐地说：“长安米贵，居住不易！”，及披卷读到《赋得古原草送别》中“离离原上草，一岁一枯荣；野火烧不尽，春风吹又生”时，不禁大为惊奇，拍案称绝，马上改变语气，郑重地说：“能写出这样好的诗句，‘居’下去是不难的，刚才我是同你开开玩笑罢了。”从此，白居易的诗名大振。

白居易是继杜甫之后，我国伟大的现实主义诗人。他的贡献是在总结我国自《诗经》以来现实主义诗歌创作经验的基础上，建立了现实主义的诗歌理论，掀起了一个波澜壮阔的现实主义的诗歌运动——新乐府运动，创作了大量优秀的现实主义诗篇。

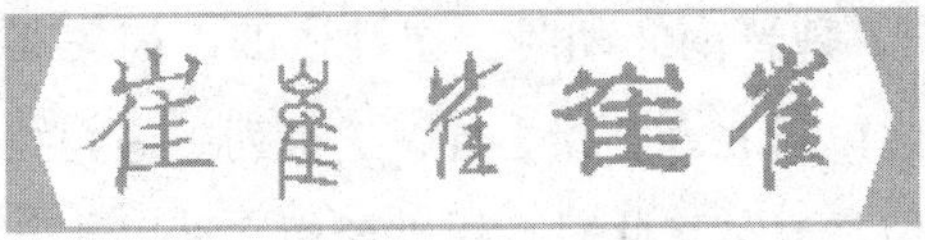

74. 崔——以邑为氏

崔姓是当今中国姓氏排行第七十四位的大姓，人口较多，约占全国汉族人口的0.28%。

崔姓大探源

崔姓源出于姜姓，是炎帝的后裔。舜帝时，炎帝的后人四岳，因辅佐大禹治水有功，被封在了吕国，其地在今河南南阳市西。商朝末年，吕国出了一个能人名叫姜子牙，辅佐周武王灭商有大功，被封在东方的齐国，齐国的国姓就是姜姓。姜子牙的嫡长子名伋，是周成王时的朝中重臣，后来又是周康王的顾命大臣，死后谥号丁公。丁公伋的嫡长子名季子，他不愿继承国君之位，就把君位让给了弟弟叔乙，自己住在崔邑（今山东章丘县西北），所以季子的后人以邑为氏，是为崔氏。

繁衍之迹

崔姓发源于山东境内。秦汉时，季子后裔崔意如任秦国（都今陕西咸阳）大夫，封东莱侯。长子崔伯基为西汉东莱侯，居清河东武城（今河北清河县东北，一说今山东武城县西），后分衍出鄢陵（今属河南）、南祖、清河大房、清河小房、清河青州房等支派。次子崔仲牟，居博陵安平（今属河北），后分衍出博陵安平房、博陵大房、博陵第二房、博陵第三房等支派。崔姓一族可谓门庭显赫，人丁兴旺，故有“清河”、“博陵”两大郡望。东汉末年，军阀争战，平州刺史崔毖率族人避居朝鲜，后发展为朝鲜大户。魏晋南北朝时，崔姓依旧以门第高贵、族大人众而著称。史载，西晋时，崔姓位居北方士族之首，遂被列一等大姓“崔卢王谢”之首。由此可见唐代崔姓地位之显赫。此时，崔姓繁衍之地以北方为主，山东、河北、河南、陕西、山西、甘肃遍布崔姓。宋元时期，有较多崔姓南迁于江苏、安徽、浙江、江西等地。明朝初年，有山西大槐树崔姓移民于人迹稀疏之地。明清之际又有大批崔姓族人迁往辽东一带，多与朝鲜族杂居。清末又有入居东南亚国家者。总之，唐代以后，崔姓虽陆续有迁徙之举，但仍不失为一北方姓氏。今日崔姓尤以山东、河南、黑龙江、辽宁、江苏等省多此姓，上述五省崔姓约占全国汉族崔姓人口的60%。

崔姓名人

唐代大诗人崔颢

崔颢（？～公元754年），汴州（今河南开封市）人，开元十年或十一年登进士第，早年曾漫游江南一带，一度在河东军幕中任职，后入朝为太仆寺丞，终于尚书司勋员外郎。他在当时享有盛名。

崔颢最著名的一首诗就是这首令李白都为之拜服的《黄鹤楼》：

昔人已乘黄鹤去，此地空余黄鹤楼。黄鹤一去不复返，白云千载空悠悠。晴川历历汉阳树，芳草萋萋鹦鹉洲。日暮乡关何处是？烟波江上使人愁。

据说李白游黄鹤楼时，读到此诗，叹道：“眼前有景道不得，崔颢题诗在上头”。后另作《凤凰台》诗以较胜负。

75. 康——以国为姓，混有外来血统

康姓是当今中国姓氏排行第七十五位的大姓，人口较多，约占全国汉族人口的0.23%。

康姓大探源

从古代的史书上看，康姓的起源主要有两支。

一支出自姬姓，周朝建国后，周武王把他的一个弟弟分封到康邑，史称康叔。随后康叔建立了康国，而康叔的后代就以国为姓，历代相传。

另一支康姓来自西域，汉代时西域有一康居国，后来随着丝绸之路的开辟，康居国王子入汉，定居于中原河西，他的后代以康为姓，这里也就成了康姓的一个重要发源地。

在历史的演变中，除了上面这两支主源外，还有一些少数民族如一部分突厥人改姓为康，而宋朝时也有他姓改为康姓的。这些促进了康姓的发展。

繁衍之迹

康姓最早发源于卫国，辖今河南东部、山东西部、河北西南部一带。康姓早期主要在河南地区。秦时，康姓主要徙陕西、山东二地，故早期康姓在此二地繁衍旺盛，遂有京兆、东平两大郡望。魏晋南北朝时期，甘肃康姓为避战乱，徙蓝田（今陕西蓝田西灞河西岸），后渐向东南迁移。史载，南朝宋时，设华山郡蓝田县，用以安置康穆（初仕后秦河南尹，后举族众三千余人迁湖北襄阳之岘南）

族人，并任命穆为秦、梁二州刺史，其子孙亦多仕宦，康穆一支遂枝繁叶茂，人丁兴旺。唐代，有宁夏灵武人康植之孙康日知被封会稽王，其子志睦因功封会稽郡公，后世子孙繁衍昌盛，发展成望族，其家族所在地浙江绍兴则为南方各地康姓迁徙之主源。宋代，因避帝讳而改姓的匡姓，成为康姓新的支脉。另有洛阳康再遇位居开国功臣之列，遂加官晋爵，门庭荣耀，显达当朝。北宋末年到元朝建立期间，改朝换代频繁，北方多动荡，故有康姓徙迁南方安居乐业。明代，康姓作为洪洞大槐树移民姓氏之一，分徙于河北、河南、山东、安徽、江苏、湖北等地。从清代开始，闽、粤康姓陆续有人迁至台湾，后又有移居海外者。今日康姓尤以安徽、四川、甘肃、山东、陕西等省居多，这五省的康姓约占全国汉族康姓人口的63%。

康姓名人

维新运动主帅康有为

康有为（1858～1927年），近代著名政治家、思想家、社会改革家和学者，原名祖诒，字广厦，号长素，后又号更生，别署西樵山人、天游化人。他出生于广东南海丹灶镇苏村一个衰落的地主官僚家庭，后人因此尊称他为“康南海”或“南海先生”。

在“西学东渐”的年代，青年康有为博览群书，开始了向西方寻找救国救民真理的艰苦历程。从1888年至1898年，康有为先后7次上书，设计了一个以君主立宪为主体的救国方案。其间，康有为与维新派人士还在全国各地组织学会，建立学堂，创办报刊，广泛宣传维新变法的主张。在其影响下，光绪皇帝于1898年6月11日宣布正式变法。是年9月21日，慈禧太后发动宫廷政变，囚禁光绪，并下令捕杀康有为等维新志士。“百日维新”湮没于血泊之中，但它作为一场政治、思想启蒙运动却青史长存。

此后，康有为开始长达16年的海外流亡生涯，但始终没有停止寻求救国救民的方案。然而，由于未能随历史潮流前行，康有为在海外组织保皇会，并在1917年直接参与“张勋复辟”的丑剧，写下一生中的最大败笔。1927年3月21日，康有为病逝于青岛。

76. 毛——文王后人，以国、邑为姓

毛姓是当今中国姓氏排行第七十六位的大姓，人口较多，约占全国汉族人口的0.27%。

毛姓大探源

据食疗记载，周武王封聃到毛邑，即现在河南宜阳灵宝一带。聃是周文王的独生子，是个伯爵，人称伯聃。其子孙亦以邑为姓。由此可见，毛姓是周文王一族后人。

周文王的这支后裔，在我国历史上出现过不少著名人物。较早的是周代的毛公亨，后来是战国时代的毛遂，以及传《诗经》的“大毛公”毛亨和“小毛公”毛苌等。南北朝时期，毛姓也有少数民族的血统加入。

繁衍之迹

毛姓主要发源于两个地方，即今河南宜阳和陕西岐山、扶风一带。但他们均为周文王的后裔，换言之，这两支毛姓，实际上是血缘关系最为密切的同胞兄弟。春秋时期，毛姓家族发生内乱，周朝卿士毛得，杀毛过而代为毛伯，后又逃到楚国，是为毛姓入湖北之始。毛姓在汉代以前仍以上述两地为其主要繁衍中心，并以此为源地，逐渐向外播迁、繁衍，很快就在山西的西河（今山西离石一带）、河南的荥阳两地发展起来。之后，又以此为中心，向全国播迁。但在唐代以前，毛姓仍以北方为中心，并昌盛壮大，散居于北方各地。其中以今山西、河南、宁夏、甘肃、内蒙古等省的毛姓繁衍得最盛，故毛姓有荥阳、河阳、北地等郡望。而见于史册的江南毛姓人物，仅有东汉时以孝行著称的庐江（今属安徽）人毛义，巴西郡（今四川阆中）丞毛植等寥寥数人。可见，毛姓大举南迁要晚于他姓。唐末，从安史之乱到黄巢起义，中原长期动荡，毛姓开始随中原士族大举南迁，其中有一支从中原迁居今江西吉州龙城（今江西吉水）。唐末五代以后，毛姓除居于河南、河北、山西、山东、陕西等省外，开始在江南昌盛起来，自此以后，毛姓开始称盛于南方，北方毛姓风光不再。元朝至正年间，原居江西吉水的一支毛姓在毛太华的率领下迁居云南澜沧卫，明朝立国之后，毛太华又与长子毛清一，四子毛清四北上做官，居于湖南湘乡北门外绯子桥（今湘乡火车站附近）。十余年后，毛清一、毛清四又迁湘潭三十九都（今韶山），并最终落籍该地。不久，又有另外一支毛姓人在毛命传的带领下迁到这里。此际，毛姓作为明朝洪洞大槐树迁民姓氏之一，被分迁于湖北、湖南、河南、山东、江苏、北京等地。从清朝雍正年间开始，毛姓陆续有人迁居台湾，进而播迁海外。如今，毛姓分布甚广，尤以浙江多此姓，约占全国汉族毛姓人口的31%，广西、四川、湖南亦多此姓，上述四省毛姓约占全国汉族毛姓人口的62%。

毛姓名人

敢于自荐的毛遂

毛遂，战国薛国人（今官桥、张汪一带）；年轻时游于赵国，在赵国公子平原君赵胜门下做了个迎来送往，办点府中琐事的食客；3年之中，整日无大事可做，因此出没有什么名声，几乎不为人所知。公元前257年，秦昭王派兵围困了赵国的首都邯郸，企图吞并赵国。赵孝成王急忙派平原君为使臣到楚国去求援，要求与楚国订“合纵”盟约联合抗秦，以救赵国之危。

当时“诸侯皆畏秦”。楚国能不能发兵来救赵，关系到赵国的生死存亡。于是平原君决心在自己的门客中选20名文武双全者同去楚国搬救兵。他们打算先用言辞说楚王，若此计不行，就用武力威逼楚王发兵救赵。可是平原君在门客中挑来挑去只选了19人。正当平原君为差一人发愁时，毛遂站起来说：“现在仅差一人不能成行，就请算我一个，带我去吧。”平原君认为毛遂无出众之处，不想让他跟随前往。毛遂再三请求，平原君才向毛遂说："先生来我门下几年了？"毛遂回答："已三年有余。"平原君又问："世上凡有才能的人，就好比锥子装进口袋里一样，锋利的锥尖立刻会露出来。先生在我门下已三年有余，都没有人提起过你，我也没有听说过你有什么大本领，还是留下来吧。"毛遂说："我便是大王所说的尖利之锥，今天就请您把我装进布袋里，方能脱颖而出，崭露锋芒。"平原君勉强答应了。其他19人也都看不起毛遂，暗笑他自不量力，毛遂并不介意，跟着平原君前往楚国。

平原君见到楚王，说明了合纵抗秦的利害关系。楚王害怕秦国，不肯出兵。谈判进行了大半天，毫无结果。这时毛遂握宝剑，走到楚王面前说："合纵结盟两句话就可以决定的事，如今你们谈了大半天，还不能拿定主意，是什么道理？"楚王见上来说话的人这样没有礼貌，问平原君："他是什么人？"平原君笑道："此人姓毛名遂，是我的门客"。楚王对毛遂厉声说道："我与你主人说话，哪里容得你上来放肆！还不赶快退下。"毛遂不仅没有退下，反而又持剑走近几步说道："大王，你之所以这样呵斥我，无非是凭借楚国强大的军队。但在这几步之内，你的性命却掌握在我的手中。我的主公在这里你这样无礼，是何道理？而且我听说商汤王开始也只有七八十里的地盘，后来得到了天下。周文王也不过有百里之壤，却能使众诸侯向他称臣，难道他们靠的是兵多地广吗？主要是根据时局而发挥自己应有的威力罢了。如今楚国方圆五千余里，精兵良将上百万，这都是你成就霸业的资本。这样强大的楚国，天下又有谁能阻挡得了呢？然而，秦将白起不过是个无能小辈，率兵不足十万，与楚国交战，一战就占领了楚国国都，再战就火烧了楚王的祖坟，三战就能灭亡楚国，杀了君王的先人。这百世之仇赵国都感到羞辱，难道大王你不觉得可悲吗？合纵抗秦是为了你们楚国，并不是为了赵国。"毛遂的话击中楚王的要害，再加拔剑相威胁，大义之下，楚王考虑到本国利益和自己的生命安全，终于同意与赵国合纵抗秦，订立了盟约。

平原君一行返回赵国，楚王派兵救赵，这时魏国的援军也已到达，三国军队内外夹攻，秦军腹背受敌，大败而去，解除了赵国之危。

平原君非常感慨地对毛遂说："我手下门客多时千人，少者数百，自以为不失天下之士。以前不了解先生的才能，差点埋没了人才。这次去楚国借兵，先生的三寸之舌，强于百万之师。先生达成合纵抗秦救赵之约，真是奇才，后当刮目相看。"于是将毛遂视为上宾。

77. 邱——源自丘姓，为避讳而改为邱

邱姓是当今中国姓氏排行第七十七位的大姓，人口较多，约占全国汉族人口的0.27%。

邱姓大探源

邱姓，跟长久历史的“忌讳”传统有着极其密切的关系。因为，在满清入关以前，这个家族大多是以“丘”为姓，一直到250年前的雍正皇帝之时，才由于避讳孔子的名号，而下令把“丘”姓一律改为“邱”姓，在原字的右边增加一个邑旁，借以表示对至圣先师的崇高敬意。

如此看来，邱姓是在二百五十年前由丘姓改过来的。

那么，丘氏又是从何而来的呢？据史料记载，过去的丘姓有两种来源，第一支是周朝初年姜太公的后裔，由于其始祖被封于营丘（今山东省昌乐县东南），故以地为氏；第二支是南北朝五胡乱华时外族丘敦氏的改姓为丘。这两支以丘为姓的人，到了清朝初年，绝大多数都由于要对孔子表示敬意，而纷纷自动在自己姓丘的旁边加了个邑字，结果，如今邱姓的人士随处可见，以丘为姓的人却反而不太多了。

繁衍之迹

丘、邱二姓同源，故此处所述主要为丘姓播迁内容。丘姓发源于山东，早期主要向西、向南播迁，故很早河南境内便有丘姓名门望族，开基始祖为丘穆，世居河南卫辉府封丘县。秦汉时期，陕西、浙江、内蒙古等省均有丘姓。西汉陕西扶风人丘俊，持节安抚江淮，后因王莽篡位，遂留江左，居吴兴（今属浙江），后成吴兴一带望族。此期，丘穆一支后人丘言封临海王，移居山东；丘和居开封府林村；丘茂平迁福建汀州上杭县。东汉应劭所作《汉书·楚元王传注》载“邱，姓也。”可见，邱姓最迟出现于汉代。汉以后，偶有丘姓为避孔子圣讳，改姓邱，数量极少，故历史上邱姓名人寥寥无几，五代十国时学者邱光庭为其一。魏晋南北朝时，河南光州固始丘姓为避战乱，与林、黄、陈、郑、詹、何、胡姓（史称“入闽八族”）一同南下，初居福建莆田，后分支长汀、上杭等地。丘穆一支传至四十七世丘宏达，于东晋永和年间迁居四川，后人又有迁河南，转福建汀州宁化等地，遂广播福建、广东省境。另外，此期陕西扶风一带丘姓族大人众，遂成为当地名门望族。唐代有陈政、陈元光父子入闽开漳，丘姓有随行者。宋代，福建有较多丘姓居住。上述入闽八族中丘姓有入粤分支，居广东饶平、梅县、龙川各地。北宋中叶，河南丘秀一支迁福建莆田，其子丘成实，徙广东饶平。明代，贵州、云南等地也有丘姓聚居点。丘秀后人又有迁福建长汀、上杭，转广东镇平等地者。陕西、山东、河北、河南、北京、天津等地有山西大槐树丘姓移民入居。清初，入台者多出闽、粤之地，此二地丘姓又多属丘秀派下。又雍正三年，下诏避孔丘名讳，天下丘姓多改姓邱，至此，邱姓始成一大姓氏。今日邱姓尤以四川、湖南、广东、湖北等省多此姓，四省邱姓约占全国汉族邱姓人口的50%。

邱姓名人

道教名人丘处机

丘处机（1148~1227年），字通密，号长春子，栖霞县滨都里人。金元时期道教全真派创始人之一。与马丹阳、谭处端、王玉阳、刘处玄、郝大通、孙不二等同称“北七真”。

丘处机自幼失去双亲，尝遍人间辛苦，童年时即向往修炼成“仙”，栖身村北之公山，过着“顶戴松花吃松子，松溪和月饮松风”的生活，为磨炼意志，曾一次次将一枚铜钱从石崖上扔进灌木丛，然后再去寻找。

19岁时，丘处机独自去昆嵛山烟霞洞修行，翌年9月，闻陕西终南山道士王重阳至宁海州传道，遂下山拜其为师，成为王重阳第一位弟子。他以虔诚、机敏和勤勉好学，深得王重阳器重。（金大定九年）1169年，王重阳携弟子4人西游，途中病逝于汴梁城，弥留之际嘱咐说："处机所学，一任丹阳。"自此，丘处机在马丹阳教诲下，知识和道业迅速长进。

1219年冬，元太祖成吉思汗派近臣刘仲禄持诏书相邀，丘处机说："我循天理而行，天使行处无敢违。"遂带弟子18人前往。历时3年，行程万里，74岁高龄的丘处机终于会成吉思汗于雪山。他每每进言："要长生，须清心寡欲；要一统天下，须敬天爱民。"此讲深得成吉思汗赞赏，口封"神仙"。在丘处机的影响下成吉思汗曾令"止杀"。（元太祖十九年）1224年，丘处机回到燕京，奉旨掌管天下道教，住天长观（今白云观）。同年，丘处机曾持旨释放沦为奴隶的汉人和女真人3万余。并通过人全真教即可免除差役的方式，解救了大批汉族学者。自此，全真教盛极一时，丘处机的声誉亦登峰造极。寺庙改道观、佛教徒更道教者不计其数。元太祖二十二年（1227年），丘处机病逝于天长观，终年80岁。

78. 秦——北方源自颛顼帝嬴姓，南方源自黄帝姬姓

秦姓是当今中国姓氏排行第七十八位的大姓，人口较多，约占全国汉族人口的0.27%。

秦姓大探源

在历史上，秦始皇真是一个威风凛凛，不可一世的人物。他自称“功盖三皇，德过五帝”，第一个创立了“皇帝”的称谓，并且自立为始皇帝。

秦始皇姓嬴名政，很显然是颛顼帝的后裔。后来秦朝灭亡之后，其子孙便开始以秦为姓氏，世代沿用下来。秦姓的发源地，就是现在甘肃省天水县的故秦城。

秦姓，另外还有一种姓源，那就是被周武王封在鲁国的周公之子伯禽的后代。因为伯禽继承封地，取于秦邑，他的子孙便以邑为姓。

因此，秦姓应该是有两个来源：北方的一支，是颛顼嬴姓的后代；南方的一支，则是黄帝姬姓的后代。

在历史上，秦姓人士成名得相当早，就拿秦始皇这一家人来说，在一部《史记》上，占有很大的篇幅，当时这一家人虽然还没有以秦为姓，他们却是以后一部分秦姓人的祖先，他们的荣耀，也是秦姓人的共同荣誉。

战国时代，秦氏还出了一位称为“扁鹊”的良医秦越人。据说，他治病以诊脉为名，而洞见五脏症结，以精医名满天下。太史公在所著《史记》中，曾特别为他列传，把他跟黄帝时的良医扁鹊相提并论，足见其高明。

“秦琼卖马”，是有名的民间故事，秦琼，正是唐太宗的大将秦叔宝，骁勇善战，志节完整，死后供像凌烟阁，后来更被民间奉为“门神”之一。

到宋代，秦姓可不妙了，南宋害死岳飞的奸相秦桧，就是秦氏的不肖子孙，使秦姓蒙羞。

繁衍之迹

在我国的秦姓主要划分为两支，分别为西北的一支和东部及东南部的一支。前一支为颛顼嬴姓的后代，发源地是甘肃省天水的故秦地。自秦朝灭亡以后，其公族便以国名为姓氏，其后裔多居于陕西等地。后一支则为黄帝姬姓的后代，其发源地在今河南范县及山东曲阜一带，后来发展成为我国秦姓繁衍的主流，而且其从一开始就向陕西省境内及湖北省播迁。在战国时期，秦姓族人北上发展到今天的河北省境内。先秦时期，秦姓已分布于河南、陕西、山东、湖北、河北等地。到了西汉初年，为了清除各地的旧贵族及豪强势力，维护汉朝的中央集权统治，汉高祖刘邦采纳了娄敬（刘敬）的建议，迁徙六国贵族的后裔和关东（今陕西潼关以东的地区）的豪族到关中，从而使之置于中央政府监视之下，人口大约有20万之众，这其中就有山东秦姓的一支豪族迁居扶风茂陵（今陕西兴平县东北）。这支秦姓人丁兴旺，官宦众多，故世号“万石秦氏”，从而成为当地一望族。与此同时，已有秦姓或迁入甘肃、江苏，或迁入四川、北京等地。大约在汉末或三国时期，源自姬姓后裔的秦姓有一支迁入山西，后形成一大郡望，即太原郡。而秦姓南迁始于秦代以前，魏晋南北朝时，由于北方连年战乱不断，秦姓便再次南迁。同时，在今甘肃境内又形成一大郡望，即天水郡。魏晋以后，已分布于江南许多地方，以江苏、浙江为主，其中江苏以无锡，浙江以绍兴、宁波最为集中。宋、元、明时期，秦姓有迁至广西、安徽、贵州、福建、北京、上海等省市者，历清至近现代，分布地更广，遍布于全国各地，而且还有不少移居海外，从而使秦姓得以更加广播，枝叶进一步繁茂。

秦姓名人

有“屈、宋”之才的秦观

秦观（1049 ~ 1100年），字太虚、少游，以少游字行，号淮海居士，高邮人；幼年聪敏，10岁即通《孝经》、《论语》、《孟子》大义；15岁时，父亲去世，依祖父与叔父生活。

秦观性豪爽，洒脱不拘，溢于文词；20岁作《浮山堰赋》；24岁作《单骑见虏赋》，为世人所重；27岁曾在扬州寺壁上临摹苏轼书法，苏见其字，几不能辨。后苏又在孙觉处见秦少游诗词数百首，叹赏不已，遂结为神交。北宋元丰元年（1078年），秦赴京应试，过访苏轼于徐州，作《黄楼赋》，苏以为“有屈（原）、宋（玉）之才”。

江 江 江江江

79. 江——颛顼帝后裔，子孙以国为姓

江姓是当今中国姓氏排行第七十九位的大姓，人口较多，约占全国汉族人口的0.26%。

江姓大探源

江姓是颛顼帝的玄孙伯益的后代，由于其始祖被封于江陵，所以当江国于春秋时代被楚国所灭之后，子孙就“以国为氏”而姓了江。而当初江国的所在地江陵，后来并曾被楚国改名为郢都，在早期历史上也是大大有名。

江姓的来龙去脉，可以从大约3000年前周代的江国，一直推溯到伯益，甚至更早的颛顼帝和黄帝，他们的家世背景，真可以说是既悠久又辉煌，令人羡慕。

在历史上，着有声誉的江姓名人相当不少，除了汉代以及南北朝时期的江公、江翁、江革、江淹、江夷、江总等人之外，在前清的300年间，像康熙年间精研心经及三礼之学，又长于步算钟律声韵，着有《古韵标准》等书的江永。嘉庆年间精于《尚书》及《小学》，有所论列辄为前人所未及的江声；博学通经史，所纂《国朝汉学师承记》，使两汉儒林家法之承授，以及清代经学之源流厘然可考的江藩；以及光绪年间出任湖南学政，与梁启超创设“时务学堂”于长沙，以取士多一时英俊而见称的江标等等，都可以说是功用传统学术的大学者。

繁衍之迹

江姓发源于今河南省，江国于公元前623年被楚灭掉后，其子孙以国名江为

氏，或北上辗转于淮阳（今属河南），或自淮阳再北上迁至陈留圉县（今河南杞县于镇），后又迁到济阳考城（今河南兰考）；或逃至齐（今山东临淄一带）、陵阳（今安徽石埭县东北）以及郧阳。晋时，有陈留人江琼，为冯翊太守，永嘉之乱时，弃官回奔，后改仕张轨，子孙因居凉土（今属甘肃），世传家业。唐代时，江姓已广播于北方广大地区。唐初，陈政、陈元光父子入闽开漳，随行军校有91人61姓在福建落籍，其中就有河南的江姓，这当是江姓最早入闽者。宋靖康年间，金兵攻陷汴京，江姓有一支自汴京迁之杭之仁和（今浙江杭州市），还有一支由江确率领由山东济阳迁至江西都昌，传至江晔（八郎），生三子：万里、万载、万顷。江万里为宋度宗左丞相，抗元殉国，其弟及子孙再由江西迁入福建宁化石壁村，其后有迁永定高头、平和葛希大溪村者。明初，江姓作为明朝洪洞大槐树迁民姓氏之一，被分迁于江苏、浙江、山东、河南、湖南等。明末，有江姓将佐随郑成功收复台湾。清初，有湖北麻城的江文、江榜兄弟回归河南正阳落籍。明清以后，江姓遍及全国各地。如今，江姓在全国分布甚广，其分布以江苏、广西、安徽、四川、广东、湖北、福建等省区为主，上述七省的江姓约占到全国汉族江姓人口的65%。

江姓名人

南朝著名文学家江淹

江淹（公元444～505年），字文通，南朝文学家；历仕宋、齐、梁三朝，梁时官至金紫光禄大夫。江淹少孤贫好学，文才出众。宋末，权臣萧道成（即齐高帝）闻其才，召任驾部郎，骠骑参军事。后有荆州刺史沈攸作乱，声势甚盛，江淹谓萧道成有五种制胜的因素，劝萧道成推行德政。齐武帝永明三年（公元485年），江淹迁骠骑将军兼尚书左丞，齐明帝萧鸾时为相。明帝以江淹为官能宽猛折中，令其为御史中丞，以震肃百僚。他先后弹劾中书令谢月出，益州刺史刘悛等人，一时内外肃然。

江淹早年勤奋好学，文思横溢，写赋为文，璀璨夺目，成为一代骈文大家；中年做官，才气过人，官运亨通，且为官清正，日理万机，无暇写赋作文。世人谓之“江郎才尽”，实为大谬。

80. 史——以官职为姓

史姓是当今中国姓氏排行第八十位的大姓，人口较多，约占全国汉族人口的0.25%。

史姓大探源

据历来的考据，史姓有两个主要的来源的，而且两者都跟古代的史官有着密切的关系——一支出自黄帝时创造文字的“史皇”仓颉，一支则出自周朝的太史佚。

据考，仓颉的后裔，主要是繁衍于宣城，太史佚的后代，则主要繁衍于武昌。换言之，后世各地源自今安徽省宣城县的史姓人家，其始祖可以追溯到五千年前的黄帝史官仓颉；从湖北武昌分支出来的史姓，则是三千年前太史佚的后裔。

不过，虽然史姓源流清楚，但史姓人士要想找到自己的真正出处，恐怕也因此而必须多费一点工夫，至少也得先追根究底找到若干年代以前的祖先是来自安徽，或是来自湖北，才能凭线索找到自己的来龙去脉。

在春秋战国时代，史姓的确是十分出人头地的，像鲁国的史晨，和魏国的史起，都是青史垂名的不朽人物。

史晨的得以名传千古，主要是由于现在仍耸立在山东曲阜孔庙的一座“史晨碑”。该碑建于东汉灵帝的建宁二年，也就是公元169年的时候，距今已有一千八百多年之久。碑上所刻的文字，就是春秋时鲁相史晨祀孔子的文章，分为前后两碑，前碑载奏章，后碑叙飨礼之事，迄今全文完整可诵，隶书神碑超逸，历来为研习书法者所宗。这样一来，写作碑文的那位史晨，也就因此而永垂不朽了。

明朝末年的史可法，更是青史垂名，人人敬仰的民族英雄，他死守扬州殉国的可歌可泣的伟大事迹，更为后人所熟悉，“史阁都”的大名在民间真是无人不知，无人不晓。

繁衍之迹

传说仓颉为陕西陈仓人，一说河南人，故此二地可能为史姓最早发祥地。东周列国时，各国均有史官，以官为氏者众多。如晋有太史史墨、史苏，卫有史朝，秦有史颗均属此种情况。西汉时，史姓有外戚发展成名门望族，从鲁国史恭的妹妹史良娣（汉武帝卫太子妃妾）开始，直至史恭之子史高，史高次子史丹，世代为当朝要官。另此期，南方广西、广东已有史姓。东汉时，又有史姓入居四川，汉至魏晋南北朝时，形成了史姓历史上六大郡望，其四为史丹之后，西晋永嘉之乱时，史丹后人史苞避乱至河西建康（今甘肃高台县），后发展成建康望族；史丹重孙崇，东汉封溧阳县（今属江苏）侯，遂举家从陕西长安县徙溧阳，后发展成宣城望族；史丹后人史节为唐礼部侍郎，迁高密（今属山东）后发展成高密望族；史丹孙史王广，居长安，后发展成为京兆望族。另有陈留郡，系东汉京兆尹，陈留考城（今属河南）人史敞一族所在；河南郡，系东汉河南人史晨一族所在。隋唐时期，有西域史国人入居中原，以史为氏。又有突厥阿史那氏改姓史。这两股新鲜血液的注入，壮大了史姓家族，加速了史姓繁衍。宋元时，北方战事频繁，史姓携家大举南迁，明代史姓作为大槐树迁民姓氏之一，分迁于河南、山东、陕西、安徽、湖北各地。清代以后，史姓有迁往海外、侨居新加坡等国家者。今日史姓尤以湖南、山东多此姓，两省史姓约占全国汉族史姓人口的39%。

史姓名人

1. “安史之乱”的罪魁祸首史思明

提到唐朝的衰败，必然要提到“安史之乱”，而提到“安史之乱”，则必然要提到史思明。

史思明本是突厥人，唐玄宗李隆基赐名思明。史思明骁勇善战，屡立战功，颇得玄宗的赏识，因此仕途一帆风顺，官至平卢兵马使。史思明与身兼三镇节度使的安禄山私交甚厚，两人同样都手握重兵，在权力极度膨胀后，在范阳起兵叛乱，这就是著名的“安史之乱”。叛乱的战鼓打断了唐宫的仙乐，唐玄宗急调兵马，仓促应战，但根本无法阻挡强大的叛军。安禄山势如破竹，直抵潼关。公元756年，安禄山在洛阳称帝，但仅过了一年就被儿子安庆绪所杀。史思明见叛乱集团出现内讧，而唐军却日益强大，便率军投降。但是史思明得不到朝廷的信任，因此不久便再次起兵叛乱，并派兵增援安庆绪。同年，史思明杀了安庆绪，自称大燕皇帝。

但正当史思明准备大干一场的时候，因与儿子史朝义不睦，被史朝义先下手杀死。史思明将死时颇感遗憾，对前来杀他的将士们说：“你们杀我杀得太早了，至少也应该等我灭了唐朝再杀我！”至死尚狂妄自大，不知改悔，史思明也算是千古一见的狂人了。

2. 抗清英雄史可法

史可法（1601～1645年），南明大臣；字宪之，号道邻；祖籍直隶顺天府，祥符（今开封）人。

南明王朝建立后，由于朝廷昏聩，权臣当道，统治极不稳固，史可法为此殚精竭虑，苦苦支撑风雨飘摇中的南明政权，但由于权臣内斗不止，将帅在外拥兵自重，朝廷政令难以实施，史可法独木难撑危局。顺治二年（1645年），清军南下围攻扬州，史可法率守军抵抗，同时准备调集别处南明军队驰援，但由于调兵不至，加上城内守将总兵李栖凤、监军副使高岐凤投降清军，使扬州的守备形式极为严峻，史可法决心与城共存亡，率部与清军展开血战。其间，负责攻城的清军将领多铎多次要求史可法投降，都被史可法拒绝。清军攻陷扬州后，史可法被俘遇害。清军攻陷扬州后，屠城十日，城内外积尸如山，史可法遗体难以辨认，其家人及扬州百姓葬其衣冠于扬州郊外梅花岭。史可法死后被南明政权赠谥“忠靖”。清朝乾隆皇帝曾南巡至扬州，赠谥“忠正”。

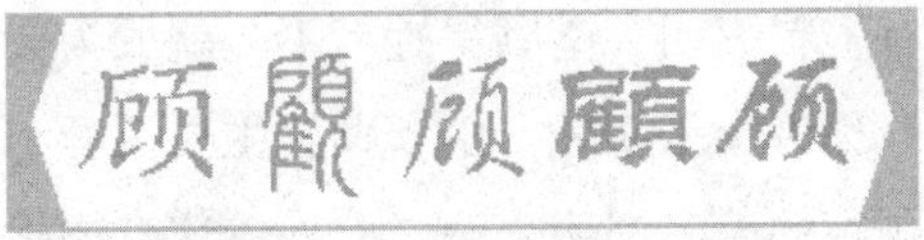

81. 顾——以国为姓、以邑为姓

顾姓是当今中国姓氏排行第八十一位的大姓，人口较多，约占全国汉族人口的0.25%。

顾姓大探源

关于顾姓的渊流向来有两种说法：

一支是以国为姓，据史料记载，夏朝时，昆吾氏的子孙受封于顾国（今河南范县），与附近的巴姓昆吾国和彭姓韦国，都是夏朝在黄河下游的重要支柱和东部的屏障。夏末商初时，顾国被商汤灭掉，亡国后的顾国王族子孙，散居全国各地，以国名为姓氏，从此中国开始有顾姓。

而另一支顾姓源自遥的子孙。汉朝初年，越王勾践的裔孙摇，因佐诸侯灭秦有功，被封于东顾（今浙江永嘉），后来摇又封自己的儿子于会稽，人称顾余侯。后来顾余侯的子孙以其封地的名称“顾”为姓氏，从而又形成一支顾性居民。

这两支顾姓，一支起源于北方，另一支起源于南方，后人便称为“南顾”和“北顾”。至今顾姓人在谈论其渊源时，仍有“南顾”、“北顾”之说。

繁衍之迹

综上所述，顾姓分为两支，一为北顾（指发祥于河南范县的顾伯后裔），一为南顾（指发祥于浙江绍兴的顾摇后裔），顾姓在得姓以后，北顾发展不及南顾。春秋战国时期，两支顾姓发展缓慢。有资料表明，南顾得姓后不久就成为会稽一带的大姓，汉魏六朝时与陆、朱、张合称为会稽四姓。由于顾姓主要发源和发展于会稽，所以在历史上会稽也被当做顾姓的著名郡望之一。此外，这支顾姓中后来又有人西迁武陵（今湖南常德），并在当地迅猛发展，武陵也因此被尊为顾姓的另一大郡望。三国至唐代，顾姓一直是江东四大姓之一。唐以后，由于官职调迁，避兵火之乱等原因，顾姓不断地向南北各地播迁。明初洪武年间，顾姓作为明朝洪洞大槐树迁民姓氏之一，被分迁于河北、河南、山东、安徽、江苏等地。明代中叶时，顾姓不仅分布于安徽、湖北、湖南、福建、广东、四川等地，而且在北方的山东、山西、陕西、河北、内蒙古等地也有顾姓人居住。明末至清中叶时，有闽粤之顾姓渡海赴台，进而播迁海外。1949年，蒋介石败逃台湾，则有不少江浙顾姓人随往。但是，综观顾姓家族史，从古至今，顾姓的发展繁衍中心却一直在今江苏、浙江一带。如今，顾姓在全国分布甚广，尤以江苏、浙江等省为多，上述两省之顾姓约占全国汉族顾姓人口的60%。

顾姓名人

1. “才绝、画绝、痴绝”的顾恺之

顾恺之的生平经历，我们知道很少，只知道他最初曾在雄踞长江上流的将军桓温和殷仲堪的幕下任过官职，他和桓温的儿子桓玄颇有来往，很受桓温和谢安的赏识，晚年任散骑常侍，62岁去世。关于他的生平，保留下来一些小故事。他对一些世俗事物的率真、单纯、乐观、充满真性情的生活态度，曾经在若干传说故事中被形容为“痴”。

顾恺之不只是在绘画艺术方面表现了卓绝的才能，也是一个擅长文学的人。他遗留下来的残章断句中，保存着形容浙东会稽山川之美的“千岩竞秀，万壑争流，草木蒙笼，若云兴霞蔚”的名句。他曾被当时人称为“才绝、画绝、痴绝”。顾恺之的绘画在当时享有极高的声誉。谢安曾惊叹他的艺术是“苍生以来未之有也！”他将一幅自己的作品存在桓玄处，竟被桓玄侍从窃去，以致引起他的惊喜：“妙画通灵，变化而去，亦犹人之登仙。”他曾为南京瓦棺寺绘壁画募

得巨款的故事，可见他的绘画之吸引力，修建瓦棺寺时他认捐了百万钱，就在庙里用一个月的时间闭户画了一幅维摩诘，画完之后，要点眸子，乃提出要求：第一天来看的人要施舍十万，第二天来看的人施舍五万，第三天的随意。据说开门的一刻，那维摩诘像竟“光照一寺”，施者填咽，俄而得百万钱。此即“画龙点睛”这一典故的由来

2. 杰出思想家、爱国学者顾炎武

顾炎武是明末清初著名的爱国学者，他那句“天下兴亡、匹夫有责”的传世名言，成为一代又一代旨在报国的炎黄子孙的座右铭。

顾炎武（1613～1682年），字忠清，江苏昆山人，清朝初年思想家和学者。因为他的家乡是亭林镇，所以有人也叫他亭林先生。

顾炎武幼时即立下了改造社会的远大志向。清军入关以后，他又怀抱“反清复明”的理想四处奔走，为百姓做了不少实事。他还是一位成绩卓著的学者，在哲学、音韵学、考据学和古文字学等方面，都取得了很大成就。他提倡的实事求是的学风，对清朝学术界产生了巨大而深远的影响。

82. 侯——源流不一

侯姓是当今中国姓氏排行第八十二位的大姓，人口较多，约占全国汉族人口的0.25%。

侯姓大探源

侯姓来源有四：

（1）出自姒姓。是夏禹的后代，相传夏后氏的后裔有的被封于侯，子孙以地为氏，称为侯氏。

（2）直接传自黄帝至轩辕氏姬姓的后代。我国历史上三千多年前的晋国，是周成王小弟唐叔虞的封国。而侯氏正是出自晋国的公族。春秋时期晋国的公族晋哀侯和他的弟弟被晋武公所杀，他们的子孙便迁居他国，而且以祖先的爵位为姓，是为侯姓。

（3）来自叔段。春秋时，郑国的叔段因有谋反的动机被哥哥庄公发觉而讨伐他，他逃到共这个地方，被称做共叔段，他死后，郑庄公赐其子孙共仲为侯氏。

（4）魏晋南北朝时期少数民族将复姓改为侯姓。北魏代北鲜卑族复姓古口引氏、侯奴氏、古引氏等姓氏改姓为侯氏；北魏有侯植，先赐姓侯伏，继而姓贺屯，最后改姓侯；随魏文帝南迁洛阳的少数民族中，有侯莫陈氏改为单姓侯氏。

繁衍之迹

侯姓的最早发源地为山西境内，其早期的活动地点主要在今河南、山东省境内。秦、汉之际，侯姓以河北中部、西部一带繁衍最盛，主要分布于今山西、河北、河南、山东、宁夏等北方省份。汉末，有北地（今宁夏吴忠西南）太守侯恕举家迁于北地三水（今陕西旬邑），并发展为当地望族。魏晋南北朝时期，侯姓北迁内蒙古、辽宁等省，南迁贵州、四川、广东等省。由北魏鲜卑族侯奴氏、古口引氏等改姓后裔在河南发展成为一大望族，治郡为河南郡。河南密县人侯霸后裔于南朝陈时徙丹徒（今属江苏），后成为当地一大望族，治郡为丹徒郡。唐朝时，侯姓始入福建。据载，唐太和年间有闽县（今属福建）人侯固，以进士登第，官任坊、灵武节度使同平章事。宋明时期，侯姓又播迁至湖北、湖南、江苏、江西、上海、广西、浙江、北京等地，可以说是遍布全国了。清代有福建、广东一带侯姓入居台湾，进而徙居海外者。今日侯姓五湖四海皆有其足迹，尤以湖南、安徽、河北、辽宁等省多此姓，上述四省侯姓约占全国汉族侯姓人口的48%。

侯姓名人

“南明四公子”之一侯方域

侯方域，中国清代文学家；字朝宗，商丘（今属河南）人；明末著名才子；祖父及父辈都是东林党人。侯方域少年时即有才名，参加复社，与东南名士交游，时人把他和方以智、冒襄、陈贞慧称为四公子。曾为史可法幕府。

侯方域于顺治八年（1651年）应河南乡试，为副贡生。侯方域擅长散文，以写作古文雄视当世。他早期所作文章较浅薄，功力不深；后期日趋成熟。时人以侯方域、魏禧、汪琬为国初三大家。他的作品有人物传记，形象生动，情节曲折，均有唐代传奇笔法，具有短篇小说特点。其论文书信，或痛斥权贵，或直抒怀抱，都能显示出他的散文具有流畅恣肆的特色。其著作有《壮晦堂文集》10卷，《四忆堂诗集》6卷。

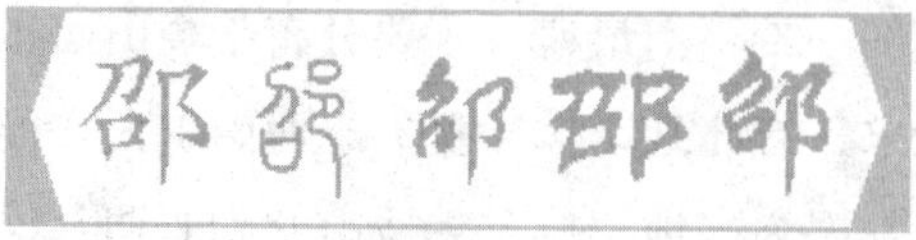

83. 邵——出自姬姓，以邑为姓

邵姓是当今中国姓氏排行第八十三位的大姓，人口较多，约占全国汉族人口的0.24%。

邵姓大探源

邵姓源于召姓，其姓源较为纯正，主要是出自姬姓，为周文王之后。据史料记载，周初大臣召康公因食邑于召，被称为召公或召伯。他后来还被封于燕国，他派儿子去管理燕国，自己则留在镐京任太保，是周初三公之一，也是文、武、成、康四朝元老，曾同周公旦一起平定武庚之乱，“成康之治”的形成也有他的功劳。他的子孙袭召公一直是周朝的执政大臣之一。周室东迁后，召公的采邑也随之东移，迁徙地在今陕西省境内。后来，燕国被秦国所亡，召公的子孙以原封地“召”为姓，称召氏。后来召氏后人改姓为邵。至于召姓改邵姓的原因，历史上没有留下史料记载，改姓的时间说法不一。

繁衍之迹

据有关史籍记载，燕国灭亡后，其王族子孙主要散居在中原地区，包括今河北南部、河南、安徽西部。两汉时期，散居在河南的燕国王族子孙，多改为邵姓，经繁衍发展，在安阳、汝南、南阳等地形成望族。三国魏晋时，邵姓主要聚居于河北安平及河南安阳、汝南一带，其中在河北居住之邵姓以“博陵”为堂号。西晋末年，这一支邵姓开始南迁，后辗转到达福建、广东等地。而其他地域之邵姓也于此期大举南迁。据有关资料所载，唐代有籍贯为广东翁源的邵谒，宋代有籍贯为福建政和的邵知柔，可见在此以前，邵姓已落籍该地。北宋时，有著名哲学家邵雍随其父邵古由河北范阳徙居河南共城（今辉县），后子孙昌盛，族大人众，发展成为洛阳望族。宋代时，浙江、安徽、江苏、福建多有邵姓居住，另外山西、湖北、湖南亦有邵姓族人。南宋末年，随着金兵南下和蒙古骑兵袭扰，邵姓为避祸已广布于江南各地，而邵雍之后为避祸，有一支徙居豫西山区。目前，河南豫西之邵姓，大多为邵雍的后代。邵雍的十六世孙邵重英，元代任户部给事中，其子邵质明初为华盖殿大学士，邵质子邵仲美任清江知县，仲美子邵让于明初自山西举家迁到河南新安县克昌村，为邵雍十九世孙。他的后代发展成为大族，分居在嵩县、渑池、伊川、宜阳、洛阳、洛宁、汝州、郏县、内乡等地。除这一支外，邵姓作为明朝洪洞大槐树迁民姓氏之一，被分迁于河南、安徽、江苏、浙江、山东等地。历清朝至现在，邵姓的分布更为广泛。从清朝开始，有邵姓迁至台湾，后来有的又移居海外。如今，邵姓在全国分布较广，尤以江苏、山东、甘肃、安徽、湖北等省为多，上述五省的邵姓约占到全国汉族邵姓人口的65%。

邵姓名人

中国近代著名报人邵飘萍

邵飘萍（1886～1926年），原名新成，又名镜清，后改名振清，字飘萍，学名锡康，笔名阿平、素昧平生等，原籍浙江东阳大联乡紫溪村，父桂林在金华教书。飘萍出生于金华城内芝英考寓，自幼随父就读，8岁能诗，13岁中秀才，21岁考入浙江高等学堂师范科，受梁启超影响，任《申报》特约通讯员，清宣统元年（1909）毕业，执教金华府中学堂。辛亥革命前后，他为南社社员，1912年在杭州与杭辛斋合办《汉民日报》，任主编，以才华过人，被浙江新闻界推荐为报界公会干事长。锐志揭发贪官污吏，抨击军阀政客，矛头直指袁世凯，斥之为“盗民国之名，行专制之实”。1913年秋，袁世凯派人谋刺未成，报社被查封，飘萍被捕，1914年春，经营救出狱，流亡日本，入法政学校学习，并组织东京通讯社，为北京、天津各报社撰写通讯。1915年，外国报纸透露日本政府向袁世凯提出“二十一条”，立即向国内报道，予以揭露。1916年春，他回国后担任《申报》、《时报》及《时事新报》主笔，抨击袁世凯称帝。袁世凯倒台后，他出任《申报》驻北京特派记者。1918年7月，他在北京创办新闻编译社，10月创办《京报》，任社长，着手报纸改革。同年，北京大学新闻学研究会成立，他应聘为导师，在北京大学、国立政法大学等校讲授新闻学。五四运动前夕，他在北京大学学生集会上揭露曹汝霖、陆宗舆、章宗祥卖国罪行，因此触怒段祺瑞政府，报纸被查封，被迫再次流亡日本，应聘为《朝日新闻》顾问。1920年下半年，段祺瑞下台后，他回北京恢复《京报》。1925年春，他经李大钊、罗章龙介绍，加入中国共产党。1926年，北京发生枪杀游行学生的三一八惨案，邵飘萍愤怒斥责军阀勾结帝国主义的无耻暴行，采访写稿，几至昼夜不眠，更遭军阀嫉恨。4月，奉军进入北京，邵飘萍被捕。26日，以“宣传赤化”罪名惨遭杀害。其著作有《新闻学总论》、《综合研究各国社会思潮》、《新俄国之研究》、《实际应用新闻学》等。

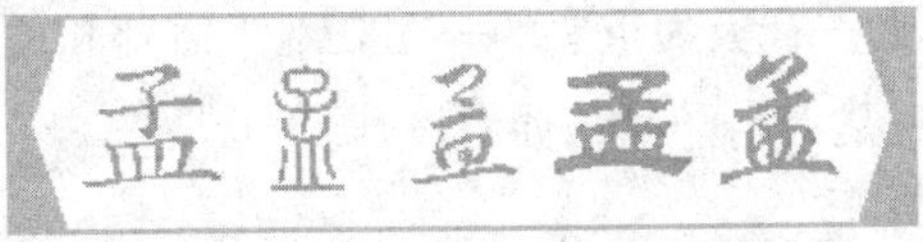

84. 孟——文王后裔，天下孟氏皆为一家

孟姓是当今中国姓氏排行第八十四位的大姓，人口较多，约占全国汉族人口的0.24%。

孟姓大探源

我国的孟氏，发源于春秋的鲁国公族，追溯起来也是周文王的后代。因为，当初始封于鲁国的周公旦，正是周文王之子。同时，孟姓是分自两个字的复姓孟孙，则后世以孟为姓和以孟孙为姓的中国人，根本就谊属兄弟，在家族血缘上并无分别。

另外，据史料记载，春秋时的卫国也曾出现过一支来源不同的孟氏。春秋时的卫国，是由周武王的少弟康叔所建，位置是在今黄河流域的河南和河北一带。这一支孟氏，始祖既然是卫灵公之兄孟絷，子孙以“王父子为氏”当然也是卫国的公族，则推溯起来，其始祖也同样是周文王。

换言之，后世的孟氏虽然表面上看来有两支，分别发源于山东和河南两地，但是，鲁国孟氏的始祖是周公，河南孟氏的始祖是康叔，而周公与康叔又全是周文王的儿子，所以在实质上并无不同，天下孟姓人士根本统统都是一家人。

在我国历史上，除了孟夫子，还有一位大名鼎鼎的孟尝君，是富于传奇意味的“战国四公子”之一，甚令后人景仰，不过，这位孟尝君，姓田名文，孟尝君只是他的封号而已，实际上跟孟姓并没有什么特别的渊源，所以孟姓人士在细数家珍时不可掠美。

在唐代光采夺目的诗坛上，孟姓人士更占有极为重要的一席之地，孟郊和孟浩然，在每一个中国人的心目中，都可以说是大名鼎鼎，如雷贯耳。

繁衍之迹

孟姓发源地为山东、河南二地。早期孟姓迅速播迁于邻近山西、河北等地。西汉有山东人孟喜（宣帝时立为博士）一族在当地繁衍旺盛，故有东海郡。东汉时，陕西人孟光迁于吴（今江苏苏州），另有名士孟尝出浙江。魏晋南北朝之际，北方战火连绵，孟姓发展史上出现了第一次大规模的南迁，山东孟姓多徙吴越（今江苏、浙江一带）；河南孟姓多迁楚汉（今湖北、江西北部一带）。三国东吴大臣孟宗一族在湖北一带发展繁茂，故有江夏郡。另有猛将孟获出建宁（今云南曲靖）。唐时，孟姓名人蜂拥，出现了像孟浩然、孟郊、孟云卿等当时著名的大诗人。孟郊为浙江德清人，其族人在当地发展势旺，治郡为武康县。另外，此期社会安定，人口繁衍较快，是孟姓家族史上一个较平稳的发展期。五代时，邢州龙冈（今河北邢台西南）人孟知祥建后蜀政权（都今四川成都），孟姓一族蜀地发展之盛况，不可言表。宋元时期，因金兵、蒙古军队争战中原，遂有北方孟姓二次大举南迁，以长江中下游地区较为集中。明代有孟姓由山西洪洞大槐树移居河南、河北、东北、天津等地。清代又有孟姓渡海入台，进而定居海外。今日孟姓尤以山东为多，约占全国汉族孟姓人口的26%，河南、辽宁、黑龙江、吉林、河北等省亦多此姓，上述六省孟姓约占全国汉族孟姓人口的67%。

孟姓名人

1. “亚圣”孟子

孟子，名轲，字子舆，战国时期邹国人，今山东邹城市人；约生于公元前372年，死于公元前289年。他虽是鲁国贵族孟孙氏的后代，但是幼年丧父，家境贫寒。相传，孟子的母亲十分贤惠，辛劳地抚养他长大成人，为了给孟子创造一个好的邻里环境，孟母曾三迁其家，最后找到一个读书人作邻居，使孟子终成大器，晚年时回到故乡，与万章等亲密的学生一起，“序《诗》、《书》，述仲尼之意，作《孟子》七篇”，一方面整理阐发儒家典籍，一方面把自己的言论、事迹编着成书。

至今，我们了解、研究孟子的思想，最主要的依据就是《孟子》一书。孟子是我国古代一位著名的思想家，他生于我国奴隶制向封建制转变的时代，是继承和发展由孔子创立的儒家学说的新儒家代表，是儒家第二大宗师，后世尊号亚圣。

2. 唐代杰出诗人孟浩然

孟浩然（公元689～740年），湖北襄阳（今湖北襄阳）人，是唐代一位不甘隐沦却以隐沦终老的诗人。开元二十八年诗人王昌龄游襄阳，孟浩然背上生了毒疮，和他相聚甚欢，据说是因为“食鲜疾动”，逝于故乡南园，年52岁。有《孟浩然集》流传。

孟浩然的诗摆脱了初唐应制咏物的狭隘境界，更多地抒发了个人情感，给开元诗坛带来了新鲜气息，并博得时人的倾慕。李白用礼赞的口吻称他“高山安可仰，彼此揖清芬”；王维曾把他的像绘制在郢州刺史亭内，后称之为“孟亭”，无论在生前死后，孟浩然都享有盛名的。

在创造盛唐诗歌浑融完整的共同风格上，他是有不小贡献的。因此，李白、杜甫、王维等盛唐诗人对他都深怀敬意，并给他的诗以相当高的评价。

龙 龍 龙 龍 龙

85. 龙——来源复杂，形成不一

龙姓是当今中国姓氏排行第八十五位的大姓，人口较多，约占全国汉族人口的0.23%。

龙姓大探源

龙，作为中国的图腾崇拜，是神圣和吉祥的象征。说来有趣，世界上本来没有龙，可在中国人的生活中，龙的形象却比比皆是。中国人常说自己是龙的传人，姓氏中也有龙姓。

有关龙姓来源说法不一，据说最早的一支与黄帝时期一位驯养龙的人有关。相传这位养龙的人名叫董父，因为善于养龙和驯龙而出名，被黄帝赐姓为豢龙氏。于是其后代的一支以职业为氏，开始姓龙。其实龙姓的来源相当复杂，在历史发展中，龙姓先后形成了武陵、天水、渤海三大郡望。后来经过不断迁徙，今天龙氏后裔分布在我国许多地方，河南信阳便是他们的聚居地之一。

繁衍之迹

传说时代的龙姓发源地为河南、山西、湖北。由于龙姓支派较多，故而分布较广，这一特点使得龙姓迅速地向四周地域扩展繁衍开来。约在汉代，甘肃和湖北、湖南省境及山西、河北、河南山东间地已是龙姓繁衍的三大中心。此期，蜀中（今属四川）有龙姓迁入者，后又南迁至贵州，形成四大姓氏（龙、傅、尹、董）之一。魏晋南北朝时，中原龙姓为避战乱而南迁，促使了南方龙姓人口数量的增长，这次迁徙也为后来江南龙姓发展势头盛于北方打下了坚实的基础。

据《北史》所载："且弥王、焉耆国王皆龙姓。"焉耆国为西域小国，龙会当政时，曾击败龟兹王，一时葱岭以东，皆率服，其子龙熙在位时，投降后凉，遣子入侍，渐与汉族相融。唐宋时期，八番中的龙番，酋长皆龙姓，后分为大龙番、小龙番安抚司，养龙坑、谷龙、上龙长官司，安龙土千户。宋元时期，龙姓出现了历史上第二次大规模的南迁，促使南方龙姓人口数量大大超过北方。明清时期，上述"龙番"各分支发展成为"龙家"，渐与汉、布依、水、苗各族相融。从龙姓历史演进过程来看，这一过程，即体现着北方龙姓与南方各族相融，又体现着少数民族龙姓与汉及其他各族相融。就在这一步步的相融中，龙姓完成了遍布华夏的历史旅程。今日龙姓尤以湖南、四川、广东、江西等省为多，四省龙姓约占全国汉族龙姓人口的67%。

龙姓名人

"云南王"龙云

龙云（1884～1962年），字志舟，彝族，炎山区人（祖籍四川省金阳县）。他1914年毕业于云南讲武堂，在唐继尧部队先后任侍从副官、排长、中队长、大队副、团长、梯团长、柳州警备司令、靖国军军长、前敌总司令、滇中镇守使、昆明镇守使、云南讲武堂校长。龙云早年曾参加"讨袁"、"护法"斗争，1927年唐继尧下台后，任云南省代理主席、主席，掌握了云南的军政大权。

抗日战争开始后，龙云派出部队参加抗日。后因地方割据势力与蒋介石扩展势力之间的矛盾，龙云逐渐支持反蒋民主活动，并秘密加入中国民主同盟。1945年10月，国民党当局在昆明发动突然袭击，解除了龙云在云南的军政大权，并把他挟持至重庆、南京，名义上担任国民党政府军事参议院院长，实为软禁。1948年龙云秘密逃往香港，宣布与蒋介石决裂，后参加国民党革命委员会，被选为中央委员。1949年渡江战役后，积极与担任国民党云南省主席的卢汉联系，推动云南部队起义。1949年9月，中国人民政治协商会议举行第一届全体会议，龙云作为特邀代表参加。新中国成立后，龙云历任中央人民政府委员，国防委员会副主席，第一届全国人民代表大会常务委员，第二、第三届全国政协常务委员，民革中央副主席等职。1962年6月，龙云病逝于北京。

86. 万——以“名”为姓，黄帝姬姓后裔

万姓是当今中国姓氏排行第八十六位的大姓，人口较多，约占全国汉族人口的0.23%。

万姓大探源

万姓是一个古老的姓氏，其发源地在今山西和陕西交界处的芮城。据史料记载，最早的一支万姓人氏源自芮伯万，芮伯万是周朝的一个诸侯，他的子孙后来就以他的名字为姓了。

另一支万姓人氏的始祖则是周文王的裔孙毕万，而毕万的子孙后来也是采用先祖的名字作为自己的姓氏。由此可以看出，万姓至少有两个来源，但无论是源自芮伯万，还是源自毕万的万姓人氏，他们的根源是一样的，都是黄帝的姬姓后人。

在安徽泾县桃花潭镇的万村，居住着一支万姓人氏，他们的祖先是晋朝的时候从陕西扶风县迁到这里来的，至今已在此繁衍了1600多年。

繁衍之迹

春秋时，芮国占今山西、陕西间地，晋国则占山西一带，故早期万姓当发源于山西、陕西省境，此二省亦为后世万姓支系主要源头。汉代以前，万姓有入迁山东者，如战国时有山东人万章，但两发源地仍为万姓主要繁衍生息之地。两汉时期，陕西扶风一带万姓枝繁叶茂，遂有郡望——扶风郡。魏晋南北朝时，北方战火四起，万姓有避居南方者，此次南迁，奠定了后世万姓盛于南方的基础。

另外，北魏迁都洛阳后，随着汉化政策的推行，鲜卑复姓吐万氏改单姓万，并迅速发展壮大，形成又一郡望——河南郡。唐时，浙江、安徽万姓较盛，时有江苏昆山令万齐融；安徽人万敬儒，三世同居，族人所居之所称“成孝乡广孝聚”。唐代以后，史载万姓名人比比皆是，且多出南方。宋元时期，更朝换代频繁，少数民族辽、金、蒙皆想争霸天下，北方时有战争，致使万姓举族南迁，南方万姓由此陡增，江西、湖北、湖南、天津等地均有万姓散居点。据载，宋有万顷，出江州（今江西九江）；万镇，出平江（今属湖南）；万人杰，出大冶（今属湖北）；元有万邦宁，出宝坻（今属天津）。明清时期，是历史上万姓最盛阶段，四川、江苏、广东、广西亦有万姓足迹。可见，万姓已涉足于祖国最南端，遂有清代万姓渡海播迁于更广阔之地域。据此期史载万姓名人来看，多出江苏、江西一带，则此区诚为万姓发展最兴旺之地。另，明代万姓作为洪洞大槐树迁民姓氏之一，于河北、河南、山东、安徽、陕西、北京等地落籍。如今，万姓尤以江西、江苏、湖北等省多此姓，上述三省万姓约占全国汉族万姓人口的43%。

万姓名人

戏剧大师万家宝

曹禺（1910～1996年），中国20世纪最优秀的剧作家之一，原名万家宝，祖籍湖北潜江，生于天津一个封建官僚家庭。他从小爱好文学和戏剧，读了不少古今中外的文学作品，1922年入天津南开中学，1928年考入南开大学政治系，1930年转清华大学西洋文学系，广泛接触欧美文学作品，深为古希腊悲剧作家及莎士比亚、契诃夫等人的剧作所吸引，同时也陶醉于中国的传统戏剧艺术。1933年，他创作了处女作四幕剧《雷雨》，暴露了具有浓厚封建性的资产阶级家庭的腐朽和罪恶，揭示了旧制度必将灭亡的历史趋势，以高度的艺术成就和现实主义的艺术力量震动了当时的戏剧界，标志着中国话剧艺术开始走向成熟，几十年来成为最受观众欢迎的话剧之一。

中华人民共和国成立后，曹禺广泛参加国内外的多种社会和文化交流活动，曾赴各地工厂、农村参观访问。他历任北京人民艺术剧院院长、中国作家协会书记处书记、中央戏剧学院名誉院长、中国戏剧家协会主席等职。

段 段 段 段 段

87. 段——形成并非单一

段姓是当今中国姓氏排行第八十七位的大姓，人口较多，约占全国汉族人口的0.23%。

段姓大探源

段姓已有两千七百年的历史，同我国不少姓氏一样，其形成并非单一。

据史料记载，段氏的前身为复姓段干氏。战国初期魏有段干木，他的子孙迁入西关后，有的承其复姓段干，有的在姓氏中去掉干字，单姓段。

段氏家族除源自段干氏的一支之外，还有传自公叔段和出于辽西鲜卑族的两支。

据《左传》记载，郑武公姬掘突在今河南建立建立新郑国，武公之妻武姜生长子庄公时难产，因此不喜欢他，而喜欢小儿子段。后来武姜求武公让段继位，武公不同意。庄公继位后，武姜又求把制（今河南汜水）作为叔段的封地，庄公不同意，后把京（今河南荥阳）封给段，时人称段为京城大叔。段不断扩张势力，和母亲合谋袭击庄公，被庄公发现，命子封率兵伐焉（今河南鄢陵），把叔段打的大败，段逃到今河南辉县境地，其后代一部分以他的名为氏，姓了段。

段姓的另外一支源自辽西鲜卑族。西晋时，鲜卑族的一个部落首领叫段务目尘，被封为“辽西公”，他的封地中有3万余家分布在辽西一带，其子孙遂以段为姓。

另外，还有一支段姓出自唐宋时期的段氏。在今云南大理白族自治州一带，“白蛮”出身的段世平建立了大理国。“白蛮”也就是白族的前身，而段姓又一直是白族中的大姓，大理国灭亡后，又有更多的白族人改姓段，在如今的大理，段姓仍是大姓之一。

繁衍之迹

依大探源所述，段姓发源地有四：（1）叔段逃逸之地共，今河南北部辉县一带；（2）魏将宗，其国所辖在今山西东南及河南北部一带；（3）鲜卑段姓受封之地位于辽西；（4）云南。早期段姓以陕西、甘肃一带繁衍最旺，以后段姓大致以此二地为主迁地，扩播四方。西汉时，段任北地都督，玄孙段贞任武威太守，子孙遂在此世居，日益族大人众，形成武威郡，尊段贞为开基始祖。魏晋南北朝之际，段姓或因仕宦，或因避战乱而迁往各地。段贞后裔段荣任北魏定、秦二州刺史，段诏任北齐太宰左丞相，封平原忠武王，段嗣元任郑州刺史，段楹任大理司直并隋、朔二州刺史，段纷任后魏晋兴太守。此支段姓可谓仕官累累，簪缨不绝。另有鲜卑段姓世居之地被后赵帝石虎所灭，族人遂与汉人杂居，而日渐相融。唐代段姓仍以北方人口居多。段一支此期仍多入仕，主居于陕西西安及河南一带，人丁兴旺，家族庞大，有段文昌任穆宗时宰相。后晋有白蛮（白族前身）人段世平建大理王朝，其子孙相继统治达317年之久，致使段姓在云南发展迅速，今日大理，段姓仍位居大姓之一。宋元时，北方段姓为躲避金人南下及蒙军入主中原所带来的战祸，而纷纷南下，为南方段姓的发展注入新的力量。明代有山西洪洞大槐树籍段姓迁于山东、河南、河北、甘肃、陕西、湖北等地。清代段姓无大规模迁徙之举，各地段姓繁衍平稳，覆盖广泛。今日段姓以四川、山西、河北、云南等省多此姓，上述四省段姓约占全国汉族段姓人口的58%

段 姓 名 人

唐代文学家段成式

段成式（？～公元863年），唐代文学家，字柯古，荆州江陵人；段文昌之子，以父荫入官；会昌三年（公元843年），为秘书省校书郎，精研苦学秘阁书籍，累迁尚书郎、吉州刺史；大中七年（公元853年）归京，任太常少卿；咸通初年，出为江州刺史。免官后寓居襄阳，与温飞卿、余知古、韦蟾、周繇等时相唱和；咸通四年（公元863年）六月卒。段成式撰有《酉阳杂俎》20卷，续集20卷，分类记载各种异事方物，收录许多传说故事，如“吴刚伐桂”等，还保留了一些遗文秘籍，多为后人征引。他工诗词，与李商隐、温飞卿齐名，三人皆排行十六，时人称为“三十六体”。他有存诗56首，文章18篇。

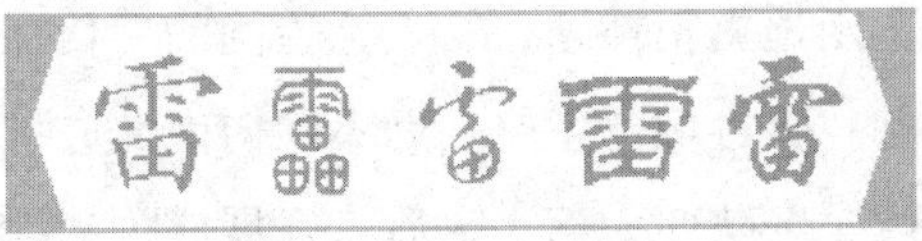

88. 雷——雷姓来源不一

雷姓是当今中国姓氏排行第八十八位的大姓，人口较多，约占全国汉族人口的0.22%。

雷姓大探源

雷姓来源有三：

（1）出自方雷氏。据《元和姓纂》及《通志·氏族略》所载，古诸侯国有方雷氏，后以国为氏，单姓雷。

（2）出自雷公。据《姓苑》所载，黄帝有臣子名雷公，是个名医，精通医术，其后子孙以雷为氏。

（3）出自他族改姓。据《姓氏考略》所载，东汉末以及魏晋南北朝时期，有“屠山蛮”和“南安羌”改姓为雷；金时女真人阿典氏，汉姓为雷；满洲阿克占氏，改汉姓雷；景颇族春雷氏，汉姓为雷；基诺族布柯氏，汉姓为雷；今壮、苗、彝、瑶、水、阿昌、畲、羌、土家、蒙古、回等民族均有此姓。

繁衍之迹

雷姓最初是以中原为其繁衍地，从周朝至秦朝的八百余年内，雷姓不显于史，这大约是由于此期缺乏名人的缘故。上述的几支雷姓，在早期的发展中各自独立，界限分明，其中出自方雷氏部落的一支，在后汉、三国时相继出了雷义、雷同等著名人物。此期有资料表明，已有雷姓迁居于古时的楚汉之地，即今天的江西、湖北、安徽、四川等地。此后经过不断地繁衍播迁，雷义、雷同的后代在晋朝时形成了今江西省境的一大望族，史称“雷姓豫章望”。后不断向南北方扩散，其中，豫章人雷焕后裔有一支迁往冯翊（今陕西大荔），后来发展成为当地一大名门望族，于是雷姓又有以“冯翊”为其郡望、堂号的。魏晋南北朝时期，雷姓在南北方都有新的发展，但均以冯翊、豫章为其主源，而且这两支雷姓均各自独立发展，直到隋唐以后，才因一些特殊的原因，逐渐迁徙、发展、合流在一起。唐宋以后，雷姓分布更加广泛，如内蒙古、广东、陕西、四川、江西、湖南、广西、山西均有雷姓人的身影。其中，迁徙至江南、岭南的雷姓，有一部分融入苗、瑶、彝、侗、畲、壮、黎、布依等族中，在瑶族、畲族中，雷姓都是大姓，他们有自己的族谱，还涌现出一些有作为的人物。瑶族雷姓在广西、湖南、广东一带分布相当广泛，如广西临桂、灵川、湖南城步等县皆有，他们大多尊雷元祥为开基祖。当然，这是因为北方历代兵连祸接，雷姓士族只好更多地繁衍于相对稳定的南方。明初洪武年间，雷姓作为明朝洪洞大槐树迁民姓氏之一，被分迁于陕西、甘肃、湖南、山东、河南、河北等地。明中期以后，至清代中叶，雷姓分布更为广泛，而且有部分人移居海外。如今，雷姓在全国分布广泛，尤以四川、湖北、陕西等省多此姓，三省雷姓约占全国汉族雷姓人口的53%。

雷姓名人

京华御匠雷发达

雷发达，字明所，永修（建昌）人；生于明万历四十七年（1619年），卒于康熙三十二年（1693年），归葬金陵。清代初年，雷发达与堂兄雷发宣，因以建筑工艺见长，应募赴北京修建皇室宫殿。

雷发达修建皇室宫殿时，能虚心求教，融会贯通，技艺很高。康熙中期，他修建了故宫三大殿（太和殿、中和殿、保和殿），其中规模最大的数太和殿，也就是人们泛称的金銮宝殿。太和殿始建于明永乐十八年，先后称奉天殿、皇极殿。清康熙初重新修建，改名太和殿。工程开始时，因缺少大木梁，雷发达建议拆取明陵楠木旧梁柱充用。上梁之日，康熙率文武大臣亲临行礼，正当上梁之际，大梁因卯眼不合，悬而下落，工部长官相顾愕然，唯恐有误上梁吉辰，急忙找来雷发达，并授予冠服，雷发达袖斧猱升，急攀梁上，高扬钢斧，只听“笃、笃、笃”连响三声，木梁“轰隆”一声，稳稳地落了下来。刹那时，鼓乐齐鸣，文武百官三呼“万岁”！上梁礼成，康熙皇帝龙心大悦，当即召见雷发达，面授发达为工部营造所长班。因此时人留下“上有鲁班，下有长班，紫徽照令，金殿封官”的歌谣。以后，规模宏大的圆明园工程开始，发达调任圆明园楠木样式房掌案，也就是担任工程总设计师的任务。此时的雷发达已取得了重大的成就，尤其在设计方面成绩卓著。他善于在继承前人传统的基础上，勇于创新，形成自己独特的风格，如中国古代建筑群采用中线南北纵深发展，采取对称布置的方式等。他在进行清宫设计时，不墨守成规，既在中线上的建筑物保持严格对称，又对主轴两侧轴线上的各建筑物采用大致对称，而显灵活变动的新格局。这样，不但突出了中心又体现了“居中为尊”的思想，而且形成了统一并有主次的整体，从此，雷发达被人们誉为“样式雷”。

钱 錢 钱 錢 钱

89. 钱——由“钱”成姓

钱姓是当今中国姓氏排行第八十九位的大姓，人口较多，约占全国汉族人口的0.22%。

钱姓大探源

“钱”之为姓，原来真的跟钱有关系。

据史料记载，周代的钱府上士，是一种官名，专管朝廷的钱币，结果颛顼帝的一位叫做孚的后代当了这个官后，就干脆拿官名当做自己的姓。这就是钱姓的由来，也说明了姓钱的人之所以姓钱，的确是跟金钱有一段渊源。

根据史料的这段记载，后人还可以发现这样一段渊源：原来，姓钱的老祖宗孚，是彭祖的直系孙子，钱、彭原是一家人，所以有些地方，这两姓是不准联婚的。

姓钱的人，最早都聚居在下邳一带，下邳就在现在江苏徐州的附近，而徐州古称彭城，两地非常接近，更为钱、彭两姓间的密切关系提供了有力的说明。不过，后来姓钱的人都逐渐南迁，所以时至今日，江南的吴兴、武进一带，也有许多姓钱的人。

历史上，姓钱的人虽然在政治方面未曾扮演过轰轰烈烈的角色，然而，他们却文人才子辈出，跟他们姓氏的字义截然不同。

最早出现在史书上的，是钱丹和钱产两个人，他们都是战国时代人，钱丹是著名的隐士，钱产则是秦国的御史大夫。

到了唐朝天宝年间，江苏吴兴的钱家，出了一名大才子钱起，曾被誉为“大历十才子”之一。钱起博学多才，他的诗做得尤其好，赴举时一句“曲终人不见，江上数峰青”被主考官认为有如神助，多年来更是脍炙人口。

在历代政坛上，姓钱的人虽然未曾扮演过主要的角色，但在五代的时候，出过一位十分显赫的人物，那就是当时吴越的开国之主钱镠。他是浙江杭州人，国都就设在杭州。

钱镠是一位传奇人物，江南民间有许多关于他的传说：说他自小与群儿游戏，就懂得把大家编起队来操练；以及长大后不务正业，贩盐为盗，却为相士惊为“真贵人也”。他的成功，果然不凡，不但在兵荒马乱的当世，能成为一方之主，而他的后代，也四世为唐朝的节度使，威震一方，真可以说是相当显赫了。

繁衍之迹

由上可知，早期钱姓人的居住之地和分布中心，不外乎关中和今江苏北部一带，而两者之中，后者更具意义，在秦代及西汉，一些可考的钱姓人主要生活在今江苏徐州、邳州一带，直到西汉末年才有钱逊为避王莽之乱而迁居乌程（今浙江湖州南），钱林迁居长兴陂门里。东汉时钱林裔孙钱敞又迁长城县（今浙江长兴），还有一支钱姓由旗门将军钱咸开基，爵封高密侯，生活在今山东半岛北部一带。魏晋南北朝时期，钱咸九世孙钱弥官至辅国将军、大司农，家于长城，封豫章县侯；长城人钱宠因功封东迁县（今浙江湖州东）开国侯。此外，钱姓还称盛于吴姓，因而吴兴郡也成为钱姓的著名郡望。此期到隋唐，钱姓仍以吴兴郡等传统的几个居住中心为其繁衍的基地，没有出现特别的变化。唐代以后，伴随着临安人钱及其吴越国的建立，在其国力所及的两浙十三州之地几乎遍布其子孙，吴越归宋以后，由于其子孙中有不少人入仕于宋，则其子孙分布更广，方有“百家姓”位于第二姓之荣。此期有钱定海由杭州迁上海金山，宋元之际，钱姓已分布于山东、浙江、江苏、安徽、湖北、湖南、广东、福建、河南、陕西、河北、山西等地。明初洪武年间，钱姓作为明朝山西洪洞大槐树迁民姓氏之一，被分迁于浙江、江苏、河南、河北、山东等地。明朝正德年间（1506~1521），有江苏太仓双凤人钱滋，率其族先迁盛泾，后又分迁外冈、望仙桥、城中（俱为上海之地）等处。明末至清末近三百年间，钱姓人约有八次入垦台湾。国民党败居台湾时，又有更多钱姓人迁台，还有的漂洋过海，到东南亚和世界其他地区开拓发展。如今，钱姓在全国分布广泛，其分布以江苏、广东、上海、浙江和安徽等省市为多，上述几个地区的钱姓约占全国汉族钱姓人口的65%。

钱姓名人

吴越国王钱镠

钱镠（公元852～932年），字具美，一作巨美，小名婆留，杭州临安人，五代时吴越国的建立者。

钱镠出身平民，在唐末五代中原扰攘之际，割据一方，建立吴越国，为当时十国之一，传子及孙。太平兴国三年（公元978年），其孙弘俶举旗归宋，纳土国除，共统治两浙八十余年。

钱镠在位期间，曾发动民众与军士筑杭州城，周围70里；开凿钱塘江中罗刹石，便利航行；筑杭州城外捍海石塘，上起六和塔，下抵艮山门。他又置都水营田使，专管农田水利，以士卒数千人为撩浅、撩清、撩湖兵，以开浚淤塞；在太湖流域，凡一河一浦，都建堰闸，以时蓄泄，不畏旱涝，并建立水网圩区的维修制度，对保障一方人民与发展农业经济起过有利作用。

钱镠晚年习书法，擅长隶书，传世书迹有《题钱明观桥记》、《慈云岭题名》、《墨帖》等。

汤 湯 湯 湯 汤

90. 汤——成汤之后，历史悠久

汤姓是当今中国姓氏排行第九十位的大姓，人口较多，约占全国汉族人口的0.19%。

汤姓大探源

汤姓历史悠久，是中华民族大家庭中的重要成员，其始祖是我国第二个奴隶制国家建立者——商汤。

汤姓是子姓的衍生分支，汤姓的姓，既有美丽动人的传说，也有确切可考的历史文献资料。汤姓的祖先可以追溯到黄帝。黄帝有个儿子叫玄嚣，其后代有子曰契。汤姓始祖商汤是契的第十四世孙。

商汤名“天乙”，又名“履”。夏朝时曾任方伯之职，专管征伐之事，在夏朝末年继立为商族领袖。由于他一直握有重点，并能爱护百姓，施行仁政，深得人拥戴，也取得了周围部落的信任，他们慕名前来归附，商族人军事实力急刷膨胀。商汤开始了灭夏准备工作。

商汤攻夏，先从征服葛开始，前逐步扩大灭夏和统一周围方国的战争。商汤经过十一次征战将韦国、顾国和昆吾灭掉的，基本上剪除了夏朝的羽翼，占据了兖、豫大平原。经过鸣条之野的决战，夏国灭亡。商汤回师亳邑，众多诸侯前来朝贺表示臣服。后商汤称武王，国号为商，定都亳。商朝正式建立。汤死后，被尊为“成汤”，他的子孙为纪念其丰功伟业，有以他的名字作为氏的，这便是汤氏的最早来源。

令人奇怪的是，具有如此辉煌源流的汤姓在早期历史上所出现的名人并不很多，只能在各种史书上看到许多并非以汤为姓的商汤后代的记载，而很难找到汤姓的著名人物。

汤姓这种沉寂的现象，曾经维持了一段长时期，一直到五代之时，才被一位来自安徽贵池的汤悦所打破。

为汤姓扬眉吐气的汤悦，最初是一位以文章出名的才子，曾经仕南唐为宰相，凡是李家皇室的书檄教诏，都出自其手，后来，随其主归宋，被赵匡胤封为光禄卿，他的才华也深受宋朝皇帝的器重，曾奉敕撰“江西录”十卷。

宋代以后，汤姓的杰出人物就多得不胜枚举了，汤乔年，汤梦觉、汤鹏举父子，汤莘叟等等，都分别在各方面十分有成就。

明代，汤氏也是名人辈出，除了跟从明太祖平天下、被封为信国公的汤和以及那位大胆指责朝廷信私人、塞言路的名气响亮的汤显祖外，还出过一位了不起的爱国学者汤文琼，据传，当明末满清攻陷京师时，他慨然叹说：“吾虽布衣独非大明臣子耶！”并且在其衣襟上写下“位非文丞相之位，心存文丞相之心”后，投缳殉国。汤文琼的爱国表现，何其可敬！

繁衍之迹

汤姓系承于商汤，故汤姓最早发源地当是今河南省境。由于商朝历经七次迁都，故商代汤姓已遍河南、山西、河北及周围一带中原地区。秦汉时期，汤姓尤以河北一带繁衍最旺，故在汤姓的发展史上有中山郡及范阳郡两大郡望。此期亦有汤姓南迁于交趾（今越南河内西北），史载，汉武帝时，南越归顺，武帝派汤璋于交趾，职刺史。魏晋南北朝时，北方军阀混战，中原时有烽火，汤姓遂大举南迁，主要向东、南两个方向避乱。唐末五代时，从黄巢起义始，中原汤姓再度南迁，其路线大致由河南到湖南、江苏、浙江等地。上述诸多次南迁使得源于北方的汤姓遂成为南方姓氏。宋代以前，汤姓名人零星见于史册，宋代以后，大批汤姓名人涌现，且多出于东南一带的江苏、江西、安徽、浙江、湖南等省境，可见，后世汤姓是盛于这些地区的。宋代汤姓有宰相汤悦和汤思，出安徽、浙江二地，族人因此显赫，成当地名门望族。明代有开国功臣汤和，出安徽凤阳，死后追封东瓯王。另洪武、永乐年间，汤姓作为洪洞大槐树移民姓氏之一，分迁于河北、河南、山东、江苏、陕西、湖北等地。清康熙年间，广东汤姓陆续有人入居台湾，进而徙东南亚一带。今日汤姓尤以福建、湖南、江苏、湖北等省居多，上述四省汤姓约占全国汉族汤姓人口的56%。

汤姓名人

明代大戏剧家汤显祖

汤显祖，明代戏曲家，生于1550年，卒于1616年，字义仍，号若士，祖籍江西临川。他是万历十一年（1583年）进士，历任南京太常博士、詹事府主簿、礼部祠祭司主事，与顾宪成等东林党人过往甚密。汤显祖的思想比较复杂矛盾，他视科举为唯一出路，同时又对科举、八股文字表示厌弃；30岁时潜心佛学，企图在宗教中寻求人生的意义，同时又讥笑服食丹药的迷信者和嘲讽佛学的轮回说教。他思想中不同的侧面，都在他的戏曲创作中得到反映。

汤显祖以他的《牡丹亭》等剧作，成为中国文学史上和关汉卿、王实甫齐名的戏曲家。在明代300年的剧坛上，没有一个戏曲家像他那样受到后人的敬仰。

汤显祖以自己的浪漫主义艺术珍品，代表了明代戏曲创作的最高峰。其诗集、尺牍、戏曲作品，以1962年中华书局出版《汤显祖集》，最为完善。

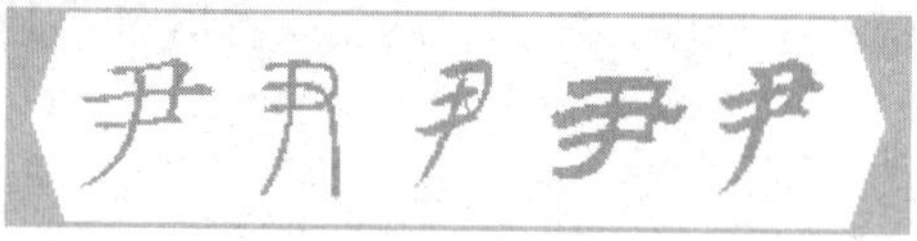

91. 尹——源出有二：以官为姓，以邑为姓

尹姓是当今中国姓氏排行第九十一位的大姓，人口较多，约占全国汉族人口的0.19%。

尹姓大探源

尹姓源出有四：

（1）出自商时贤相伊尹之后。据《风俗通》所载，伊尹任商朝尹（商、周时官名，职位相当于宰相）之官职，其子孙便以官职为氏。

（2）出自少昊的后代，以邑为姓。据《通志氏族略以邑为氏》等所载，传说少昊为古代东夷族的首领，号金天氏。东夷族以鸟为图腾，相传他曾以鸟名为官名，设有工正和农正。管理手工业和农业，少昊之子为工正，主工业管，被封于尹城，世称尹殷。子孙世掌其官职。殷的后代多用封邑名“尹”作为姓氏，周朝时尹氏子孙的封地一直在尹这个地方。是为河南尹氏和山西尹氏。

（3）以官名命名。据《风俗通》所载，尹是商、周时的官名，职位相当于宰相。商汤时有伊挚为尹，周宣王时有兮伯吉甫为尹，他们的后代中都有以尹为姓的，也称为尹氏。据《姓考》所载，春秋时，沈国公子逞官楚国令尹一职，子孙有以官为氏者。

（4）明清时白族、傣族，今日满、蒙、苗、壮等族均有尹姓。

繁衍之迹

商时都今河南安阳，故尹姓主要发源于河南一带。西汉之时，尹姓已足遍陕西、山西、河北、山东等地。据载，时有尹翁归出河东平阳（今山西临汾）；尹齐出东郡在平（今山东一带）；尹赏出钜鹿（今属河北），俱为名门。两汉之际，尹姓在贵州发展成大姓（龙、傅、尹、董四大姓）之一。东汉时，有尹良、尹牙、尹默分别为乌程（今属浙江）、合甫（今属广西，一说广东）、梓潼涪（今属四川）等地名士。另此时有经学家尹敏，出南阳堵阳（今河南方城东），后人迁居河北，在隋唐时发展成宗族大户，故有河间郡。魏晋南北朝时，天水（今属甘肃）、西州（今甘肃中部和西北部一带）尹姓繁衍旺盛，前秦、后凉、后秦等国均有尹姓任职，故有天水郡，尊尹纬（甘肃天水人，佐后秦姚苌、姚兴有功，官任尚书左、右仆射）为其开基始祖。另有尹敏后人尹虚任后魏赵州刺史。隋唐时，尹纬六世孙尹惠任宁州司马，其子尹思贞任刑户二部侍郎。这一时期，史册所载尹姓名人较少，但政清民和的社会大环境却让尹姓处于一个繁衍平稳期。此后，尹姓发展至今江苏、云南、辽宁等地。宋元时，又有大批尹姓迁徙，广布于南方地区。明朝洪武、永乐年间，尹姓由山西大槐树徙于河南、河北、江苏、天津等地广人稀之处。清代，有尹姓渡海入台，进而入居海外者。今日尹姓以湖南、四川、湖北等省多此姓，三省尹姓约占全国汉族尹姓人口的40%。

尹姓名人

宋代散文大家尹洙

尹洙，宋代散文家，字师鲁，河南（今河南洛阳市）人；天圣二年（1024年）登进士第，授绛州正平县主簿，历任河南府户曹参军等职；后充馆阁校勘，迁太子中允；时值范仲淹因指责丞相而贬饶州，尹洙上疏自言与仲淹义兼师友，同获罪，被贬为崇信军节度掌书记，监郢州酒税；后陕西用兵，尹洙被起用为经略判官，累迁至右司谏，知渭州，兼领泾原路经略公事；后为其部吏诬讼，贬监均州酒税。

传说欧阳修学习古文，曾受尹洙的影响（《邵氏闻见录》卷十五）。尹洙论文，尊崇孟子、韩愈。他说为文章当“务求古之道”。不过，他虽尊韩愈，却不甚排斥佛老。在《送李侍禁序》中说李君“乐于佛氏之说”。他认为佛教的“博爱”是和孟子的“仁义”相近的。

92. 黎——九黎后裔、黎国后裔、帝尧后尧、少数民族改姓

黎姓是当今中国姓氏排行第九十二位的大姓，人口较多，约占全国汉族人口的0.19%。

黎姓大探源

黎姓来源有四：

（1）出自九黎的后裔。据《风俗通义》等所载，九黎古时为我国南方土生土长的庞大种族之一，相传为少昊（传说中古代东夷首领）金天氏之时的诸侯。黎曾被封为北正（一说火正）官，掌管民事，其后裔有以字为氏，称黎氏。

（2）出自黎国后裔。据《元和姓纂》等所载，商时有诸侯国黎国，一个在今山西长治县西南，商末被周文王所灭；另一个在今山东郓城县西。这两个黎国的子孙，后以国为氏，姓黎。又据《风俗通义》所载，这两个黎国均为古部落“九黎之后”。

（3）出自帝尧的后代。据《元和姓纂》等所载，商末为周文王所灭的黎国，在周武王分封诸侯时，被封给帝尧的后裔，赐爵为侯，并且仍然沿用黎国的名称。春秋时黎国迁都于山西黎城县东北的黎侯城，后为晋国（在今山西西南部）所灭，其子孙后以国为氏而姓黎。

（4）少数民族改姓为黎。据《魏书·官氏志》所载，南北朝时后魏有代北鲜卑族复姓素黎氏，随魏孝文帝迁都洛阳后，改为汉字单姓黎氏，是为河南洛阳黎氏。

繁衍之迹

黎姓早期发源地当是今山西黎城县东北一带，即春秋时黎国都城所在地。早在战国时期，黎姓或因仕宦而处，或因避难而居，西入陕西，东向山东、河北，南徙江苏、广东、广西及越南北部。另据史料记载，此期有梁（今陕西韩城）人黎喁迁居江右（今江西省）。汉时，有黎朱苍任长沙（今属湖南）相，其后代在湖南发展繁衍。魏晋南北朝，迫于北方战乱，黎姓族人大批南迁，南方黎姓随之而昌盛起来，一直到后代各个时期。据《黎氏族谱》所载，南朝齐有黎侨因功封永乐侯，被奉为明州（今浙江宁波市）始祖。唐到五代时期，黎姓更广泛地分布于南北方各个区域，其发展出现了些新特点。黎侨一支传至黎干时，在京兆（今陕西西安市）发展成为望族，于是此支黎姓以“京兆”为郡望堂号，尊京兆尹黎干为开基始祖。黎干之子黎度，任虔化（今江西宁都）县令，为宁都开基始祖。黎度之孙黎祚，后晋时任职河南（今河南洛阳）太守。宋代时，黎姓有徙居福建上杭、宁化者。此时，史册所载黎姓名人渐多起来，说明黎姓势旺较之前代达到一个新的程度，黎姓繁茂于以往任何时期。宋末元初，有黎天麟自福建迁居广东梅州程乡（今梅县），被视为入粤始祖。其后子孙有迁居广东丰顺、陆丰等地者。明代有山西洪洞大槐树黎姓迁居于湖北、湖南、河南等省。清代乾隆年间，有广东、福建籍黎姓入居台湾，进而徙于海外。今日黎姓尤以湖南、广东、江西等省多此姓，上述三省黎姓约占全国汉族黎姓人口的67%。

黎姓名人

香港电影之父黎民伟

黎民伟是香港电影与戏剧事业的开拓者、中国电影改革的先驱，他毕生致力于电影事业，为我国电影业的发展做出了巨大贡献。

黎民伟出生于日本横滨，在香港成长，就读皇仁及圣保罗书院。当时，他把每天午餐费省两钱，两年储得12元购得他第一部摄影机，中、上环一带便成为他拍摄活动的场景。他是香港首间电影厂“民新”的创办人和“上海联华”公司始创人之一，首间制片厂位于大坑，银幕街因而命名，他又与兄长们建立了香港第一间华资戏院新世界戏院。

由于在港拍摄影片受阻，黎氏遂移师往广州西关拍摄香港第一部故事长片《胭脂》。1925年将制作基地迁往上海，积极拍摄高水平的国语片。他制作认真，全盛时期曾有七个制片厂，积极发掘和训练电影人才。

黎民伟是拍摄纪录片的先锋。《勋业千秋》（又名《建国史的一页》）记录了国民革命军北伐的情况。

黎民伟倾力之作《西厢记》是影史上最早的一部，也是现存黎氏参与的最早剧情片。在江南一带取景，文戏武场都生动紧凑。片中更首次尝试天马行空特技摄影，是结合了中国文学与特技的一个新尝试，为电影感与实验性兼合的早期默片名作。

93. 易——出自姜姓，以易为氏

易姓是当今中国姓氏排行第九十三位的大姓，人口较多，约占全国汉族人口的0.19%。

易姓大探源

易姓的来源有二：

（1）来自姜姓，以易为氏。武王伐纣时，姜尚担任统兵的军师，协助武王取得了胜利，赢得了武王的信任。封他于齐，后来又封他的子孙于易地，这一部分姜尚的后代于是以地名作为姓氏，为易姓。这就是河北易姓的由来。

（2）出自齐大夫易牙之后，以先人的名字作为姓氏。春秋时有齐王的宠臣雍巫，字牙，因采食于易邑，也叫易牙。此人精于烹调技术，但性善逢迎，存有野心。管仲死时曾说易牙“杀子适君”，违反人情，不可重用，但齐王不听。管仲死后，易牙与竖刁、开方共同专权，齐王病了以后，他们趁机作乱，杀掉大批官吏，并将太子赶出皇宫，立公子无亏为国君。后来被其他的大臣所杀。易牙的子孙以易为姓称易氏。是为山东易氏。

繁衍之迹

易姓的发源地为今河北易县一带和山东、河南间地。秦汉时，易姓主要以山东、河南一带为繁衍中心，且零星向周边扩展。东汉末年到南北朝时期，群雄逐鹿中原，烽烟四起，易姓较频繁地从北方向南方迁徙，始有易姓名人见于史册。如三国时魏国的易憧，西晋浏阳（今属湖南）人易雄皆出于山东易姓。另有前凉（都今甘肃武威）将军易挺亦名噪一时。唐朝时，出现了前所未有的安定富足局面，易姓得以休养生息，繁衍壮大，势力渐强。据载，有大理评事易重，游宦筠州上高（今属江西），定居于此。宋元时期，见于史册的易姓人物渐多，且以湖北、湖南两省为最。如有北宋画家易元吉居于湖南长沙；有南宋大臣易祓，为宁乡（今属湖南）人；有元代襄阳（今属湖北）名人易炳文等。可见，此时易姓家族势力较之前代浩盛、强大起来，并且经过较长时间的发展，以南方为主要聚居地。另外，此期避金人、元人战乱而南迁者也进一步巩固了易姓以南方为盛的状况。明朝年间，贵州、云南、广西、福建等省均有易姓人居住。如有易节为万载（今属江西）人；易元贞为广西桂林人；易时中为晋江（今福建泉州）人。清代，易姓仍以江南为主要繁衍中心，并有从沿海入居“台湾”进而迁入新加坡等地者。今日易姓枝繁叶茂，尤以四川、湖南、湖北、江西等省多此姓，四省易姓约占全国汉族易姓人口的90%。

易姓名人

北宋著名画家易元吉

宋代长沙地区画苑极为兴盛，其中最著名的画家是易元吉。易元吉，字庆之，自幼灵机深敏，自幼临摹古人名画，打下了扎实的绘画功底。

易元吉早年擅长画绘花鸟，一次见到北宋著名画家赵昌所画的花果后深为叹服，自愧不如，决心开拓前人未加注意的题材，以此来驰名画坛。于是他以大自然为师，离家远游，寄居于山野人家，每天观赏自然风物，与鹿同游，常流连忘返。易元吉不仅对猿猱獐鹿各种禽兽的生息动静形态进行细心观察，而且包括林木景石诸景物都一一记于心中。归居长沙后，他又在自己的居室后面，疏凿池沼，置乱石，种花竹芦苇，畜养各种水禽，并将居室后墙穿一小洞，偷偷窥探这些小生物的游憩饮啄的姿态，以帮助自己进行绘画构思。

经多年悉心揣摩，易元吉技艺日进，所绘花鸟动植物都很有特色。传说他在杭州都监厂画鹰时，吓得梁上的紫燕都不敢下来做巢。易元吉所作的画，尤其以獐猿特别生动逼真，呼之欲出，他因此而名闻天下。易元吉的獐猿画不仅在艺术上达到第一流的水平，而且在中国古代绘画史上具有开拓绘画题材的意义。所以古代绘画评论家把獐猿画看成易元吉的专工独诣，认为是“世俗之所不得窥其藩”的绝技。易元吉也由此而成为长沙乃至湖南画坛的领袖人物。

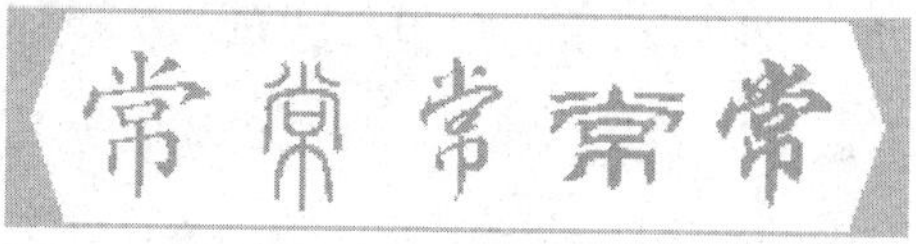

94. 常——常姓来源有四支

常姓是当今中国姓氏排行第九十四位的大姓，人口较多，约占全国汉族人口的0.18%。

常姓大探源

常姓来源有四：

（1）相传在五千年前的黄帝时代，以常为氏的古人相当多。周族与商族的首领高辛氏次妃为常仪，以善占月之晦、朔、弦、望著名。古代“仪”与“娥”同声通用，故后世的嫦娥奔月故事有可能是由常仪演化而来的。又有曾被黄帝任命为大司空的常先，这是见于史载的最早的常姓。因此，常姓应该说五千年前就有了。

（2）出自姬姓，以邑为氏，为卫康叔的后裔。据史料所载，周武王灭商后，封其弟（文王幼子）于康邑，世称康叔封。后周公（武王之弟）又将原来商都周围地区和殷民七族封给康叔，建立了卫国。卫国于公元前254年沦为魏的附庸，又于公元前209年为秦所灭。周初，周公大肆分封诸侯，诸侯又分封采邑。卫康叔把他的一个儿子封于常（今山东滕县东南）。卫国灭亡后，其后裔有以国为氏姓卫，也有以邑为氏姓常的，史称常姓正宗。

（3）出自战国时吴国公族之后裔。据《姓氏考略》所载：“吴后有常姓”，是为江苏常氏。

（4）出自恒姓，为避讳改姓。北宋真宗名赵恒，古时“恒”“常”同义，故因避皇帝讳，改恒姓为常。恒姓本是楚国公族恒思公之后，这一支常姓族人主要繁衍于江苏的东海沿岸一带。

繁衍之迹

山东、江苏为早期常姓发源地，此种发源格局，使得常姓很早就散居于大江南北，据载，战国时代，北方河南、河北南部地区以及南方吴、楚等国，均有常姓。西汉有太原（今属山西）人常惠，曾随苏武出使匈奴，被拘十余年后返汉，官至右将军，封长罗侯，其后又有数人封侯，太原常姓由此显赫。与此同时，常姓在起源地山东亦形成一大望族，遂有平原郡望。汉末三国之际，“蜀之江原（今四川崇庆县东）常氏多显著。”时有名人常播、常骞等。魏晋南北朝时期，河南、甘肃常姓繁衍茂盛，遂成望族。曹魏时，河内温（今河南温县）人常林，封高阳乡侯，官拜光禄大夫，其后人多入朝为官，家族荣耀显贵，在河内形成望族。常林四世孙常珍，携家眷徙凉州（今属甘肃），后人亦多官宦，遂形成常姓的武威郡望。隋唐时期，常姓名人多出京城长安（今陕西西安）和陕西新丰（今临潼东北）两地。新丰常姓职仕朝廷者多人，甚为显赫。时有新丰人常衮徙居闽（今福建）地，后人遂在闽、粤一带繁衍，故闽、粤常姓多以新丰为宗，以常衮为开基祖。宋代因避真宗名讳，恒姓被迫改为常姓，这为常姓家族注入一股新泉。此期常姓迁徙足迹自江苏、浙江、江西、湖北等地往福建、广东一带，后入云南、贵州等地。明代有山西常姓被迫迁周边省份之人烟稀疏之地。清代常姓有入台，定居新加坡等地者。今日常姓以河南、山西、黑龙江、吉林、河北等省居多，上述五省常姓约占全国汉族常姓人口的63%。

常姓名人

明朝开国大将常遇春

常遇春，字伯仁，安徽怀远人；貌奇体伟，勇力过人，猿臂善射；原来当过土匪，后归顺明太祖朱元璋。

据史料记载，元至正二十年（1360年）初，朱元璋令常遇春与另一名大将徐达率重兵镇守池州防备。陈友谅统其兵众，部署袭取池州。徐达侦悉陈友谅的行动，令常遇春率精兵万人，设伏于六泉口。陈友谅兵至，全力猛攻池州城，徐达率领守军开城出击，常遇春伏兵掩其后，大破陈友谅军，斩首万余，擒捉三千，陈友谅败走江州（九江）。这次战役不仅恢复了皖南军事要地太平县，也使汉军龟缩于武汉不敢再犯。论功行赏常遇春功劳最大。朱元璋夸赞他说：“当百万众，摧锋陷坚，莫如副将军。”

可惜，常遇春只活到40岁，就病死于柳河川。死后，他被追封为“开平王”。

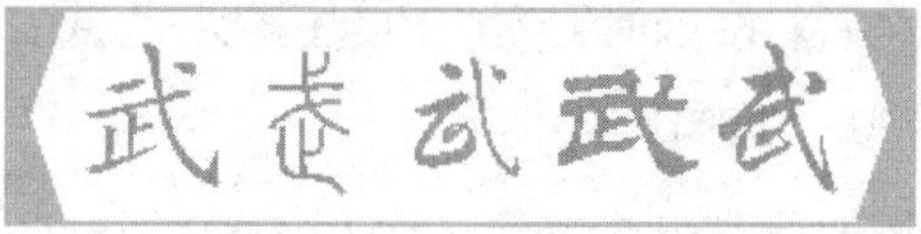

95. 武——武姓起源

武姓是当今中国姓氏排行第九十五位的大姓，人口较多，约占全国汉族人口的0.18%。

武姓大探源

武姓源出有七：

（1）出自姬姓，周平王少子姬武之后。据《新唐书·宰相世系表》所载，公元前770年，犬戎入侵西周，周幽王被杀，周的京都也遭破坏。周幽王的儿子宜臼受申、许、鲁等部分诸侯拥戴，在申即位，后迁到雒邑，历史上称东周。宜臼就是周平王。因其手掌上有一“武”字形状纹路，故被赐为武氏，后来他的子孙，因而以武为氏，史称武姓正宗。

（2）出自以国名为氏。据《世本》、《万姓统谱》等资料所载，夏臣武罗被封武罗国，后国亡，其后子孙以国名为氏，称武姓。

（3）出自子姓，以祖名或以谥号为氏：

①出自商王武丁之后，以祖名为氏。

②出自春秋时宋武公之后，以谥号为氏。

（4）出自以邑名为氏。据《风俗通义》所载，汉朝有武强王梁，封地在今河北省武强县，其后代因封地“武强”简为武氏。

（5）出自以武字开头的复姓——武安氏和武疆氏：

①出自复姓简化而来，为秦大将白起之后。战国时，秦将白起因功封为武安君，其后子孙以封爵“武安”为氏，称武安氏，后简姓武。

②出自周顷王之孙姬满的后裔。因姬满的后裔曾被封于武疆（今河南省郑州市一带），因而其子孙以封邑名为氏，称武疆氏，后简姓武。

（6）出自其他源流。唐代的冒姓或被赐姓为武姓的：

①据《唐书》载：“唐贺兰敏武士之嗣，冒姓武。”

②唐代傅、左、李诸姓被武则天赐姓武。

（7）出自少数民族的武姓或有复姓改汉的武姓：

①满族武聂氏、武佳氏、武库登吉氏，鄂温克族吴立西氏汉姓为武。

②京、彝、蒙等族有武姓。

繁衍之迹

武姓最早发源于河南。秦汉时期，武姓迅速地向邻近山东、江苏等省迁徙。沛国（今江苏沛县）人武彪秦末追随刘邦，汉朝建立后，被授以官爵，子嗣荣耀显达，后代之沛国郡，立其为开基始祖。又山东武姓至东汉时，一直是一个兴旺、显赫之族。今山东济宁紫云山仍留有东汉石武氏祠画像，为桓帝时所绘。另据《新唐书·宰相世系表》所载，西汉人武儒，被封于梁邹（今山东省济南），传至武都，任陈留（今属河南省）太守，至武宣，任汝南（今属河南省）太守。魏晋南北朝之际，鉴于北方战火四起，中原士族纷纷南下，武姓为其一。武儒一支后裔武周、武陔父子官仕曹魏，后人武越任太山太守，武念为洛州长史，武洽封晋阳公，别封大陵县（今山西省文水县东北武陵村），武俭任北周永昌王谘议参军。唐代为武姓历史上最显赫荣达阶段。上述武姓支脉中发展到武士时任工部尚书，封应国公。其女武则天登基称帝，武姓族派不断扩大，其祖居地太原一带遂形成大郡望，是为太原郡。此期，武姓名人多入朝或在地方为官，使得武姓繁衍之地遍布天下。宋元明清时，武姓虽不断迁徙，如避金人南下、蒙军入主中原之战祸，明代大槐树移民等，但仍不失为一个典型北方姓氏。清代亦有武姓渡海入台，后迁徙新加坡等地者。今日武姓尤以河南、黑龙江等省多此姓，此二省武姓人口约占全国汉族武姓人口的37%。

武姓名人

一代女皇武则天

武则天（公元624～705年），并州文水人，唐高宗李治的皇后，唐代女政治家，性巧慧，多权术。

唐太宗贞观十一年，武氏以美貌应召入宫，始为才女，赐号武媚，时年14岁；公元649年，太宗死，入感业寺别发为尼；时王皇后正与萧淑妃争宠，决计利用武媚的美貌，转移高宗对萧氏的厚宠，遂令武氏暗中蓄发，献给高宗，封为宸妃；次年生长子李弘，晋为昭仪。

武氏再次入宫，得力于王皇后，开始对王皇后卑躬屈节，极力奉承。她知道王皇后与萧淑妃有矛盾，便联合王皇后，夺去高宗对萧氏的宠爱。当萧氏失宠后，她认为自己要当六宫之主，必须把王皇后打下去。公元654年，武昭仪产下一女儿，深得高宗喜爱。有一天，王皇后闲得无聊，到昭仪宫中逗小公主玩了一回，然后离去。武氏在王皇后来时，她故意避开，及王皇后离去，将小公主弄死，嫁祸于王皇后。公元655年，王氏被诬以杀死小公主的罪名，废去后位，立武氏为皇后。此后又生了三子一女：李贤（章怀太子）、李显（中宗）、李旦（睿宗）和太平公主。足见其专宠之地位。

武氏自立为皇后之后，开始参与朝政，与高宗并称“二圣”。公元683年，高宗死，李显继位为中宗，尊武氏为皇太后，由太后临朝称制。翌年，废李显为庐陵王，立李旦为睿宗，武太后掌实权。公元690年，废李旦自立为则天皇帝，改国号为周，改元天授，史称“武周”。

武则天称帝后，大开科举，破格用人；奖励农桑，发展经济；知人善任，容人纳谏。在她掌理朝政时，社会稳定，经济发展，为后来“开元盛世”打下基础。但是，武则天逼害王后萧妃，杀害亲子，大封武氏诸王，重用酷吏，严刑峻法，冤狱丛生，受到人们的谴斥。

705年，宰相张柬之等人乘武则天年老病危，拥立中宗复位，尊武氏为“则天大圣皇帝”。同年冬，武氏死，享年82岁，遗诏“去帝号，称则天大圣皇后。”李白把武则天列为唐朝“七圣”之一。

96. 乔——出自姬姓、匈奴贵姓、鲜卑之后

乔姓是当今中国姓氏排行第九十六位的大姓，人口较多，约占全国汉族人口的0.18%。

乔姓大探源

乔姓来源有三：

（1）出自姬姓，为桥姓所改，是一个以山命名的姓氏。据史料记载载，相传中原各族的共同祖先黄帝死后葬于桥山（在今陕西省黄陵县城北），子孙中有留在桥山守陵看山的，于是这些人就以山为姓，称为桥氏。至于桥氏改为乔氏，是在北魏时期。东汉时有太尉桥玄的6世孙桥勤在北魏任平原内史，北魏末年魏孝武帝不堪忍受宰相高欢的专权和压迫逃了出来，桥勤随孝武帝一起投奔到宇文泰建立的西魏。一天，宇文泰心血来潮，叫桥勤去掉桥的木字边，变成乔，取“乔”的高远之意。桥勤不敢不从，从此改桥为乔，世代相传下去，这就是陕西乔姓的由来。史称乔氏正宗。

（2）出自匈奴贵姓。史料记载，汉代匈奴贵姓有四个——兰、乔、呼衍、须仆，内有乔氏，后与汉族的乔氏浑然一体。

（3）出自鲜卑之后。据有关史书记载，魏晋南北朝时期也有乔姓的鲜卑人出现，他们的后代一直延续着这个姓。

繁衍之迹

乔姓最早出现于少数民族姓氏中。《通志·氏族略》中载，北方匈奴贵族有乔姓，代有辅相（即宰相）。东汉时，部分匈奴人南下归附汉朝，遂与汉人相融。晋代时有乔智明，系出鲜卑族。南北朝时桥勤改姓乔，视为汉族乔姓始祖，陕西西安（西魏都城）即为其族人发源地。此支黄帝后裔乔姓早在东汉时已分居于今安徽潜山、河南商丘等地。桥勤曾官仕北魏、西魏，可见其族人南北朝时又有散居山东、陕西等地者。其中以河南商丘一带人丁最为兴旺。隋唐时期，乔姓主要繁衍于今陕西、山西、河南、安徽等省境，河南商丘乔姓已成望族，以“梁国”为其堂号。五代时，乔姓人口剧增。史有“乔氏即桥氏也，后周文帝为相，命桥氏去木，义取高”（据《通志·氏族略》之记载）。宋元时期，北方乔姓有避金人、元人之兵祸而南下者。其间，浙江、江苏等南方地区有乔姓名人入载青史。如宋代有高邮（今属江苏）进士乔执中。东阳（今属浙江）人乔行简，封鲁国公。元有戏曲家乔吉入居浙江。明代有洪洞大槐树乔姓东迁山东、河北，西入陕西，南下河南、江苏等地。清代有沿海乔姓族人入台，进而迁徙海外者。另外，明清之际，乔姓名人以盛于前代之势涌现，此期乔姓达到历史最为鼎盛时期。今日乔姓以河南、山东、江苏、河北等省多此姓，上述四省乔姓约占全国汉族乔姓人口的67%。

乔姓名人

晋商代表人物乔致庸

乔致庸，嘉庆二十三年（1818年）出生于山西省祁县乔家堡，其父是祁县大名鼎鼎的大财主乔全美。由于兄长早丧，乔致庸为了继承家业而弃儒从商。在他掌管复字号时，买卖越做越发达，红利也相当可观。同治元年（1862年）他创立大德兴票号（1884年改名大德通票号）；光绪七年（1881年），创设大德恒票号。他在晚年时崇奉道家学说，相信清静无为的道家哲理。光绪三十三年（1907年），乔致庸去世，享年89岁。

乔致庸一生有6子11孙，在他执掌家务时，可称得上“人丁兴旺，四世同堂”。乔家“在中堂”在他执掌期间，事业突飞猛进，家资千万，商号遍布全国，其财势已跻身于全省富户前列。

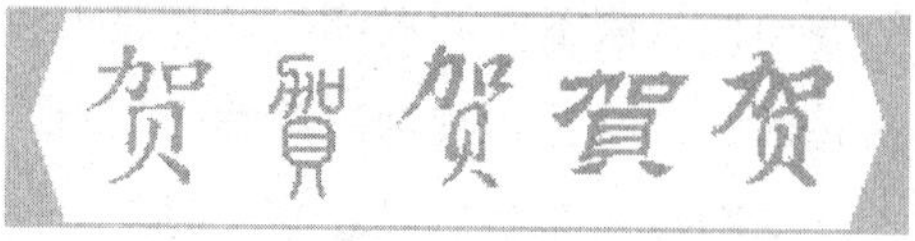

97. 贺——由庆氏改姓而来

贺姓是当今中国姓氏排行第九十七位的大姓，人口较多，约占全国汉族人口的0.18%。

贺姓大探源

在具有五千年悠久历史的中华民族当中，贺是一个比较年轻的姓氏。他们得姓于东汉的安帝年间，算起来只有1800多年的历史。贺姓是从庆氏改过来的，改姓的缘故，是为了避帝王的名讳。而庆氏，原来是周朝齐国的公族，是曾经称霸春秋的齐桓公的后代，而齐国的始祖又是那位辅佐文王定天下有大功的姜子牙，于是后世的贺姓人士，自然也是姜太公的后裔了。

实际上，贺姓的渊源，尚不仅止于姜太公，还可以进一步追溯到比黄帝更早的神农氏，因为姜太公是神农氏的后代，神农氏居于姜水，他的后裔就以姜为姓。

贺氏是东汉时从庆氏改过来的，是齐桓公支庶庆公的后代，那么，这位贺氏的始祖庆公，又是怎样的一个人呢？关于庆公这个人，相信只要是读过《史记》的人士，必然都知道指的是春秋时代的大夫庆封，因为在当时的齐国，庆封曾经是一位翻云覆雨的重要人物。

至于那位头一个把自己的姓氏改为“贺”的庆纯，根据史载，是东汉安帝时的侍中，他既然在朝为官，就不得不对皇室的名号有所避讳，而把自己原来的姓氏改掉了。这位贺纯也是当时十分有名望的人物，他博览群书，曾经屡次向朝廷奏请数十事，多被接纳，后来做到江夏太守。

繁衍之迹

综上所述，贺姓得姓是在今浙江绍兴一带，他从一开始就成为当地一大望族。故族人自改姓为贺以后，就以会稽为其堂号、郡望。贺纯有孙名贺齐，为三国时吴国大将军齐之孙贺邵任中书令，邵之子贺修在西晋任太子太傅，由于仕宦周迁等原因，贺姓开始在江浙一带缓慢迁徙。会稽贺姓在汉魏六朝时期，他们与同郡的虞、魏、孔三姓并称为“会稽四姓”。魏晋南北朝时期，因北方兵连祸接，各民族不断大举南迁，使得南方的贺姓家族分布更广。出自鲜卑的贺姓，也很快繁衍壮大，后与从江南北上的贺姓不断地融合发展，逐渐在北方形成两大郡望，即河南郡、广平郡。唐朝时，贺修的十二世孙贺德仁为唐太子中书舍人，德仁的侄孙贺默为彭州（今江苏徐州）刺史，德仁的侄曾孙贺知章任唐玄宗秘书监，可见此期世居会稽之贺姓已呈大批北上之势。宋代词人贺铸为贺知章之后，生于今河南汲县，晚年退居苏、常。唐宋之际，贺姓已分布于我国东部广大地区，其中在北方，是以今河南、河北、山西、山东、陕西分布最为集中。此期又形成山阴（隋时贺德基之族所在）、青州（宋时贺恂之族所在）、忻州（宋时易州刺史贺惟忠之族所在）、陈留（宋时右千牛卫大将军贺率景之族所在）、蔡州（宋时中散大夫贺应诚之族所在）、济南（宋时秉议郎贺适中之族所在）、齐州（宋时光禄卿贺志诚之族所在）、密州（宋时贺宽之族所在）等郡望。明初，贺姓作为洪洞大槐树迁民姓氏之一，被分迁于江苏、河南、山东、湖北、河北等地。明清以后，贺姓遍及全国各地，并有远播海外者。如今，贺姓分布甚广，尤以湖南、山西两省多此姓，两省贺姓约占全国汉族贺姓人口的31%。

贺姓名人

1. 四明狂客贺知章

贺知章（公元659～744年），字季真，自号四明狂客，越州永兴人；少时以文章诗词知名；唐武周证圣元年（公元695年）进士，初授国子四门博士，后迁太常博士；开元十年（公元722年），入丽正殿书院撰修典籍，后转太常少卿；开元十三年迁礼部侍郎，兼集贤院学士；不久，又为太子右庶子，充侍读；二十六年，调任工部侍郎，不久，迁太子宾客、银青光禄大夫兼正授秘书监；天宝三年（公元744年），患病之后请度为道士，告老还乡，不久寿终。唐肃宗称其“器识夷淡，襟怀和雅，神情志逸，学富才雄，挺会稽之美箭，蕴昆岗之良玉。”并追赠礼部尚书。

贺知章诗文以绝句见长，其写景、抒怀之作，风格独特，清新潇洒；其中《回乡偶书》两首，脍炙人口，千古传诵，今存诗19首录入《全唐诗》；工书法，尤擅草隶，当世称重。贺知章墨迹留传很少，现存尚有绍兴城东南宛委山南坡飞来石上的《龙瑞宫记》石刻和流到日本的《孝经》草书。贺知章生性旷达豪放，好饮酒，常与李白、李适之、王琎、崔宗之、苏晋、张旭、焦遂饮酒赋诗，时称“醉八仙”。

贺知章性格旷达，谈吐诙谐幽默，又善饮酒，写一手草隶书法。李白初到长安，一见如故，成为忘年之交。

2. 北宋著名词人贺铸

贺铸（1052～1125年），字方回，自号庆湖遗老；长身耸目，面色铁青，人称贺鬼头；山阴（今浙江绍兴）人，居卫州（今河南汲县）；孝惠皇后族孙，授右班殿直；元祐中曾任泗州、太平州通判；晚年退居苏州，不附权贵，喜论天下事；善诗文，尤长于词；其词内容、风格较为丰富多样，善于锤炼字句；部分描绘春花秋月之作，意境高旷，语言浓丽哀婉，近秦观、晏几道；其爱国忧时之作，悲壮激昂，又近苏轼。南宋爱国词人辛弃疾等均有续作，足见其影响；着有《东山寓声乐府》（一名《东山词》）、《庆湖遗老集》。

贺铸在当时不属“苏门”也不属江西诗派。他的词有一部分受唐人李商隐、温庭筠等影响，其诗常叫人想起晏殊的诗来，跟他自己的词境也相近；但是他另有些诗决然不是这种细腻柔软的风调，用了许多“之”“乎”“者”“也”之类的语助词，又像“打油”体，又像理学家邵雍的“击壤集”体。他最好的作品都是开朗干净，没有“头巾气”，也没有“脂粉气”的。

98. 赖——出自姬姓，以国为姓

赖姓是当今中国姓氏排行第九十八位的大姓，人口较多，约占全国汉族人口的0.17%。

赖姓大探源

赖姓出自姬姓。西周初年，周武王姬发封其堂弟叔颖于赖（今息县包信镇一带），为周朝子爵国。春秋时期，周朝王权衰微，楚国不断吞并周围小国，因赖国与强大的秦国有着长期联姻关系，加之赖国臣民英勇抵抗，楚国迟迟未敢轻易讨伐赖国。公元前538年，楚灵王看到江淮地区仅剩下赖国还未征服，便胁令已征服的小国配合楚军，围攻赖国，一举灭掉赖国。赖国臣民为纪念赖子国，相约以国为姓姓赖。其中一些人北迁到达鄢（今鄢陵）姓赖，赖国贵族中的一些人逃亡附近的罗国和傅国，为躲避楚军追捕改姓罗或傅。至今，罗姓和傅姓与赖姓还有联宗之谊。

繁衍之迹

赖姓发源于今河南省境。据《姓氏考略》所载，最早的赖姓家族，居于古代颍川一带，为周武王之弟叔颖后裔。秦汉时期，赖姓已有迁居南方者，《元和姓纂》中即载："汉有交趾（今越南河内市西北）太守赖先，蜀零陵（今属湖南）太守赖文。"这一时期，居于颍川的赖姓发展最旺，是为"颍川郡"。魏晋南北朝时，赖姓加入了为躲避纷乱由北方而南迁的队伍之中，江西、福建、湖南、浙江、江苏、广东等省均有赖姓足迹。据《赖氏族谱》所载，东晋有赖忠诚任虔州（今属江西）知府，后人赖光迁居松阳（今属浙江），到赖遇时已成当地一大郡望，晋安帝亲题“松阳郡”赐予赖遇，故此支望族以“松阳”为郡号，并尊赖光为开基始祖。另外，赖光后人有迁居江西者，且在当地发展成为大郡望，治郡为南康郡。隋唐时期，政清民和，赖姓繁衍愈盛，各支脉竞相延伸，葱茏郁茂。宋元时期，赖姓又有大量南迁者，可以说是赖姓历史上继南北朝之后的又一次大迁徙。这次南迁，使得发源于中原河南之地的赖姓更加称盛于南方各地。另外，宋代赖姓有一支在河南武陟繁盛起来，治郡为河内郡。明朝初年，赖姓又有迁居于四川、云南一带者，并且多数融入阿昌族。清朝初年，赖姓有进入台湾者，据载，赖云从福建漳州渡海至台中开基，此后，从闽、粤迁往台湾，进而移居海外者不绝。今日赖姓以广东居多，约占全国汉族赖姓人口的54%。

赖姓名人

太平天国遵王赖文光

赖文光（1827 ~ 1868年）中国太平军将领、后期捻军统帅；广西桂平人；参加金田起义后，早年在天朝任文职；咸丰六年（太平天国丙辰六年，1856年）秋，改任武职，到江西招兵，保卫天京，后随英王陈玉成转战皖、鄂；咸丰十一年秋，受封为遵王，随扶王陈得才远征陕西，进抵汉中；同治三年（太平天国甲子十四年，1864年），天京（今南京）危急，陈得才、赖文光率军回援，行抵鄂东时，天京已陷。陈得才由于队伍溃散自杀，赖文光遂与捻军联合，并被推为统帅。

赖文光以恢复太平天国为宗旨，按照太平军军制整编捻军（见太平天国兵制）。采取以走制敌的流动战术，在豫、鲁间屡挫清军；同治四年春，在高楼寨之战中，指挥捻军伏击清军，阵斩科尔沁亲王僧格林沁，歼敌7000余人，声威大震；此后，率捻军继续驰骋中原，冲破沙河、贾鲁河防线，粉碎了钦差大臣曾国藩以静制动、重点设防、聚兵防河的“剿捻”方略。但捻军常年流动作战，赖文光感到独力难支。同治五年，他命梁王张宗禹率部前往陕、甘，联结回民起义军。此后，捻军遂分为东、西两支。赖文光自、率东捻军先后击败提督郭松林和总兵张树珊所部淮军。同治六年初，他在湖北京山尹隆河地区与清军大战，先胜后败，遂率军经河南进入山东半岛，旋于七月突破钦差大臣李鸿章苦心经营的胶莱防线。十一月，赖文光在寿光战败，损失惨重，率轻骑突围南下，十二月，在江苏扬州瓦窑铺重伤被俘，从容就义。

99. 龚——共工氏后裔，“龚”“洪”同家

龚姓是当今中国姓氏排行第九十九位的大姓，人口较多，约占全国汉族人口的0.17%。

龚姓大探源

龚姓源自上古共工氏，在过去漫长的好几千年时间里，一直未曾发现他们有被外族或外姓所冒姓的记录。因此，龚氏可以说是一个一脉相传，血统单纯的大家族，所有姓龚的人，不管身处天南地北，统统都是不分彼此的一家人。

共工氏是上古时期一个几乎与黄帝的姬氏之族分庭抗礼的显赫家族。4000多年前，他们被列为所谓“四凶”之一，被圣君虞舜流放到现在的河北和辽宁一带，并且开始以单字的“共”为整个家族的姓氏。然后，经过了若干年代，他们为了避仇，又分别巧妙地改变了自己的姓氏，有的在原来姓氏“共”的左旁加上三点水，变成了洪氏；有的则在共字的上面加上一个龙字，成为了龚氏。两个姓氏尽管在外表上有很大的不同，但全都包括有“共”字在内，十足显示了他们的不忘本源，更明白表露了他们的所自来，真是妙不可言。

由此看来，长久以来在中国各地一直都是族大人众，很有名气的龚、洪二姓，实际上根本就是系出一源的同一家人，彼此间的关系亲密异常！

繁衍之迹

龚姓发源地较多，有河北、辽宁间地和山西、河南、福建等，总的来说，龚姓早期主要繁衍于北方地区。汉时，华东龚姓崭露头角，江苏徐州人龚胜与江苏邳州人龚舍均以名节闻名，有“楚两龚”之称号。另山东、河南龚姓这一时期也较有名。魏晋南北朝时，龚姓进一步繁衍于江西、四川、湖南等省。据载，湖南人龚玄之及其侄龚黎民，从孙龚祈，自晋至南朝宋，世居汉寿（今湖北常德东北），是当地比较大的家庭，故有武陵郡。此郡不仅是龚姓历史上最大郡望，而且是后世南方龚姓播迁之主源。唐宋时期，龚姓繁衍势头南方旺于北方，江苏、福建、浙江、广东遍布龚姓足迹。其中，福建、广东龚姓尊南宋淳熙年间参知政事（副宰相）龚茂良（今福建莆田人）为其始祖。据《福建通志》所载，龚茂良后裔龚英居荆山，后有迁安海者；龚沼居晋江沙堤，后又有迁安溪者；龚徒居福州城内梅枝里。可见，莆田龚姓支脉延伸之广，家族生长之茂。另有福建翁姓分支而出的龚姓，在当地形成望族（以“六桂”为堂号），更为福建龚姓的发展注入新的源泉。明代龚姓有移居上海、广西等地者。又山西洪洞大槐树龚姓被迁于人口萧条之地，分布于北京、天津、陕西、河北、河南等地。清代乾隆年间开始，陆续有沿海龚姓移居台湾，进而定居邻近国度者。今日龚姓以四川、湖北、江西、山东、江苏、浙江、湖南等省居多，上述七省龚姓约占全国汉族龚姓人口的67%。

龚姓名人

“骂名”远扬的晚清思想家龚自珍

龚自珍晚清思想家，史学家，一名巩祚，字瑟人，浙江仁和（今杭州）人。

龚自珍于清道光己丑年（1829年）考取进士。有趣的是，他得以高中竟是托了善骂的福。

龚自珍的考卷被分发在中丞王植房中。王植在阅头场卷时，读到第三篇，发现行文怪异非常，不觉笑不可遏，隔壁另一位考官侍郎温平叔闻声赶来，把卷子要去浏览了一遍，说：“此浙江卷，必定龚自珍无疑。此人性喜骂，如不取，骂必甚，不如推荐上去吧。”

王植听了温平叔的劝告，把龚自珍的卷子荐了上去。龚自珍因此得以中进士。

揭榜之日，同年问龚自珍，卷子是谁取中的。龚自珍大惑不解地说：“真稀奇，竟然是王植这个无名小卒！”科举时代，考生要尊取自己的考官为房师，执门生礼。龚自珍称王植为“无名小卒”，当然叫王十分难堪，于是埋怨温平叔：“依你所言荐上去了，又中了，还是挨骂，奈何？”

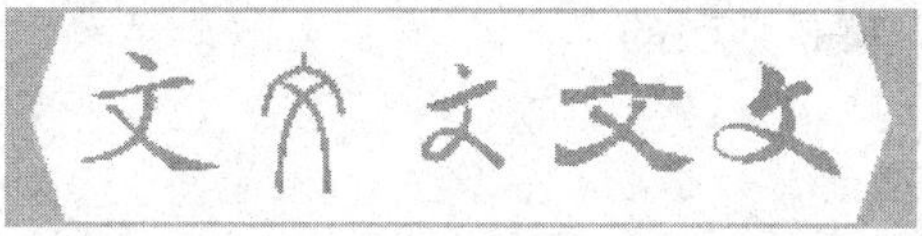

100. 文——文姓出自姬姓、姜姓、妫姓、改姓而来

文姓是当今中国姓氏排行第一百位的大姓，人口较多，约占全国汉族人口的0.17%。

文姓大探源

文姓有一支出自姬姓。周文王姬昌，在西伯侯位五十年，他死后，他的儿子姬发灭商，建立周朝，追谥其父姬昌为周文王。姬昌的支系子孙中有以他的谥号为氏，是为文氏。

文另一支出自卫国重臣孙文子。周文王第八子原封于康国，称康叔。周成王时，周公旦平定了“三监”、武庚之乱后，将康叔改封于卫，称卫康叔，建立卫国。春秋时期，卫献公有将军孙文子，是卫国重臣，孙文子的后人以其王父（即祖父）字为氏，是为文氏。

文姓还有一支出自姜姓。周初，封炎帝后裔姜文叔于许地（今河南许昌），建立许国，称许文叔，战国初被楚所灭。其王族后人四散，有以国为氏姓许的，也有以开国君主之字为氏姓文的。

文姓还有一支出自妫姓。妫姓为舜族之姓，周武王寻找到舜族的后裔妫满，封于陈国。陈厉公之子陈完，为避内乱逃至齐国，改为田氏，八世后取代姜姓成为田姓齐国。齐威王的孙子孟尝君田文，为战国四君子之一，本是妫姓陈氏后人。后来齐国发生内乱，孟尝君逃至魏国，任魏相，死后谥号曰文子，其后人有以谥号为氏的，就是文氏。

另外，还有敬姓避讳改姓文的。五代时，姓敬的为避赵王石敬塘的讳，去苟改姓文。宋代名臣文彦博、文天祥，其祖先就是姓敬的。

繁衍之迹

文姓发源于陕西、河南、山西省境，其中陕西（周文王一支）文姓为发展主体。早在春秋战国时期，即有文姓族人播迁于江淮一带。如辅佐勾践成就大业的越国大夫文种，即是今湖北江陵一带人。西汉时，有安徽文姓迁入四川。汉至三国时期，河南、山东、山西为文姓繁衍望地，山西文姓以“雁门”为其郡望。魏晋南北朝时期，因北方连年战乱，文姓也加入到中原士族南迁队伍之中，这次南迁奠定了后来南方文姓旺于北方文姓的基础。唐宋时期，史料记载文姓活动地点主要在山西、河南、四川、江西、江苏等地，尤以江西、四川发展最旺，同时，这两地后来成为南方文姓的繁衍中心。明朝时，山西文姓作为洪洞大槐树迁民姓氏之一，被分迁于周边各省及安徽等地。抗元英雄文天祥（南宋江西人）后人在河南、四川一带繁衍旺盛，北宋画家文同之后人在四川境内亦呈兴旺发展之势。其间，见诸史册之文姓名人辈出，堪称为文姓发展史上之最。清代以后，文姓更是广播于中华大地的各个角落。今日文姓以广东、江西、广西、湖南和四川多此姓，以上五省文姓约占全国汉族文姓人口的79%。其中广东一省约占全国汉族文姓人口的26%。

文姓名人

1. 春秋末期著名谋略家文种

文种，字子禽，楚国郢人，春秋末期著名的谋略家；曾出任楚南阳太宰，越王允常闻其贤，聘为客卿。

公元前494年，夫差为报父仇统率全国精兵，与越王勾践决战于夫椒。结果越军大败，面对绝境，文种向勾践献计，并说动吴王，以求议和。

越王入质吴国。文种一面挑起守国重任，使四境百姓耕战足备；一面奔走于吴越之间，终于使越王提前解脱，重返故国。为报仇雪耻，兴越灭吴，文种献上了富国强兵、兵精库足、训练将士、严阵以待、趁隙进攻等九术。越王仅用了三术，吴国就灭亡了。

灭吴后，与文种同为功臣的谋士范蠡隐退，他写信给文种说：“飞鸟散，良弓藏，狡兔尽，走狗烹。”文种得范蠡书后称病不朝，于是有人诬陷文种谋反。越王赐文种属镂之剑说：“子有阴谋兵法，顷敌取国。九术之策，今用三已破强吴，其六尚在子所，愿幸以余术为孤前王于地下谋吴之前人。”文种遂自杀，死后葬于越都西山之上，改名西山为“种山”，即现在绍兴城内卧龙山。其墓在卧龙山望海亭之下。

2. 民族英雄文天祥

辛苦遭逢起一经，干戈寥落四周星。

山河破碎风飘絮，身世浮沉雨打萍。

惶恐滩头说惶恐，零丁洋里叹伶仃。

人生自古谁无死，留取丹心照汗青。

这首名传千古的诗歌《过零丁洋》的作者就是南宋著名的民族英雄文天祥。

文天祥（1236～1283年），南宋爱国诗人，字履善，又字宋瑞，号文山，庐陵（今江西省吉安市）人。

南宋末年，朝廷偏安江南，国势弱小，北方蒙古族于1271年结束了内部争夺皇位的自相残杀局面，建立了元朝，接着把侵略矛头直指南宋。南宋朝廷长期为投降派所把持，文天祥就是在这种形势下出现的抗击侵略的伟大民族英雄。他毅然临危受命，但是昏庸的朝廷和无耻的投降派却使他遭到了严重的挫折，他被敌人活捉。临刑前夕，皇帝忽必烈亲自出马劝降，以宰相之职作为诱饵，妄图使文天祥投降，但遭文天祥严厉拒绝。忽必烈只好问他，那你究竟要什么呢？文天祥回答说：“愿以一死足矣！”文天祥这种以身殉国，视死如归的伟大精神使得敌人束手无策，一筹莫展。后只好杀之以泄愤。

3. 江南四大才子之一文征明

文征明是明代中期最著名的画家，大书法家。画史上将他与沈周、唐寅、仇英并列，合称“吴中四杰”。在当时他的名气极大，号称“文笔遍天下”。

文征明出身于官宦世家，早年也曾数次参加科举考试，均以不合时好而未被录取。他54岁时由贡生被荐为翰林待诏，居官四年辞归。

自此，文征明致力于诗文书画，不再求仕进，力避与权贵交往，专力于诗文书画艺术30余年。他享年90岁，其诗、文、书、画无一不精，人称是“四绝”全才，晚年声望极高。

附　录

一、复姓大探源及代表人物

复姓大探源

复姓是中华姓氏中相对比较“特别”的一支，也是相比于其他单姓为数不多的存在。复姓，其蜕变和由来基本上和其他姓氏一样，缘于多种社会与历史变迁、变革、变故的原因演化而成现今的面貌，它同样承载着中华民族文化的脉络。

我国现存的复姓有以下这些：1.欧阳 2.太史 3.端木 4.上官 5.司马 6.东方 7.独孤 8.南宫 9.万俟 10.闻人 11.夏侯 12.诸葛 13.尉迟 14.公羊 15.赫连 16.澹台 17.皇甫 18.宗政 19.濮阳 20.公冶 21.太叔 22.申屠 23.公孙 24.慕容 25.仲孙 26.钟离 27.长孙 28.宇文 29.司徒 30.鲜于 31.司空 32.闾丘 33.子车 34.亓官 35.司寇 36.巫马 37.公西 38.颛孙 39.壤驷 40.公良 41.漆雕 42.乐正 43.宰父 44.谷梁 45.拓跋 46.夹谷 47.轩辕 48.令狐 49.段干 50.百里 51.呼延 52.东郭 53.南门 54.羊舌 55.微生 56.公户 57.公玉 58.公仪 59.梁丘 60.公仲 61.公上 62.公门 63.公山 64.公坚 65.左丘 66.公伯 67.西门 68.公祖 69.第五 70.公乘 71.贯丘 72.公皙 73.南荣 74.东里 75.东宫 76.仲长 77.子书 78.子桑 79.即墨 80.达奚 81.褚师。

中国的复姓是中华姓氏文化中的一朵奇葩，透过这一个个复姓，我们可以从中学到不少的历史知识。复姓的来历有以下几种情况：

由封邑而来。如令狐氏，《百家姓》中记述为：周朝时有个名叫魏颗的人屡立战功，受封于令狐邑，后人遂以“令狐”为姓；又如段干氏，老子裔孙李宗受封于段干，其后人遂以“段干”为姓；此外，还有梁丘、上官、羊舌、钟离等复姓，都属这种情况。

因居地而来。如东郭氏，周朝时齐国公族大夫有居住在国都临淄东郭的，后人遂以“东郭”为姓；又如闾丘、南门、西门、南宫、濮阳等复姓，也是因居地而得。

由官名、王父之字、爵系、族系而来。如司马、司空、司寇、司徒、太史、即墨、亓官、巫马、乐正、左丘等复姓都由官名而来；公羊、子阳等复姓由王父之字而来；公孙、仲孙等复姓由爵系而来；叔孙等复姓由族系而来。

认真揣摩这些复姓，很有意思。比如，司马迁因为“李陵案”而受宫刑，他的两个儿子司马临与司马观怕被株连，就改名换姓，隐居乡里。兄弟俩各取“司马”中的一个字，哥哥在“马”字左边加两点，改姓“冯”；弟弟在“司”字左边加一竖，改姓“同”。又如欧阳这个复姓，有的简化为姓欧，有的简化为姓阳。钟离简化为钟，公孙简化为孙，等等。

复姓代表人物

1. 伟大的史学家、文学家司马迁

司马迁字子长，夏阳（今陕西韩城）人。司马迁生于史官世家，祖先自周代起就任王室太史，掌管文史星卜。其父司马谈在武帝即位后，任太史令达三十年之久。

司马迁十岁起诵读“古文”，并接受其父的启蒙教育，渊源久长的家学对他后来治学道路有深刻的影响；后随父去长安，同当时著名经学大师孔安国、董仲舒学习《古文尚书》和《春秋》；19岁为补博士子弟；20岁随博士褚太等六人“循行天下”，开始了他的游历生活。他的足迹到达会稽，访问夏禹的遗迹；到过姑苏，眺望范蠡泛舟的五湖；到达淮阴，访求韩信的故事；到过丰沛，访问刘

邦、萧何的故乡；到过大梁，访问夷门，并考察秦军引河水灌大梁的情形；到过楚，访问春申君的宫殿遗址；到过薛地，考察孟尝君的封邑；到过邹鲁，拜仰孔孟的家乡。此外，他还北过涿鹿，登长城，南游沅湘，西至崆峒。长时期的游历使他开阔了眼界，增长了知识。回到长安后，武帝对这个广闻博识、学问丰富的年轻人十分重视，命他为郎中，让他带着皇帝的命令出使巴蜀，到达今天昆明一带大西南地区。

读万卷书，行万里路，奠定了司马迁以后著书立说的厚实基础。元封元年（公元前110年），汉武帝封泰山，司马谈以职任太史公而不能从行，愤懑而死。临终前他难过地对司马迁说："我死以后，你必为太史。做了太史，莫忘了我的遗愿。今大汉兴盛，海内一统，上有明主贤君，下有忠臣义士。我身为太史，而未能记载，愧恨不已。你一定要完成我未竟之业！"司马谈死后，司马迁继任父职为太史令，使他有机会读遍皇家藏书处石室金柜收藏的文史经籍，诸子百家，及各种档案史料。

天汉二年（公元前99年），司马迁的同僚李陵出征匈奴时被围，在矢尽粮绝的情况下投降匈奴。消息传到长安，武帝大怒。朝廷的文武百官，都大骂李陵投降可耻。唯有司马迁不作声，武帝问他有什么意见，书生气十足的司马迁直言不讳地说："李陵转战千里，矢尽道穷，古代名将也不过如此。他虽投降，尚属情有可原。臣以为只要他不死，他还是会效忠汉朝的。"盛怒中的汉武帝听了司马迁这番话，认为他是为李陵辩解，是在故意贬低当时正在打匈奴而又很不顺利的李广利，于是命令把司马迁判为死罪（或以腐刑代替）。汉武帝时代，判了死罪的可以出钱50万减死一等。但家境并不富裕的司马迁拿不出这一笔钱，只能受"腐刑"（宫刑）来选择"偷生"这条路。不幸的遭遇，使司马迁精神受到极大刺激，曾一度想自杀，但他想起了父亲的遗言，又以古人孔子、屈原、左丘明、孙子、韩非等在逆境中发奋有为鼓励自己，终于以惊人的意志忍辱负重地活了下来。身心备受摧残、忍辱含垢生活的司马迁深知，"人固有一死，死有重于泰山，或轻于鸿毛"。他决心以残烛之年，完成父亲要他完成的史书。经过六年的囚禁生活，他于征和元年（公元前93年）终于出狱。武帝对司马迁的才能还是爱惜的，任命他为中书令。从此他埋首奋发著述，终于完成了"究天人之际，通古今之变，成中家之言"的巨著——《史记》。

《史记》，原名《太史公书》，又称《太史公记》、《太史记》，至东汉末年才称为《史记》。司马迁意在使其“藏之名山，副在京师，俟后世圣人君子”。汉宣帝时，司马迁外孙杨恽把它公之于世。其时已有少量缺篇，为后人褚少孙等补足。《史记》是中国史学上第一部纪传体通史，开创了纪传体通史的恢宏先河。它是我国史传文学的典范，其文学性也相当之高。鲁迅曾称它是“史家之绝唱，无酌之离骚”。

2. 智慧的化身诸葛亮

诸葛亮是三国时间著名的政治家、军事家和外交家。字孔明，人称卧龙，东汉末年徐州琅琊郡阳都县（在今山东沂南县）人。诸葛亮生于汉灵帝光和四年。他出生的第四年，即汉灵帝中平元年（公元184年）就爆发了黄巾大起义。军阀割据，战乱不休，诸葛亮又失去了双亲，依随叔父诸葛玄生活。诸葛亮15岁跟随叔父到荆州襄阳去依附刘表。他看到刘表昏庸无能，不是命世之主，于是结庐襄阳城西20里的隆中山中，隐居待时，这是公元197年的事。诸葛亮在隆中隐居十年，其间他广交江南名士，“每自比于管仲、乐毅”，爱唱《梁父吟》，结交庞德公、庞统、司马徽、黄承彦、石广元、崔州平、徐庶等名士。其智谋为大家所公认，有匡天下之志。他密切注意时局的发展，所以对天下形势了如指掌。人称“卧龙”。

公元207年在徐庶的举荐下，刘备三顾草庐，请计于诸葛亮。诸葛亮精辟地分析了天下的形势，提出了统一天下，应走鼎足三分，联孙抗曹的道路。这就是著名的“隆中对策”。公元208年，曹操大举南下，败刘备于长坂。诸葛亮“受任于败军之际，奉命于危难之间”，出使江东，联结孙权。诸葛亮以隆中路线的坚定原则与孙权谈判，订立双边同盟，而不是附庸顺从。孙权认识到“非刘豫州莫可以当曹操者”，不得不作出让步，同意鼎足三分，发兵拒操。赤壁战后，孙权履行诺言，将荆州借给刘备。佐定益州，使蜀与魏、吴成鼎足之势。曹丕代汉为帝后，刘备也随之称帝，诸葛亮出任丞相，总理国家大事，关羽镇守荆州。

章武三年（公元223年）春，刘备在永安病危，召诸葛亮嘱托后事说：“君才十倍于曹丕，必能安国，终定大事。若嗣子可辅助，便给以辅助；若其不才，您可取而代之。”诸葛亮忙哭道：“臣必竭心尽力相辅，效忠贞之节，死而后已！”后主即位，诸葛亮受封武乡侯，建立丞相府以处理日常事务，又兼任益州牧。当时，全国的军、政、财，事无大小，皆由诸葛亮决定。

诸葛亮执政后，首先要办的第一件大事是恢复与东吴的外交关系。刘备死后，东吴一方面继续向魏称臣，一方面尚未拿定主意怎样对蜀，仍陈大军于蜀的边境。诸葛亮派尚书邓芝出使东吴，说服孙权与蜀联合，与魏断绝关系。当时，南中诸郡在刘备东伐之时，受东吴策动而叛乱，严重威胁蜀汉后庭。诸葛亮执政后，与东吴恢复邦交，切断了南中的外援。经过两年调养，诸葛亮上书后主，决心平定南中叛乱。建兴三年（公元225年）春，诸葛亮率大军兵分三路征伐南中。在此次战争中，诸葛亮对叛军首领孟获采用攻心战术，七擒七纵，使其心悦诚服。平叛战斗结束后，诸葛亮吸取“众建诸侯分其力”的经验，将南中四郡分为六郡，叛乱中心建宁郡被分得最细，起用大量土著大姓为官吏，达到不留军队、不运粮草，又能治理该地的目的；征调南中“青羌”万余家入蜀，以其青壮组成骑兵五部，号称“飞军”：设立降都督，掌管南中军政。该年十二月，诸葛亮率军回到成都。

建兴五年（公元227年）三月，诸葛亮上《出师表》于后主，率军至汉中，准备北伐。他先在汉中练兵约一年，然后北攻。魏南安（治甘肃陇西）、天水、安定（治甘肃济川）三郡当即降蜀。魏明帝亲赴长安督战，以曹真督关右诸军，采用以防守为主的战略。蜀军先扬言要由斜谷道攻取县，并使赵云、邓芝率一军据箕谷（今陕西褒城西北）为疑军，诸葛亮率主力西攻祁山。参军马谡领一军为先锋，驻街亭。马谡指挥不当，大败于魏军，丢失街亭。蜀军失去前进的据点，只好退回汉中（正史并无“空城计”退司马懿军之说）。诸葛亮挥泪斩马谡，上书自贬三级，以右将军身分行丞相之职。

建兴六年（公元228年）冬，魏军三路攻吴，关中空虚。诸葛亮再次率军北伐。蜀军此次出大散关，围攻陈仓二十余日不下，粮尽而退。建兴七年（公元229年），诸葛亮第三次率军北伐。蜀军西向，取魏武都、阴平二郡而回。诸葛亮复任丞相。

在这一时期，诸葛亮与李严的矛盾为引人关注的焦点。本来，他们两人同受刘备托孤，共为辅臣。直到建兴四年（公元226年），两人关系还比较好，诸葛亮在与孟达的信中还称赞李严。但不久，李严写信给诸葛亮，建议利用掌握朝政大权的便利，像曹操那样晋爵封王，接受“九锡”，这样他也能捞到若干好处。诸葛亮对此非常生气，在回信中狠狠批评了李严一通。不久，诸葛亮在即将伐魏前，调李严带他所辖的二万军队来镇守汉中。李严却讨价还价，要诸葛亮从益州东部划出五郡设立江州，让他当江州刺史，致使调动未成。诸葛亮以大局为重，也就妥协了；建兴七年，陈震在出使东吴前，专门找诸葛亮汇报李严的巧诈问题，特别谈到李严早年在家乡为官时的一些劣迹，但没引起诸葛亮的足够重视。建兴八年（公元230），曹军欲三路攻蜀，诸葛亮再次要李严带二万军队到汉中坐镇，李严又讨价还价。诸葛亮即做让步，任命其子为江州都督督军，接替李严调走后的工作，李严这才执行调动命令。建兴九年（公元231年），诸葛亮第四次伐魏，命李严在汉中负责后勤供应，李严未及时筹集到粮草，便写信给诸葛亮说皇上命令退兵。诸葛亮退军后，他又欺骗朝廷说此次退兵是为了诱敌。当诸葛亮回来后，他又故作惊问："军粮已经够用，为何突然退兵？"于是，诸葛亮在上朝时拿出李严的书信为据，与许多将士一道签名上表，弹劾李严，将他免为庶人，流放到梓潼。

建兴十二年（公元234年）二月，诸葛亮第五次北伐，以大军出斜谷，据五丈原（今陕西岐山县南四十里）。此次出兵，事先与东吴约好同时攻魏。但东吴迟迟不发兵，迄至五月，孙权才派陆逊、诸葛瑾率兵屯江夏、沔口（今湖北汉口），进攻襄阳，孙权自己则率大军围合肥新城。对此，魏明帝的策略是先挫败东吴。他亲率水军东征，让西守的司马懿坚守不战，让蜀军粮尽自退。但当孙权得知魏主的意图后，认为己方成了主战场，吃了亏，即令全线撤军。在西线。诸葛亮鉴于以往的教训，分兵屯田，打算久驻。这年八月，诸葛亮突患急病，暴卒于前线，时年54岁。蜀军全线撤军。诸葛亮在生前留下遗嘱："葬于汉中定军山，就在山坡中挖一个坟，坟坑可装下棺材便行了。穿平常的衣服，不随葬器物。"

诸葛亮选择的道路充分说明他是一个维护封建纲常和崇尚儒家忠义道德的正统思想家。但是诸葛亮并不墨守儒家教条，他尊王而不攘夷，进兵南中，和抚夷越，在三国中执行了最好的民族政策。诸葛亮以"鞠躬尽瘁，死而后已"的精神，战斗到生命的最后一息。

诸葛亮的著述，在《三国志》本传中载有《诸葛氏集目录》，共24篇，104112字。后人所编，以清代张澍辑本《诸葛忠武侯文集》较为完备。

3. 敢于砸缸的司马光

司马光是北宋著名政治家、伟大史学家，他是我国第一部编年体通史《资治通鉴》的编辑者。司马光为人温良谦恭、刚正不阿，其人格堪称儒学教化下的典范，历来受人景仰。

司马光出生于宋真宗天禧三年（1019年）十一月，当时，他的父亲司马池正担任光州光山县令，于是便给他取名“光”。司马光家世代官宦，其父司马池后来官至兵部郎中、天章阁待制，一直以清廉仁厚享有盛誉。司马光深受其父影响，自幼便聪敏好学。据史书记载，司马光非常喜欢读《左传》，常常“手不释书，至不知饥渴寒暑”。七岁时，他便能够熟练地背诵《左传》，并且能把二百多年的历史梗概讲述得清清楚楚，可见他自幼便对历史怀有十分浓厚的兴趣。

此外，还有一件事使小司马光名满九州。有一次，他跟小伙伴们在后院里玩耍。院子里有一口大水缸，有个小孩爬到缸沿上玩，一不小心，掉到缸厂里。缸大水深，眼看那孩子快要没顶了。别的孩子们一见出了事，吓得边哭边喊，跑到外面向大人求救。司马光却急中生智，从地上捡起一块大石头，使劲向水缸砸去，“砰！”水缸破了，缸里的水流了出来，被淹在水里的小孩也得救了。小小的司马光遇事沉着冷静，从小就是一副小大人模样。这就是流传至今“司马光砸缸”的故事。这件偶然的事件使小司马光出了名，东京和洛阳有人把这件事画成图画，广泛流传。

4. 北宋文坛盟主欧阳修

欧阳修（1007～1072年），字永叔，号醉翁，晚年又号六一居士，庐陵（今江西吉安）人；北宋政治家、文学家，唐宋古文八大家之一；四岁丧父，家境贫寒，母亲以荻杆画地教他识字；宋仁宗天圣八年（1030年）中进士，先后在中央和地方任职，历任知制诰、翰林学士、参知政事、刑部尚书、兵部尚书等；但多次被贬，又多次起用。神宗熙宁四年（1071年），以太子少师的身份辞职，归于颍州（今安徽阜阳），次年卒，谥文忠。

欧阳修是北宋诗文革新运动的领袖。他继承了中唐古文运动的传统，并吸收了北宋初期诗文革新的成果，把诗文革新运动推向了高潮。他一方面强调道对文的决定作用，又不轻视文，把文章与现实联系，反映现实。这种理论散见于《答吴充秀才书》、《送徐吴党南归序》、《与张秀才第二书》等中。他还用自己诗、赋、文各方面的艺术创作，为诗文革新提供了良好的范例。苏轼评论他的作品说：“论大道似韩愈，论事似李贽，记事似司马迁，诗赋似李白”（《宋史·欧阳修传》）。

欧阳修一生写了500余篇散文，成果斐然。他的政论文充分发挥了儒家思想中注重国计民生的优秀成分，为政治斗争服务，如《与高司谏书》、《朋党论》、《五代史伶官传序》等。他状物写景及叙事的散文摇曳生姿，从容委婉。《释秘演诗集序》、《醉翁亭记》、《泷冈阡表》等是这方面的佳作。欧阳修的赋也极具特色。他的《秋声赋》，采取散文句法，把秋夜写得生动可感，且变唐以来赋的“律体”为“散体”，在赋的发展上，有重要意义。欧阳修又是个博通古今的大学者。他与宋祁（公元998~1063年）一起重编《唐书》，还自着《五代史》，后人称之《新唐书》和《新五代史》。欧阳修继承韩愈“文从字顺”的传统，但避免了韩愈尚奇好异的作风，散文内容充实，迂徐流畅；叙事简括有法，议论纡徐有致；章法曲折变化而又严密，语句轻快圆融而不滞涩。这种平实的散文风格在当时起了示范作用。

欧阳修的诗成就不如散文，但也不同凡响。在流传下来的800多首诗中，多数是官场应酬、亲友赠答之类。但一些作品反映了人民痛苦生活，揭露了社会黑暗，如《食糟民》、《边户》等。此外，如《明妃曲和王介甫》、《再和明妃曲》，斥责统治者的昏庸误国，对妇女的不幸表示同情。他还有一些诗，以清丽俊美之笔，或咏物写景，或述怀言志，如《画眉鸟》、《戏答元珍》、《晚泊岳阳》等，都给人平实亲切之感。欧阳修的诗也是学习韩愈的，也写过一些奇崛险怪的诗，如《凌溪大石》等。但他主要学习韩愈诗歌散文化、议论化的特点，以清新自然、平易流畅纠晦涩雕琢之弊，对扫除西昆派的浮艳文风，有良好作用。不过，一些诗散文化、议论化倾向较明显，意境略差。

欧阳修也是北宋著名词家之一。欧词收在《六一词》和《醉翁琴趣外编》中的有200多首，大部分描写爱情。与他在散文和诗中表现出庄重的儒者面目不同，他的词情意缠绵，风流深婉，如《踏莎行》上阕最后两句“离愁渐远渐无穷，迢迢不断如春水”，缠绵清丽，真挚动人。欧词中还有直抒个人抱负的作品，多作于后期。他题咏颍州西湖的10首《采桑子》，表现了襟怀豪逸的洒脱情怀和自我宽慰的情绪。欧阳修的一些词，向清疏浚洁的方向发展，一洗晚唐、五代的绮靡习气和富贵氛围。这说明作者已开始突破词的传统题材和表现手法，与诗文革新运动遥相呼应，对苏轼豪放派词人和秦观等婉约派词家均有一定影响。冯煦说他“疏隽开子瞻，深婉开少游”（《宋六十一家词选例言》），概括了欧阳修在宋词发展中的地位。

欧阳修在诗歌理论上也颇有成就。他在《梅圣俞诗集序》中提出了“诗穷而后工”的论点，揭示了生活和创作的密切关系，在文艺理论上有较普遍的意义。他的《六一诗话》，以随笔漫谈的形式论诗，开诗话、词话之先河。

5. 金太祖完颜阿骨打

古代，在我国东北的白山黑水间，生活着一个以渔猎、畜牧为生的民族——女真族。辽代，女真为辽朝统治。辽代中后期，以完颜部为代表的女真族逐渐崛起，势力日益强大。后在其首领完颜阿骨打的领导下，奋起反抗并推翻辽王朝的残酷统治，建立了大金政权。

完颜阿骨打（1068～1123年），亦称完颜旻，即金太祖，金国的创建者。他从小酷爱骑射，力大过人，且为人豁达大度，颇具组织和领导才能。23岁时已开始披挂上阵，指挥大军，显示出了卓越的政治和军事才华。辽天庆四年（1114年）九月，阿骨打率部揭竿而起，开始反辽民族战争。由于这场战争是对辽民族奴役与压迫的反抗，所以得到了各族人民的拥护及宋朝的支持。

完颜阿骨打使部落联盟组织更加军事化，多次以少胜多，以弱胜强，大败辽军，不到一年时间，就占领了辽王朝在东北黑吉辽地区的许多重要城镇和据点。天庆五年（1115年）正月初一，阿骨打在会宁（今黑龙江阿城南白城）称帝，国号大金，年号收国。

阿骨打即位后，内修制度，外整军队，积极准备灭亡辽国；同年九月，攻占黄龙府城（今吉林农安）；十二月，以2万兵大败辽70万军于护步答冈；次年攻下辽西地区；金天辅四年（1120年），攻陷辽上京临潢府（今内蒙古巴林左旗南）；六年，取辽中京（今内蒙古宁城西）。同年底，攻陷燕京（今北京）；七年八月，在北返金上京（今黑龙江省阿城附近）途中病死。

阿骨打一生驰骋于疆场，完成建国与灭辽两件大事，为女真的统一与发展建立了不朽的功勋。在金政权建立后，他还对女真以氏族血缘关系为基础的部落联盟组织进行了改革，清除了同姓通婚等落后习俗。他在对辽征战的同时，重视发展生产，还命令完颜希尹“仿汉人楷字，因契丹字制度，合本国语”，创制了女真文字，使女真人结束了刻木记事的落后状态，对女真政治、经济、文化的发展起到了极大的促进作用。

6. 辽太祖耶律阿保机

在一千多年前的中国，当时北方有一个北抵今日本海，黑龙江，西北到今天的蒙古国首都乌兰巴托，南到今天的天津，山西雁门关一带，拥有辽阔土地的王朝——辽国，当时的辽国要比处于同时代的北宋大的多，辽朝一共存在了两百多年，对中国的历史产生了重要的影响。

在秦汉时期，我国的北方就生活着很多以放牧为生的游牧民族，像汉朝时期的匈奴，南北朝时期的鲜卑，他们英勇彪汉，在这些民族中有个民族叫契丹，在南北朝时期，契丹还很弱小，到了隋唐时期契丹部落已经变得非常强大了，有时候还敢以武力对抗中原的统治。公元872年的一天，在契丹族出生了一个男孩，他就是耶律阿保机，他生就一幅英雄像，他的祖母相信这个孙子可以给家族和部落带来希望，怕被人害，就另设了一个帐篷将耶律阿保机藏了起来，经过精心抚养，耶律阿保机渐渐长成了一个小伙子，他身体健壮，眼光明锐，又练有一身的好武功。部落的长者都相信，这个人是部落首领的合适人选，把他选为部落首领卫兵的统帅。30岁的时候，耶律阿保机就当上部落的军事首领，他踌躇满志，一心想有一番大的作为，他东征西战，不断的吞并临近部落，在他的种种努力下，终于在后来的契丹可汗的争夺中获胜，当上了契丹的可汗，那年他36岁。十年后，耶律阿保机再一次冲出了山谷，奔向草原，在龙化州称帝，这在契丹历史上是一个非常伟大的跨越，使契丹完成了从氏族社会向封建社会的跨越，在中国北方形成了一个大帝国。

耶律阿保机能够建立强大的契丹国，除了他有强大的军事力量外，最主要的原因是他得到了汉臣的辅佐。在当时，很多汉人流落在塞外，他们依附于塞外的少数民族生存，同时给少数民族带去先进的科学文化技术，耶律阿保机看到这一切后，他觉得要想使部落成为契丹中最强大的一部分，进而统一整个契丹民族，必须依靠汉人。后来，在塞外耶律阿保机建立很多汉城，里面住的都是汉人，然后任用汉人去管理他们，当时，契丹国的农业，教育，司法等等部门都任用汉人进行管理，甚至在军队中最主要的将领也是汉人。但是，耶律阿保机想到，要想真正建立大辽国必须夺取人口稠密地区，于是他率领大军南下，下幽州，夺宿州，取河套地区，一路横扫千军，所向无敌。

后来，耶律阿保机下令仿照北宋的京城，在草原上建立契丹国的都城——

辽上京，这开创了少数民族在草原上建立都城，当皇帝的先河（在中国历史上，也有其他的少数民族建立封建政权，称帝，比如鲜卑拓跋部建立的北魏，但是传统上，北方少数民族认为只有进入中原统治汉人，才能做皇帝，所以北魏先将都城建在大同，后又迁到洛阳）。他的这个创举为后来的女真人（金），蒙古人（元）都产生了深远的影响。耶律阿保机当时建的都城辽上京，周长6千多米，分为供汉人居住的汉城和供契丹人居住的皇城，商业交易就在汉城进行。从辽上京遗址出土的文物来看，当时契丹已经和许多外国进行了通商交易，在汉城设有专门接待外商的旅馆，而北宋时期著名的科学家沈括和文学家欧阳修都到过辽上京。耶律阿保机当时对汉人是皇帝，实行封建社会的统治，而对于契丹人是可汗，用契丹传统的氏族方法进行统治，这样番汉分而制之，解决了复杂的民族问题，为后来的金、元、清这些少数民族政权处理民族问题提供了借鉴。

耶律阿保机在他54岁的时候率军攻克了渤海国，建立中山国，但是不幸在班师的途中抱病死亡，他并没有看到他所梦想的大辽帝国的建立，在他死后十几年后，他的子孙实现了他的愿望，建立了强大的辽帝国。辽国是一个非常广大的国家，在当时世界上是一个非常有影响的大国，那时的西方人，像波斯人，以及后来的阿拉伯人，俄罗斯人都知道在中国的北方有个强大的国家叫契丹，但他们并不知道同时期的北宋，现在俄语中中国的发音就是取自“契丹”这两个字的发音。

7. 乱世枭雄慕容垂

慕容垂（公元326～396年），字道明，原名霸，昌黎棘城（今辽宁义县西北）人，鲜卑族，十六国时期后燕建立者，著名的政治家、军事家、统帅。

慕容垂跟好多枭雄一样，也受过罪。前燕没有灭国的时候，他就受排挤，被迫逃到西边来，投降了前秦。苻坚对他非常的好，自己的衣服好，就脱下来给他穿，自己吃得好，推过去给他吃。慕容垂也真是能装孙子，恭恭敬敬的侍奉苻坚，对下面呢，也是谁都不敢得罪，一副可怜巴巴的样子。

可是有一个人不可怜他，他就是前秦重臣王猛，王猛怎么看怎么觉得慕容垂不安分，于是对苻坚说：“慕容垂这个人啊，在燕国的时候就很有威望，你瞧瞧他那几个儿子，个个如狼似虎、才干出众。这个人您一定要想办法除掉！”苻坚大大咧咧地说：“他是走投无路才来的，杀了的话，以后谁敢投降我们？他那几个儿子乳臭未干，没事儿，别自己吓唬自己。”王猛沉吟了一下，觉得苻坚的话头半句有一定道理，就没说什么，可是私下一直在谋划。

后来慕容垂的一个小儿子由于想家，偷着逃跑了，被王猛抓了回来，王猛乐坏了，兴冲冲地跑到苻坚那里说：“好了好了，有办法了，这次可以株连到慕容垂了！”苻坚不听：“他儿子犯罪跟他有什么关系啊。”王猛苦口婆心地劝：“您什么事儿不依我都可以，就这件事儿，您一定要听我的。”苻坚说：“我什么事儿都听你的，就这件事儿不成，我一定要做一次主。”王猛气得吐血。慕容垂听了这事儿以后战战兢兢的来到苻坚那里，磕头如捣蒜。苻坚拉起来安慰了他，还好好鼓励他好好做事，不要听谣言。

几年后，王猛死了，苻坚想讨伐东晋，找了好多人商量，大家都不同意。后来找来了慕容垂，慕容垂说：“听别人的干什么？谁还能比陛下您聪明？”这一下马屁拍得准确到位，苻坚兴奋地拍着慕容垂的肩膀：“跟我成大事的，就是你了！”

讨伐东晋时，慕容垂狡猾的上书苻坚，让自己率军殿后，果然兵败之后各路大军都受到了不同程度的损伤，只有慕容垂一枝兵马实力未损。苻坚带着亲兵来投慕容垂，慕容垂的儿子们劝他把握机会干掉苻坚。慕容垂阴笑着说：“皇帝现在是死定了，回国后肯定叛乱四起，咱们杀了他那就是独自担当了罪名，我才没那么傻呢。不如好好优待他，送他一程，然后在跟他多要点兵，趁机离开他！”于是优待苻坚，苻坚非常感动，傻乎乎地对手下说：“唉，王猛当年还要我杀了他，我说慕容垂是个好人吧。”结果慕容垂一路收集败散的兵马，势力得到了进一步扩充，过了黄河后，慕容垂趁机对苻坚说：“河北那一带有点儿骚动，让我去办理吧。”苻坚想都没想就答应了。

慕容垂渡过黄河，抵达了故国，真如蛟龙入海，立刻打起旗号召集旧部，实力疯长，还利用苻坚给他的合法身份大肆扩充军队。苻坚这个时候才有点儿后悔，让亲信苻飞龙占据了邺，监视慕容垂，并命令自己手下能征惯战的大将石越进军河北。这个时候慕容垂开始翻脸，买通了丁零族的人，纠集了20多万大军围攻邺郡。并命令儿子慕容农对抗石越的援军。苻坚听说慕容垂开始叛变的时候还不当回事儿：“慕容垂居然用一个小孩子来对抗我的石越！石越的军队装备精良，全都穿着精钢打造的铠甲，而且石越多年征战，经验丰富，慕容垂马上就完蛋！”

没有想到慕容农趁夜偷袭，一举摧毁了骄傲轻敌的石越大军，把河北的形势搅得是一片混乱。关中地区慕容家族的慕容冲、慕容弘趁机造反，不几年，苻坚的政权彻底被摧毁，苻坚在五将山被叛徒杀害。

二、姓氏趣谈

1. 趣味姓氏

中国的姓氏非常有意思，可以说千奇百怪，无所不有。据有人统计，中国姓氏见于文献记载的总共有5662个，其中单姓有3484个，复姓2032个，三字姓146个。这些还不包括元、清两朝移民中原的蒙、满两族之姓和边疆少数民族的姓氏。近年来又有人统计，全国50多个民族的古今姓氏，加起来共有6362个。但是，随着改朝换代换代，不少姓氏已经湮没在历史的长河之中，伴随着岁月的流逝而消失了。现在国内比较常见的姓氏在300个左右，人数最多的姓氏是李姓，据说有一亿人左右，相当英国和法国两国人口的总和。

在中国，从古到今出现的五千多个姓中，有不少稀奇古怪，甚至不可思议的姓氏。比如：鬼、狼、狗、蛇、黑齿、秃发等，从字面上看极不受人尊重，可是它确实在历史上出现过，这是客观事实。如果把中国姓来一个“物以类聚”，就会发现中国姓氏虽说五花八门，形形色色，但一经归类，却另有一番趣味。

表示数字的姓氏有：一、二、三、四、五、六、七、八、九、十、壹、贰、叁、肆、伍、陆、柒、捌、玖、拾、零、百、千、万等。

表示时令的姓氏有：春、夏、秋、冬、阴、阳、日、月、秒、分、时、旬、季、年、岁等。

表示方位的姓氏有：东、西、南、北、上、下、左、右、前、后、高、低等。

表示天干地支的二十二字：甲、乙、丙、丁、戊、己、庚、辛、壬、癸、子、丑、寅、卯、辰、巳、午、未、申、酉、戌、亥都是姓氏。

表示各行各业的姓氏有：工、农、商、学、兵、艺、师、陶、医、铁、干等。

表示各种颜色的姓氏有：赤、橙、黄、禄、青、蓝、紫、红、黑、白、灰、乌等。

其他还有：

金、木、水、火、土，五行为姓。

仁、义、礼、智、信，五常为姓。

金、银、铜、铁、锡，五金为姓。

东、西、南、北、中，五方为姓。

宫、商、角、徵、羽，五音为姓。

泰、华、衡、恒、嵩，五岳为姓。

麻、黍、稷、麦、豆，五谷为姓。

视、听、言、思、貌，五事为姓。

牛、马、羊、鸡、狗、猪，六畜为姓。

风、云、雷、电、雨、雪、冰，七候为姓。

松、竹、梅，“岁寒三友”为姓。

桃、李、杏，“春风一家”为姓。

竹、菊、兰、梅“四君子”为姓。

龙、凤、鹤、麟，“四瑞兽”为姓。

夏、商、周、秦、汉、晋、魏、蜀、吴、梁、齐、陈、隋、唐、宋、元、明、清，各个历史朝代名称为姓。

京、津、沪、冀、鲁、豫、鄂、苏、皖、晋、湘、桂、闽、川、浙、甘、宁、陕、吉、辽、台等中国各省、自治区和直辖市名称简称也是姓氏。

汉、满、蒙、回、藏、苗、彝、侗、瑶、白、黎、土、羌、怒、壮等中国各民族名称也都是姓氏。

濮阳、邯郸、即墨、商丘、高阳、中山、洛阳、偃师等地名；东方、南部、西门、北宫、中央等方位名称都是复姓。

2. 台湾人的姓氏

1954年，台湾当局曾对岛内居民作过一次比较完整的姓氏调查，结果发现全台湾一共有768个姓，其中复姓4个。

说到台湾的姓氏，有人曾说过一句玩笑话，假若你初次结交一个台胞，如果不知道他（她）的姓，就尽管称他（她）陈先生、林小姐好了，这样你就可以礼貌得体地应酬过去。这是什么原因呢？原来，台湾同胞中，姓陈、林的最多。据统计，台湾地区前10大姓氏，陈姓占全省人口的11%，林姓占8%，黄姓占6%，张姓占5%，李姓占4%，王姓和吴姓各占4%弱，余下蔡、刘、杨姓各占3%弱。这10姓合起来占台湾总人口的一半以上。

我国的姓氏都有自己的发祥地。如陈姓的发祥地是河南颍川、江苏广陵等地，张姓的发祥地有河南开封、甘肃武威等地。台湾同胞认为他们的姓都来源于大陆。

据考证，台湾的陈姓多是东汉名士陈实的后代。陈姓后代，大多是南北朝、隋、唐时从中原迁到福建、广东，然后由闽、粤渡海入台。林姓多是晋代南迁福建，明末渡过海峡来台湾的。黄姓原居湖北江夏地区，1700多年前迁至福建、广东，一部分由闽粤入台。

台湾同胞在遇婚丧嫁娶红白喜事时，有在大门口悬挂标有姓氏堂号的灯笼的习俗，如“西河林”、“颍川陈”、“武威张”、“洛阳蔡”、“太原郭”等，以示不忘饮水思源，根在大陆。

台南市成功路有一座全台“吴氏大宗祠”，祠堂内有一幅盈联，上书：“八闽孝子裔，三让帝王家”。这副对联引用了吴姓典故，台湾吴姓尊周代吴国始祖太伯为祖宗，太伯曾多次让幼弟为王而避居江南。八闽指的是福建。这副对联，巧用史实，推赞先贤，也鲜明地显示了台湾与祖国大陆的历史渊源。

过去福建省有“陈林满天下，黄郑排满街”的说法。而台湾也有“陈林半天下，黄张排成山”一说。从姓氏这一侧面，我们也可以台湾与祖国大陆的血缘关系。

大陆姓氏台湾基本都有，包括一些罕见的姓氏。如新竹县有人姓犬，人们就叫他“狗大哥”。还有姓鸡的，人们称他的妻子“鸡大妈”，他的孩子便叫“鸡仔子”。还有姓柴、米、油、盐、酱、醋、茶的，也有姓琴、棋、书、画、诗、酒、花的，等等。这些姓氏，都是大陆姓氏的延伸。

台湾同胞用各种方式表现对祖国大陆、对民族的深情与怀念。如台湾草屯的洪姓居民，每当亲属死亡下葬之前，必定要遵照祖传仪式，用白布包裹全身，然后入棺。这种独特的葬仪叫做“念祖”。原来，草屯洪姓的祖先来自福建漳州，而漳州洪姓的始祖则发祥于敦煌，古代敦煌多回教徒，“念祖”便是敦煌回教徒代代祖传的丧仪规矩。数百年来，台湾草屯洪姓居民仍保存着这一传统习俗。

为了凝聚本宗族力量，台湾不少姓氏都设有本姓的宗亲会组织。所谓宗亲会，就是集合同姓人士，不分亲疏，不论派别，同姓人士在一起，建立宗祀，共祀同姓之始祖，用以联络同宗感情。据不完全统计，台湾各地现有宗亲会200多个。

台湾少数民族的姓氏原来有不少是与汉族不同的，如洋、双、宜、力、标、兵、月等等，这些姓氏十分罕见，连不少研究姓氏问题的专家也弄不清这些姓氏的源流。后来，这些姓氏逐渐消失了。

目前，台湾少数民族同胞的姓氏来源有两种情况，一是清政府所赐，计有卫、金、廖、王、潘、黎等7姓。二是1945年抗战胜利台湾回到祖国怀抱后，少数民族同胞所改，计有安、武、岳、郑、洋、田、杜、汤、白、江、米等79个姓。由于民族日益融合，现在大部分少数民族的姓氏已与汉族没什么区别了。

3. 关于《百家姓》

天有情，地生根，
黄河长出百家姓。
百家姓，大家庭，
赵钱孙李到如今。
知书达理人生行，
要想成就先做人。
国有魂，民有心，
自古中华第一经。

这是1996年6月22日晚上，中央电视台“国泰民安歌舞晚会”所唱的一首新歌。

只要是中国人——无论是生活在国内，还是侨居海外，没有不知道《百家姓》的。这本薄薄的小册子，连同《三字经》、《千字文》、《千家诗》等中国传统文化启蒙读物一起，深深地影响了一代又一代的中国人。

《百家姓》是我国流行最长，流传最广的一种启蒙学教材。它的成书和普及要早于《三字经》。据南宋学者王明清考证，该书前几个姓氏的排列是有讲究的：赵是指赵宋，既然是国君的姓理应为首；其次是钱姓，钱是五代十国中吴越国王的姓氏；孙为当时国王钱俶的正妃之姓；李为南唐国王李氏。他判断《百家姓》“似是两浙钱氏有国时小民所著”。所谓“有国”据史书记载，吴越在宋太祖开国后，还存在一段时间，至宋太宗兴国二年才率士归降。可见这本书是北宋初年问世的。

但根据一些明清朝代有文字记载的学者的研究，《百家姓》早在宋朝以前就存在。在宋朝初期由一位地处吴、越地区（现今浙江省杭州市）不知名的儒家学者将其编辑、装订成册。

南宋著名的爱国诗人陆游（1125～1210年），最早在他的诗——《秋日小雨》中提到百家姓。诗人在注释中指明他的灵感源自两本书，一本是《庄子》，另一本就是《百家姓》。由此我们也可以看出，《百家姓》可能在宋朝以前就已经有了。

目前发现的最早的印刷体《百家姓》是在元朝（14世纪初）出版的，它根据汉字和蒙古字的语音、笔画对应而成。但是元朝的版本并不完整，流传已久的《百家姓》直到明朝才算收录完整。它总共记录了438个姓氏，其中408个是单姓，有102行组成，38个是复姓，编成15行。最后一行是百家姓终，即百家姓完结篇，由118行构成，共有472个字。

清朝后期又出现了另外一本有关百家姓的书——《增广百家姓》，书中记录了444个单姓，60个复姓，结束语为“百家姓序”。

现存的清朝版本的百家姓既有文字又有图画，每页上方除了记录历史名人的名字和其所属家族外，旁边还有他的图像；每页下半部是由四个字或姓氏组成的短句，读起来很像古时的四句诗词。

《百家姓》不仅只在汉族中广为流传，其译本也在与汉族有着友好往来的少数民族中传播，如：蒙古字目百家姓，女真字目百家姓。由此可见百家姓的深远影响程度。

【百家姓歌】

赵钱孙李周吴郑王冯陈诸卫蒋沈韩杨朱秦尤许何吕施张孔曹严华金魏陶姜戚谢邹喻柏水窦章云苏潘葛奚范彭郎鲁韦昌马苗凤花方俞任袁柳酆鲍史唐费廉岑薛雷贺倪汤滕殷罗毕郝邬安常乐于时傅皮卞齐康伍余元卜顾孟平黄和穆萧尹姚邵堪汪祁毛禹狄米贝明臧计伏成戴谈宋茅庞熊纪舒屈项祝董粱杜阮蓝闵席季麻强贾路娄危江童颜郭梅盛林刁钟徐邱骆高夏蔡田樊胡凌霍虞万支柯昝管卢莫经房裘缪干

解应宗丁宣贲邓郁单杭洪包诸左石崔吉钮龚程嵇邢滑裴陆荣翁荀羊於惠甄魏家封芮羿储靳汲邴糜松井段富巫乌焦巴弓牧隗山谷车侯宓蓬全郗班仰秋仲伊宫宁仇栾暴甘钭厉戎祖武符刘景詹束龙叶幸司韶郜黎蓟薄印宿白怀蒲台从鄂索咸籍赖卓蔺屠蒙池乔阴郁胥能苍双闻莘党翟谭贡劳逄姬申扶堵冉宰郦雍却璩桑桂濮牛寿通边扈燕冀郏浦尚农温别庄晏柴瞿阎充慕连茹习宦艾鱼容向古易慎戈廖庚终暨居衡步都耿满弘匡国文寇广禄阙东殴殳沃利蔚越夔隆师巩厍聂晁勾敖融冷訾辛阚那简饶空曾毋沙乜养鞠须丰巢关蒯相查后荆红游竺权逯盖后桓公万俟司马上官欧阳夏侯诸葛闻人东方赫连皇甫尉迟公羊澹台公冶宗政濮阳淳于单于太叔申屠公孙仲孙轩辕令狐钟离宇文长孙慕容鲜于闾丘司徒司空亓官司寇仉督子车颛孙端木巫马公西漆雕乐正壤驷公良拓拔夹谷宰父谷粱晋楚闫法汝鄢涂钦段干百里东郭南门呼延归海羊舌微生岳帅缑亢况后有琴梁丘左丘东门西门商牟佘佴伯赏南宫墨哈谯笪年爱阳佟第五言福百家姓终

4. 春、夏、秋、冬都是姓

春这个姓源于战国时期著名的四君子之一——春申君。他与齐国的孟尝君、魏国的信陵君、赵国的平原君并称。春申君名黄歇，是战国时楚国的宰相。春申君去世以后，他的后人中有的便用“春”字作了姓。

夏这个姓是《百家姓》中的大姓。从夏禹，也就是大禹开始，到夏朝之后，夏这个姓就已经出现。

秋姓是源于一个典故，叫做秋胡戏妻。古代鲁国有个叫秋胡的人，娶妻三日就外出游历做官。要做一番事业，他把新婚妻子抛在家中。三年后才回家，快到家门口的时候，看到路边一位美貌女子正在采桑。这其实就是他的妻子，可是三年了，秋胡已经认不出来他的妻子了，他的妻子也认不出自己的丈夫了。秋胡就不怀好意想调戏她，但是那女子却非常庄重地跟他说：“休想，我是有丈夫的人了。他外出做官已经三年了，我闭门独居，从来没有受到过这样的侮辱。”说罢掉头而去。过了一会儿，秋胡回到家，才发现刚才调戏的女子原来就是他的妻子。心里自然非常惭愧，秋胡的妻子是个烈女，一见到自己苦苦等了三年的丈夫，回来以后竟成了一个品行不端的人，一气之下就跳河自杀了。

冬天的冬，也是一个姓。三国时有人叫冬逢，是南夷人，少数民族。五胡十六国时，有人叫冬寿，也是少数民族的。如今冬姓遍布浙江普陀、安徽淮南和台湾等地。

5. 趣谈“余”姓与“佘”姓

“余”与“佘”都是汉人的姓氏，两个字看起来极为相似，如果不仔细分辨，可能有许多人还看不出其间的那点些微差别呢！

关于“余”、“佘”二字之间这一段错综复杂的关系，可以从古人杨慎的笔记上，看出大概。杨慎是这样说的：“今人姓有此而妄写作佘，此不通晓说文而自作聪明者，余字从舍省，舍与蛇近，则禅遮之切为正音矣，五代宋初人，自称曰沙家，即佘家之近声可证，而赊字从佘，亦可知也。”

另外，清代学者张澍在《姓氏五书》上也指出：“古有余写佘，余之转音为禅遮切，音蛇，今人妄作佘，非也。”

从这两段记载，“余”与“佘”两个字，以及两个姓氏之间的关系，便十分的显然了——两个姓氏系出于同一来源，根本就谊属兄弟。

余、佘二氏的系出一源，还可以从他们的繁衍地点，找到有力的证据。

《姓纂》一书中指出：“余，望出新安，秦由余之后，代居歙州。”

《姓苑》上则指出：“佘，南昌郡人，今新安有之。”

由此可见，余、佘二氏，过去主要都是繁衍于新安，也就是现在的安徽歙县一带。而佘姓的最早出现，很可能是唐代的江西南昌，因为，在历史上头一个出现的佘姓名人，是唐代的太学博士佘钦，他的籍贯就是南昌，由此判断，江西与安徽既属邻地，从安徽繁衍到南昌的余氏，由于某种缘故或是偶然的因素，而使自己的姓氏少掉了那么一小截，变成了佘氏，自也是极为可能的事。

6. 说“庄”道“严”

“庄严”一词是个由近义词素构成的复合词，“庄”即是“严”，“严”也是“庄”。说起来有趣，在姓氏源流上，庄、严两姓也是如此。庄严合一，严源出于庄。

原先，是只有庄这个姓氏的。庄姓出自楚国的楚庄王。“庄王”是他死后的谥号。后来他的后代就以谥为姓，以谥为姓是中国姓氏来源较少见的一种情形。由“庄”分化出“严”是到了东汉明帝朝。汉明帝名庄，因避其讳，除了皇帝老儿，谁也无权使用这个“庄”字。也不知是哪一位臣下的主意，建议让天下姓庄的人统统改姓严。于是，从那时起，中国的百家姓里头，又多了一个严姓。但皇帝的江山没有万万年，汉明帝死后，东汉王朝倒了，已经无须为那个“庄”字避讳了。到了魏晋之际，原来那些被迫改姓严的，总怀念自己原先的姓氏，就纷纷改过来。但也有小部分人，并不把姓庄姓严当做一回事，反正有个姓就行，这一部分人就继续姓严。这就是“庄”、“严”同出一源的由来。比如汉代那位著名的隐士严光——严子陵，他本叫庄光，大概是太著名了的原因，改姓后就没有再恢复本姓，后代一直叫他严子陵，连他的归隐之地富春江那两个溪滩，也被称为“严滩”或“子陵滩”。

交代了庄与严的这段缘故，再来谈庄氏和严氏入潮的来龙去脉。

庄氏入闽很早。在随陈政、陈元光父子下福建、广东平“蛮獠啸乱”的5600名府兵和123名中高级将士中，就有一位叫庄肃鸾的将校军官。

战事结束后，庄肃鸾携眷居漳州，被尊为庄氏入闽始祖。到了唐末五代初，河南光州固始县人王潮、王审知提兵入闽。他的外甥庄森也随行，后择地居于泉州，并在那里开基创业，这一派庄氏尊庄森为始祖。传至十五代，已是南宋末年。宋端宗赵昰被元兵一路追赶逃到泉州，招抚使蒲寿庚准备献城降元，不迎宋端宗进泉州城。庄氏此时在泉州已是望族，家财富甲泉州城。庄森韵卡五代裔孙庄哲、庄光兄弟很有正义感，他们毁家纾难，变卖所有私产，外出城南七里迎圣驾。他们自己的家丁和端宗的部队会合后，也不敢再入泉州，保卫宋端宗继续南逃，进入潮州。在南逃途中，宋端宗驾崩，又拥立宋帝昺登位。尔后他们又从潮州逃到新会崖山，陆秀夫背着宋帝昺跳海自尽，宋室算是灭亡了。庄哲、庄光兄弟侥幸不死，但也被乱兵冲散。庄哲乔装逃回福建同安县，便在同安县落户立籍。今日同安庄氏，便是他的后裔。庄光没有逃回福建，他来到潮阳，便不走了。台湾的庄氏族谱，说他们的祖先：“光公居潮阳，遂占籍焉。”

庄光这位很有民族气节的泉州商人，便是当今潮汕庄氏的入潮始祖。一说庄光当时到的是海阳而不是潮阳。在旧谱籍中，把潮州写成潮阳的并不少见，因韩愈有“贬潮阳”之句。海阳秋溪都庄陇乡是潮汕庄氏始迁地。明朝以后，又相继迁潮安江东、普宁果陇、蛇浦岐山、澄海十五乡等地。今日的江东、果陇、庄陇是潮汕庄氏的主要聚居地。

自汉代为避讳由庄改变而后又没有再复姓的严氏，在全国总人口中一直占少数。台湾的姓氏学者一直找不到他们由北方入闽的线索，也不知他们由什么途径进入广东。现在潮汕姓严的也很少，孙淑彦等编的《潮汕人物辞典》，收录自唐至现代人物千个以上，范围不可说不广，其中却没有一个姓严的，这足以说明问题。我们只知澄海港口村住有姓严人家30多人，他们自述是元末清初自福建莆田迁来的，是该村最早的居民，但几百年间一直只有30多人。

7. 中国人到底有多少姓

中国人到底有多少姓？宋代成书的《百家姓》收集了442个单姓，61个复姓，凡503姓。明代陈士元编的《姓镌》共收单姓、复姓3625个。1978年，有关部门通过户籍和邮电部门对七大城市汉字姓氏的使用情况进行了调查，所得的姓氏总数是2587个。其中，北京市2250个，上海市1640个，沈阳市1270个，武汉市1574个，重庆市1245个，成都市1631个，广州市1802个。1984年，人民邮电出版社出版的《中国姓氏汇编》（阎福卿等编）共收集单姓、复姓5730个。而台湾学者王素存著的《中华姓府》收集到的古今汉字姓氏却多达7720个。但这还不是确切的数字。根据1996年北京教育科学出版社出版的《中华姓氏大辞典》（袁义达、杜若甫编著），我国古今各民族用汉字记录的姓氏一共有11969个，其中单字姓氏5327个，双字姓4329个，三字处1615个，四字姓569个，五字姓96个，六字姓22个，七字姓7个，八字姓3个，九字姓1个，此外还有异译、异体字姓氏3136个。这是迄今为止中国姓氏数量的最新统计。

然而这也不能说是确切数字，中国幅员辽阔，民族众多，很难搞清姓氏的准确数目。杜、袁两位研究者通过调查分析，就发现了很多未曾见于姓氏专著的稀姓。一类是各种字典里找不到的字，如止（音“亚”），辽宁省昌图县有分布；另一类则是字典中有此字，但不作姓氏解释，而且读音也不同，如束（音“辣”），陕西省安禄县有分布。其他罕见的姓氏还有漏、误、萧、庙、蜜、汗、味、以、露等。此外还发现了一些未曾见过的复姓。如“辜高”、“张简”、“相里”、“相望”等。

8. 姓氏对联中的典故

在姓氏对联中，一般是以先人典故入联，以缅怀祖德、标榜家声为主，期后辈能继承祖业，光耀门楣。

（1）碧纱笼护诗人草；金带围开宰相花。

这是一副王姓典故联。上联指唐代王播的故事。《全唐诗话》载，王播少时孤贫，曾寄扬州惠昭寺，随僧斋餐。后僧因厌之，便于饭毕而击钟。王播乃愤而在斋壁上题诗曰：上堂已了各西东，惭愧阇黎饭后钟。题诗至此，为众僧阻止。后来，王播出任是邦，因访旧游，见原诗已被碧纱笼护，王播又题一绝句：

三十年前此院游。木兰花发院新修。

如今再到经行处，树老无花僧白头。

题完此诗，又将原诗向续成一诗：

上堂已了各西东，惭愧阇黎饭后钟。

三十年来尘扑面，而今始得碧纱笼。

下联则为宋代王歧公、王荆公的故事。据宋代周煇《清波杂志》载：有号金带围的药物，若开则城中当有宰相。当韩琦为京城地方官时，一出四枝。其中适逢家宴，韩琦自当一支，王珪当一支，王安石当一支，适陈太傅入门，又应一支。后四人皆为宰相。

（2）琴声字体中郎业；荔谱茶笺学士风。

这是一副蔡姓典故联。上联叙述东汉蔡邕（伯喈）郎中的才艺；下联为宋代蔡襄（君谟）之著述及雅称。蔡襄为宋代仙游人，工诗文，善书法，累官知谏院，迁直史馆，出知开封、福州、泉州、杭州等府，有《茶录》、《荔枝谱》等著作传世。

（3）齐家公艺；治国子房。

这是一副张姓典故联。上联指唐代张公艺九世同居之盛事，史实见《唐书·孝友传》序。据载："张公艺，九世同居，高宗有事泰山，临幸其居，问本末，书忍字百余以对，天子为流涕，赐缣帛而去。"下联则是誉汉代张良的政绩。史实可见《史记·留侯世家》。刘邦曾评价张良说："运筹策帷帐中，决胜千里外，子房功也。"后封为留侯。张良实汉之功臣名将，刘邦得天下，实赖汉初三杰之功。

（4）江左称风流宰相；程门重道学先生。

这是一副谢姓典故联。上联极言晋代名臣谢安的风流洒脱，吟诗作文，最出色的是淝水之战中的沉着镇定。下联则誉美宋代名人谢良佐的修养功夫及治学精神。传说北宋年间游酢、杨时、谢良佐、吕大临四人拜程颐为师求学，一天冒雪来到程颐住处，见老师正在睡觉，就站立雪中等候。程颐一觉醒来，见门外大雪下了一尺多深。当时的情景使老师深受感动，遂将四人收于门下。后来四人成为程门高徒，合称“程门四子”。

（5）三让两家天下；一剑万世千秋。

此为吴姓典故联。全联叙述太伯三次让国和季札挂剑的故事。《史记·吴太伯世家》：太伯少弟季历，生文王昌，有盛德，太伯知其必有天下，故欲传国于季历，以太王病，托采药于吴越，不返，太王薨而季历立，一让也；季历薨而文王立，二让也；文王薨而武王立，遂有天下，三让也。吴国季札出使列国，使鲁时从徐国经过，在徐君处做客。徐君好季札剑，季札亦知之，因任务在身未给。后完成任务回经徐国时，虽徐君已死，仍解其剑系其墓旁的树上。联语乃赞国姓为“孝义之家”，亦写成：八闽孝子弟；三让帝王家。

（6）剑南诗派；江左文宗。

这是一副陆姓典故联。上联指南宋诗人陆游，字放翁，著有《剑南诗抄》，自成一家之言。下联叙述宋代理学大师象山先生在江左的文名。当时江左有三陆：陆九韶、陆九龄、陆九渊，称江西三学，而以九渊为江左之宗。

（7）安富尊荣公府弟；文章礼乐圣人家。

这是一副孔姓典故联。联语所涉及孔姓人氏有：孔子，为世界闻名的思想家、教育家，古代称之为礼乐圣人。孔仅，汉武帝时的大司农，兴农事而富国。孔光，汉明帝时为博学官尚书。孔融，汉献帝时为北海相，兴校重儒。其幼时的“让梨故事”，尤为人们传颂。孔颖达，隋唐人。炀帝集天下之明经集至东郡，与国子秘书学士论议，颖达年少为冠，撰有《五经正义》。

（8）平阳世守三章约；子建才高七步诗。

此联为曹姓典故联。上联出自曹参，为西汉王朝开国功臣。沛（今江苏沛县）人。惠帝二年继萧何为相国，举事无所变更，按照萧何制订的成法行事。他委任属官，总是选择郡国官吏中不善辞令的忠厚长者，还经常宴请卿大夫和部下、宾客。任相国仅三年，就收到了很大的成效，汉初的安定局面得到了巩固和发展。下联出自曹植七步成诗的故事，为人所熟知。